EBS 정승익 강사 직접 집필, 강의

정승익의
수능 개념 잡는
대박구문

 **"800개의 기출 문장으로
중학 영어에서 수능 영어로 업그레이드!"**

중학교 영어의 수준은 교과서에 맞춰져 있습니다. 어려서부터 영어 공부를 꾸준히 한 학생들은 영어 교과서에 나오는 본문을 어렵지 않게 해석할 수 있을 겁니다. 그렇게 중학 시절을 보낸 학생들이 고등학교에 입학한 후 영어에 큰 어려움을 느낍니다. 고등학교는 교과서보다 더 높은 수준인 수능 영어가 기준입니다. 학교의 시험 범위는 교과서 외에도 모의고사 등 수능 영어 수준까지를 포함하는 경우가 대부분입니다. 따라서 영어 수준이 중학교에 머물러 있는 학생들은 고등학교 진학 이후에 영어에 어려움을 느낄 수밖에 없습니다. 중학교에서부터 고등 과정에 대한 대비가 필요한 이유입니다. 이 책에는 고1을 중심으로 고2, 고3 영어 모의고사에서 뽑은 800개의 문장을 담았습니다. 800개의 문장을 해석해 보면서 자연스럽게 고등학교의 영어 수준을 경험할 수 있고, 수능 영어를 대비하여 실력을 높일 수 있습니다.

**"공부할 가치가 있는 문장으로
제대로 된 실력 업그레이드"**

기출 문장이라고 해서 모든 문장이 학습할 가치가 있는 것은 아닙니다. 익힐 가치가 있는 단어가 포함되어 있어야 하고 문법적으로도 가치가 있어야 합니다. 이 책에 사용한 800개의 문장은 제가 하나하나 직접 고른 문장들입니다. 10년간 수능 영어를 강의한 경험을 바탕으로 학습할 가치가 있는 문장 800개를 엄선했습니다. 이 문장들을 학습하면서 가장 효율적으로 단어, 문법, 문장 해석 실력을 업그레이드할 수 있습니다.

EBS 정승익 강사 직접 집필, 강의

정승익의
수능 개념 잡는
대박구문

 ## "문장 해석은 경험이다"

영어 문법을 공부한 이후에도 문장 해석이 되지 않아서 독해를 할 수 없는 경우가 다수 발생합니다. 이는 당연합니다. 문법 지식을 익혔다고 해서 그것이 바로 문장에서 적용되는 것이 아닙니다. 세상에는 무수히 많은 문장들이 있고, 각기 다른 구조를 가지고 있습니다. 배운 문법을 다양한 문장 속에서 해석하는 경험을 쌓아야 비로소 문장을 제대로 해석할 수 있습니다. 수박구문에서는 기출 문장 800개를 해석합니다. 이 정도의 경험을 하고 나면 새로운 문장을 만나도 해석을 할 수 있는 길이 보일 겁니다.

 ## "해석과 쓰기를 동시에"

중고등학교 과정에서는 독해를 위해서 문장을 해석하는 것과 내신 시험에서의 서술형 문항 대비를 위해서 쓰는 것이 모두 중요합니다. 두 가지 능력 중 하나만 부족해도 원하는 성적을 받지 못합니다. 수박구문에서는 800개의 기출 문장을 해석하는 경험을 통해서 독해를 위해서 필요한 문장 해석 능력을 충분히 기릅니다. 이 교재를 이용하면 중학교 수준에서 고등학교 수준으로 확실한 업그레이드를 할 수 있습니다. 또한 점점 더 중요성이 커지는 서술형 문항을 대비하기 위해서 리뷰미션에서 문장 쓰기 문항을 제시합니다. 고등학교 수준의 문장을 써 보는 경험을 충분히 하면서 내신 시험에도 대비를 할 수 있습니다. 그리고 이런 경험들은 궁극적으로 영어라는 언어를 보다 깊이 이해하는 데에 큰 도움이 될 겁니다.

EBS 영어강사 **정 승 익**

구문을 마스터하는 7단계!

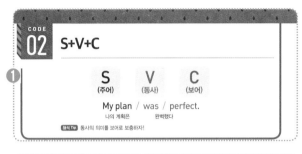

❶

CODE 02 S+V+C

S (주어) V (동사) C (보어)

My plan / was / perfect.
나의 계획은 / 완벽했다

해석 Tip 동사의 의미를 보어로 보충하자!

[1-2단계]
필수 문법개념을 익힙니다!

❶ 단계 _ 학습할 구문을 한눈에 확인합니다.

❷ 단계 _ 중고등 과정에서 필수적으로 알아야
할 문법용어를 익힙니다.

❷

필수문법용어

#주격보어
· Subject Complement (S.C.)
· 주어를 보충하는 말

#be동사

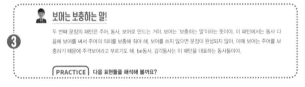

❸

보어는 보충하는 말!

두 번째 문장의 패턴은 주어, 동사, 보어로 만드는 거야. 보어는 '보충하는 말'이라는 뜻이야. 이 패턴에서는 동사 다음에 보어를 써서 주어의 의미를 보충해 줘야 해. 보어를 쓰지 않으면 문장이 완성되지 않아. 이때 보어는 주어를 보충하기 때문에 주격보어라고 부르기도 해. be동사, 감각동사는 이 패턴을 대표하는 동사들이야.

PRACTICE 다음 표현들을 해석해 볼까요?

[3-4단계]
핵심 문법을 익혀서 문장 해석을
마스터합니다!

❸ 단계 _ 친절한 설명을 통해서 해석에
필요한 필수문법 개념을 익힙니다.

❹ 단계 _ 꼭 알아야 할 내용들은 한번 더
정리해서 익힙니다.

❹

이것만은 꼭! 두 번째 문장 패턴에 사용되는 동사들을 유형별로 익히기자!

1. 상태 변화를 나타내는 동사: become, turn, get, grow, go, run, fall, come, make ...
2. 상태의 유지를 나타내는 동사: remain, stay, keep ...

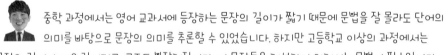

중학 과정에서는 영어 교과서에 등장하는 문장의 길이가 짧기 때문에 문법을 잘 몰라도 단어의
의미를 바탕으로 문장의 의미를 추론할 수 있었습니다. 하지만 고등학교 이상의 과정에서는
문장의 길이가 매우 길어지고, 구조도 복잡해집니다. 이 문장들을 해석하기 위해서는 문법이 필수입니다.
수박 구문에서는 수능 영어에서 꼭 필요한 문법을 다루고 있습니다. 문법을 제대로 배운 적이 없어도 잘
정리된 코드와 설명을 통해서 필요한 문법 개념을 수월하게 익힐 수 있습니다.
수능 영어에서 가장 필요한 능력은 문장 해석 실력입니다. 10문장 내외로 구성된 영어 지문을 해석하고
문제를 풀기 위해서는 문장을 해석해야 합니다. 수박구문에서는 여러분이 문장을 해석하기 위해서 필요한
문법 개념을 빠지지 않고 익힙니다. 수능에서 특히 강조되는 것들은 '이것만은 꼭' 코너를 통해서 다시 한 번
강조해서 완전한 학습을 돕습니다.

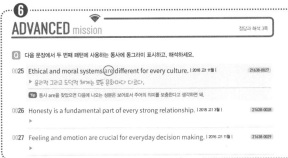

[5-6단계]
문장 해석을 충분히 연습합니다!

❺ 단계 _ 기본적인 문장을 해석하면서 배운 문법을 문장에 적용하는 연습을 합니다.

❻ 단계 _ 길고 어려운 문장을 통해서 배운 문법을 마스터합니다.

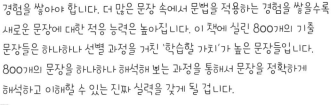

이 책에는 800개의 기출 문장이 담겨 있습니다. 이 문장들을 해석하기 위한 문법 개념을 익히고, 실제로 이 문장들을 하나하나 해석하는 기회를 갖습니다. 문법을 알아도 문장에 적용하는 것은 또 다른 문제입니다. 이론을 안다고 해서 적용이 바로 되는 것은 아니기 때문입니다. 문장마다 단어가 다르고, 구조가 다양하기 때문에 똑같은 문법도 다른 문장 속에서는 다르게 보입니다. 그래서 많은 문장을 해석하는 경험을 쌓아야 합니다. 더 많은 문장 속에서 문법을 적용하는 경험을 쌓을수록 새로운 문장에 대한 적응 능력은 높아집니다. 이 책에 실린 800개의 기출 문장들은 하나하나 선별 과정을 거친 '학습할 가치'가 높은 문장들입니다. 800개의 문장을 하나하나 해석해 보는 과정을 통해서 문장을 정확하게 해석하고 이해할 수 있는 진짜 실력을 갖게 될 겁니다.

이 책의 구성과 특징 ②

[7단계] 서술형 대비로 마무리합니다!

7 단계 _ 리뷰미션을 해결하면서 다시 한 번 문법을 복습하고, 서술형 문항을 대비하는 연습을 합니다.

리뷰미션을 해결하면서 다시 한 번 배운 내용을 확인합니다. 문법뿐만 아니라 다양한 어휘 문제를 제시해서 영어 실력을 갖출 수 있도록 돕습니다. 고등학교 내신 시험에서 중요한 서술형 문항은 단순히 문장을 외워서 작성하는 것이 아닙니다. 학생들이 알아야 할 문법 포인트가 포함된 문장들이 출제되기 때문에 암기가 아니라 문법을 '이해'한 학생들이 고득점을 받을 수 있습니다. 수박구문에서는 배운 문법 지식을 이용해서 문장을 작성할 수 있는 기회를 제공합니다. 하나하나 문장을 써 보면서 배운 문법을 완전히 내 것으로 만들기 바랍니다.

부록[단어장]
- ★ 중학 필수 불규칙 동사 100
- ★ 수능 5개년 기출 단어 1000

부록 중학 필수 **불규칙 동사 100**

연번	뜻	현재	과거	과거분사(p.p.)
1	~이다, ~있다	be동사 – am, is	was	been
2	~이다, ~있다	be동사 – are	were	been
3	(아이를) 낳다/참다	bear	bore	born(e)
4	두드리다, 이기다	beat	beat	beaten
5	~되다	become	became	become
6	시작하다	begin	began	begun
7	묶다	bind	bound	bound
8	물다	bite	bit	bitten
9	불다	blow	blew	blown
10	부수다/깨뜨리다	break	broke	broken
11	가져오다	bring	brought	brought
12	세우다	build	built	built
13	사다	buy	bought	bought
14	잡다	catch	caught	caught
15	선택하다	choose	chose	chosen

부록 수능 5개년 **기출 단어 1000**

연번	WORDS	단어 뜻	COLLOCATION	COLLOCATION 해석
1	knowledge	지식	based on the background knowledge	배경 지식에 기초하여
2	individual	개인; 개별적인	individual members	개별적인 구성원들
3	research	연구	conduct research	연구를 실시하다
4	community	공동체, 커뮤니티	scientific community	과학 커뮤니티
5	behavior	행동	bad behavior	나쁜 행동
6	species	종	a new species of plant	새로운 식물 종
7	value	가치	put a high value on the service	서비스에 높은 가치를 두다
8	local	지역의, 고장의	local conflict	지역 갈등
9	technology	기술	information technology	정보 기술
10	ability	능력	ways to improve your ability	당신의 능력을 향상하는 방법들
11	available	이용할 수 있는	all available resources	모든 이용할 수 있는 자원
12	language	언어	foreign language	외국어
13	tend	경향이 있다	tend to get cold	추워지는 경향이 있다

정답과 해석

앞에서 학습한 문장과 해석을 한눈에 확인하고 별색으로 표시된 문법 포인트를 보며 문장 해석을 한번 더 정리해보세요.

수박구문 ♥

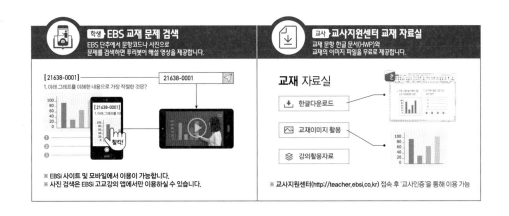

학생 · EBS 교재 문제 검색
EBS 단추에서 문항코드나 사진으로 문제를 검색하면 푸리봇이 해설 영상을 제공합니다.

【21638-0001】
1. 아래 그래프를 이해한 내용으로 가장 적절한 것은?

21638-0001

※ EBSi 사이트 및 모바일에서 이용이 가능합니다.
※ 사진 검색은 EBSi 고교강의 앱에서만 이용하실 수 있습니다.

교사 · 교사지원센터 교재 자료실
교재 문항 한글 문서(HWP)와 교재의 이미지 파일을 무료로 제공합니다.

교재 자료실
↓ 한글다운로드
☑ 교재이미지 활용
≋ 강의활용자료

※ 교사지원센터(http://teacher.ebsi.co.kr) 접속 후 '교사인증'을 통해 이용 가능

이 책의 차례

CONTENTS

CHAPTER
01

문장의 기본

영어 문장이 짧으면 단어를 조합해서 문장의 의미를 파악할 수 있습니다. 하지만 수능 수준의 영어에서는 문장의 길이가 정말 깁니다. 그런 문장을 해석하기 위해서는 우선 문장의 뼈대에 대해서 제대로 알아야 합니다. 영어 문장은 기본적으로 5가지 형태로 나누어서 볼 수 있습니다. 절대적인 공식은 아니지만, 문장을 5가지 정도로 나누어 생각해 보면 대부분의 문장을 훨씬 더 정확하게 해석을 할 수 있습니다. 이번 장에서는 영어 문장을 5가지 패턴으로 나누어서 살펴봅니다. 지금까지 영어 단어를 조합해서 해석했다면, 이 책을 통해서 영어 문장을 뼈대부터 제대로 이해하는 습관을 만들기 바랍니다.

CHAPTER 01
PREVIEW

#S+V

#S+V+C

#S+V+O

#S+V+I.O.+D.O.

#S+V+O+O.C.

이번 장에서 집중할 것!

단어를 조합하는 끼워 맞추기식
해석은 이제 그만!
문장의 패턴을 파악해서 정확하게
해석하는 연습을 하세요.

S+V(+M)

S (주어) **V** (동사) **(M)** (수식어)

Cheetahs / run / very fast.
치타들은   달린다   매우 빠르게

해석 Tip 동사에 수식어 의미 더하기!

필수문법용어

#**Subject (S)** / 문장의 주어

#**Verb (V)** / 주어의 동작, 상태를 나타냄

#**Modifier (M)** / 주어, 동사만으로 부족한 문장의 의미를 보충

 ## 문장의 기본은 주어와 동사!

영어 문장의 기본은 주어와 동사야. 주어와 동사를 바탕으로 몇 가지 문장의 패턴을 만들 수 있어.

이 책에서는 5가지로 나누어서 문장의 패턴을 살펴 볼 거야.

첫 번째 문장 패턴은 주어, 동사, 그리고 부족한 의미를 보충하는 수식어구를 이용해서 만들어.

PRACTICE 다음 표현들을 해석해 볼까요?

1. the journey began   여행이 시작되었다
2. the rain stopped   비가 멈췄다
3. age doesn't matter   나이는 중요하지 않다
4. nothing happened   아무 일도 일어나지 않았다
5. the same principle applies   같은 원리가 적용된다

there is/are는 '~이 있다'라는 의미야. there가 주어가 아니고, 뒤에 나오는 것이 주어야. 자주 등장하는 패턴이니 눈에 익혀 두자.

There is an apple on the table. 테이블 위에는 사과가 한 개 있다.

There are two apples on the table. 테이블 위에는 사과가 두 개 있다.

 이것만은 **꼭!** 첫 번째 문장 패턴에 사용되는 동사들을 익히자!

appear 나타나다	**apply** 적용되다	**begin** 시작되다	**count** 중요하다	**decrease** 감소하다
do 충분하다	**emerge** 나타나다	**exist** 존재하다	**happen** 일어나다	**increase** 증가하다
last 지속되다	**matter** 중요하다	**occur** 발생하다	**vary** 다르다	**work** 효과가 있다

Q 다음 문장에서 첫 번째 패턴에 사용하는 동사에 동그라미 표시하고, 해석하세요.

0001 Much of learning (occurs) through trial and error. | 2016 고1 3월 | 21638-0001

▶ 배움의 많은 부분이 시행착오를 거쳐서 일어난다.

Tip 문장을 해석할 때는 주어와 동사를 먼저 파악하는 연습을 하자.

0002 The same applies to our professional lives. | 2016 고1 11월 | 21638-0002

▶

0003 A very unpleasant smell came into my nostrils. | 2016 고1 3월 | 21638-0003

▶

0004 Good conclusions come from good observations. | 2015 고1 3월 | 21638-0004

▶

0005 Suddenly an old man appeared before him. | 2018 고1 6월 | 21638-0005

▶

0006 Such perfect order does not exist in nature. | 2018 고1 11월 응용 | 21638-0006

▶

0007 After that, Cole emerged as a popular solo vocalist. | 2015 고1 11월 | 21638-0007

▶

0008 Something mysterious happened in his curious, fully engaged mind. | 2018 고1 6월 | 21638-0008

▶

---

1. occur 일어나다 trial and error 시행착오   **2.** apply 적용되다   **3.** unpleasant 불쾌한 nostril 콧구멍   **4.** conclusion 결론
5. appear 나타나다   **6.** order 질서   **7.** emerge 나타나다   **8.** mysterious 신비로운 curious 호기심이 많은 engaged 몰두한

ADVANCED mission

ADVANCED mission

Q 다음 문장에서 첫 번째 패턴에 사용하는 동사에 동그라미 표시하고, 해석하세요.

0009 Of course, within cultures individual attitudes can (vary) dramatically. | 2020 고1 3월 | `21638-0009`

▶ 물론 (같은) 문화 내에서 개인의 태도는 극적으로 다를 수 있다.

Tip 앞에 of course와 within cultures는 수식어구이고, individual attitudes가 주어야. 그다음에 동사인 vary가 can과 함께 나오네.

0010 Problems occur when we try too hard to control or avoid these feelings. | 2016 고1 6월 |

▶ `21638-0010`

0011 Buffalo appeared in the distance, and the Pygmy watched them curiously. | 2017 고1 9월 |

▶ `21638-0011`

0012 Something powerful happens inside most people when they are listened to. | 2015 고1 6월 |

▶ `21638-0012`

0013 All improvement in your life begins with an improvement in your mental pictures.

▶ | 2019 고1 9월 | `21638-0013`

0014 But there is nothing natural, necessary, or inevitable about any of these things.

▶ | 2019 고1 9월 | `21638-0014`

0015 There are many reasons for taking such an action, including the need to recover costs or meet deadlines. | 2017 고1 6월 | `21638-0015`

▶

0016 Nevertheless, there is room for personal choice, and control over time is to a certain extent in our hands. | 2017 고1 6월 | `21638-0016`

▶

9. individual 개인의 attitude 태도 vary 다르다 **10.** avoid 피하다 **11.** in the distance 멀리서 **12.** happen 일어나다
13. improvement 향상 **14.** inevitable 불가피한 **15.** recover 만회하다 **16.** extent 정도

REVIEW mission

정답과 해석 2쪽

A 우리말 의미에 맞게 괄호 안에서 알맞은 것을 고르세요.   21638-0017

1 Problems occur / disappear when we try too hard to control or avoid these feelings.

이러한 감정을 통제하거나 피하려고 지나치게 노력할 때 문제가 발생한다.

2 Buffalo appeared / disappeared in the distance, and the Pygmy watched them curiously.

버펄로들이 멀리서 나타났고, 그 Pygmy 부족원은 그 동물들을 신기한 듯이 바라보았다.

3 Something powerful happens / stops inside most people when they are listened to.

그들의 말이 경청되는 경우에 대부분의 사람들 내면에서 강력한 뭔가가 일어난다.

4 But there is nothing natural, necessary, or evitable / inevitable about any of these things.

하지만 이런 것들 중 어떤 것에 있어서도 자연스럽거나, 필수적이거나, 불가피한 것은 없다.

5 All improvement in your life begins / follows with an improvement in your mental pictures.

여러분 삶에서의 모든 향상은 여러분의 심상에서의 향상으로 시작된다.

B 우리말 의미에 맞게 다음 단어들을 알맞게 배열해서 문장을 완성하세요.   21638-0018

6 갑자기 한 노인이 그의 앞에 나타났다. (appeared / him / before)

Suddenly an old man _____.

7 동일한 것이 우리의 직업적 삶에 적용된다. (to / our / lives / professional / applies)

The same _____.

8 매우 불쾌한 냄새가 나의 콧구멍으로 들어왔다. (into / came / my / nostrils)

A very unpleasant smell _____.

9 좋은 결론은 좋은 관찰로부터 나온다. (observations / good / come / from)

Good conclusions _____.

10 배움의 많은 부분이 시행착오를 거쳐서 일어난다. (occurs / trial / error / and / through)

Much of learning _____.

CHAPTER 1. 문장의 기본 **15**

S+V+C

S	V	C
(주어)	(동사)	(보어)

My plan / **was** / **perfect.**

나의 계획은 　　완벽했다

해석 Tip 동사의 의미를 보어로 보충하자!

필수문법용어

#주격보어
- Subject Complement(S.C.)
- 주어를 보충하는 말

#be동사
- am, are, is, was, were
- '~이다'로 해석

#감각동사
- 감각을 나타내는 동사: feel(~라는 느낌이 들다), sound(~하게 들리다), smell(~한 냄새가 나다), taste(~한 맛이 나다), look(~하게 보이다), seem(~처럼 보이다), appear(~처럼 보이다)

보어는 보충하는 말!

두 번째 문장의 패턴은 주어, 동사, 보어로 만드는 거야. 보어는 '보충하는 말'이라는 뜻이야. 이 패턴에서는 동사 다음에 보어를 써서 주어의 의미를 보충해 줘야 해. 보어를 쓰지 않으면 문장이 완성되지 않아. 이때 보어는 주어를 보충하기 때문에 주격보어라고 부르기도 해. be동사, 감각동사는 이 패턴을 대표하는 동사들이야.

PRACTICE 다음 표현들을 해석해 볼까요?

1. was **the champion**　　　　챔피언이었다
2. looked **disappointed**　　　실망한 것처럼 보였다
3. are **beneficial**　　　　　　유익하다
4. seemed **strange**　　　　　이상해 보였다
5. sound **good**　　　　　　　좋게 들린다

이것만은 꾁! 두 번째 문장 패턴에 사용되는 동사들을 유형별로 익히자!

1. 상태 변화를 나타내는 동사들: become, turn, get, grow, go, run, fall, come, make ...
2. 상태의 유지를 나타내는 동사들: remain, stay, keep ...

BASIC mission

정답과 해석 3쪽

Q 다음 문장에서 두 번째 패턴에 사용하는 동사에 동그라미 표시하고, 해석하세요.

0017 Their visits (are) obviously beneficial. | 2016 고1 6월 | 21638-0019

▶ 그들의 방문은 분명히 도움이 된다.

Tip 주격보어를 갖는 동사를 찾고, 다음에 나오는 보어와 연결하자.

0018 Education is the exception to this rule. | 2020 고1 3월 | 21638-0020

▶

0019 Now, foraging became a rising trend. | 2015 고1 11월 응용 | 21638-0021

▶

0020 In fact, the result was the exact opposite. | 2015 고1 3월 | 21638-0022

▶

0021 The mind is essentially a survival machine. | 2019 고1 6월 | 21638-0023

▶

0022 She was a loyal customer to that one airline. | 2016 고1 3월 | 21638-0024

▶

0023 Conflict is the driving force of a good story. | 2016 고1 9월 | 21638-0025

▶

0024 Most of us are suspicious of rapid cognition. | 2019 고1 3월 | 21638-0026

▶

17. beneficial 도움이 되는   **18.** exception 예외   **19.** foraging 수렵채집   **20.** opposite 반대; 반대의
21. essentially 본질적으로   **22.** loyal 충실한   **23.** conflict 갈등 driving force 추진력   **24.** cognition 인식

Q 다음 문장에서 두 번째 패턴에 사용하는 동사에 동그라미 표시하고, 해석하세요.

0025 Ethical and moral systems (are) different for every culture. | 2018 고1 11월 | 21638-0027
▶ 윤리적 그리고 도덕적 체계는 모든 문화마다 다르다.

Tip 동사 are을 찾았으면 다음에 나오는 성분은 보어로서 주어의 의미를 보충한다고 생각하면 돼.

0026 Honesty is a fundamental part of every strong relationship. | 2018 고1 3월 | 21638-0028
▶

0027 Feeling and emotion are crucial for everyday decision making. | 2016 고1 11월 | 21638-0029
▶

0028 Consumers are generally uncomfortable with taking high risks. | 2017 고1 3월 | 21638-0030
▶

0029 Inferences are conclusions based on reasons, facts, or evidence. | 2015 고1 3월 | 21638-0031
▶

0030 The addax is mostly active at night due to the heat of the desert. | 2015 고1 3월 | 21638-0032
▶

0031 As we grew older, this hiding behavior became more sophisticated. | 2014 고1 11월 | 21638-0033
▶

0032 The key difference between these two cases is the level of trust. | 2018 고1 3월 | 21638-0034
▶

25. moral 도덕적인 **26.** fundamental 근본적인 **27.** crucial 매우 중요한 **28.** generally 일반적으로 **29.** inference 추론
30. due to ~때문에 **31.** behavior 행동 sophisticated 정교한 **32.** trust 신뢰

A 우리말 의미에 맞게 괄호 안에서 알맞은 것을 고르세요. `21638-0035`

1 Cooperation / **Conflict** is the driving force of a good story.

갈등은 좋은 이야기의 추진력이다.

2 Most of us are aware / **suspicious** of rapid cognition.

우리 대부분은 신속하게 하는 인식을 의심한다.

3 Ethical and moral systems are **different** / similar for every culture.

윤리적 그리고 도덕적 체계는 모든 문화마다 다르다.

4 Honesty is a **fundamental** / trivial part of every strong relationship.

정직은 모든 굳건한 관계의 근본적인 부분이다.

5 Feeling and emotion are **crucial** / unimportant for everyday decision making.

느낌과 감정은 매일의 의사 결정에 매우 중요하다.

B 우리말 의미에 맞게 다음 단어들을 알맞게 배열해서 문장을 완성하세요. `21638-0036`

6 교육은 이 규칙의 예외이다. (to / rule / this / the / exception)

Education is _____.

7 이제는 수렵채집이 증가하는 추세가 되었다. (a / trend / became / rising)

Now, foraging _____.

8 사실, 결과는 정반대였다. (opposite / the / was / exact)

In fact, the result _____.

9 생각은 본질적으로 생존 기계이다. (survival / a / machine / essentially)

The mind is _____.

10 그녀는 그 한 항공사의 충실한 고객이었다. (to / a / customer / one / loyal / airline / that)

She was _____.

S+V+O

S (주어)　　V (동사)　　O (목적어)

I / have / a dream.
나는 가지고 있습니다　꿈을

해석 Tip 동사를 의미를 목적어로 보충하자!

필수문법용어
#목적어
· Object (O)
· 동사의 대상
· '~을(를)'로 해석

 목적어가 필요한 동사들!

세 번째 문장의 패턴은 주어, 동사, 목적어로 만들어. 목적어는 우리말로 '~을(를)'을 붙여서 해석하는 성분이야.
세 번째 문장 패턴은 동사까지만 해석했을 때 문장의 의미가 불완전하다면 목적어를 생각해야 하는 거지.

PRACTICE 다음 표현들을 해석해 볼까요?

1. lack will　　　　　　　　의지가 부족하다
2. open his wallet　　　　　그의 지갑을 열다
3. want freedom　　　　　　자유를 원하다
4. change my life　　　　　 나의 삶을 바꾸다
5. require some effort　　　약간의 노력을 필요로 하다
6. convey the meaning　　　의미를 전달하다
7. hurt her feelings　　　　그녀의 감정을 상하게 하다
8. impact the environment　환경에 영향을 주다

 이것만은 꼭! 문장의 세 번째 패턴에 사용되는 동사들은 뒤에 목적어를 써야만 의미가 완전해져!

affect 영향을 미치다	**cite** 인용하다	**convey** 전달하다	**create** 만들어 내다	**discuss** 토의하다
include 포함하다	**inhabit** ~에 거주하다	**perceive** 인식하다	**reach** 도달하다	**remember** 기억하다
require 요구하다	**seek** 추구하다	**solve** 해결하다	**treat** 다루다	**trust** 신뢰하다

Q 다음 문장에서 세 번째 패턴에 사용하는 동사에 동그라미 표시하고, 해석하세요.

0033 Technology (has) doubtful advantages. | 2019 고1 3월 | 21638-0037

▶ 기술은 의문의 여지가 있는 이점을 지니고 있다.

Tip has는 '~을 가지다'라는 의미야. 동사 뒤에 무엇을 가지는지를 나타내는 목적어를 추가해야 해.

0034 New technologies create new interactions and cultural rules. | 2017 고1 3월 | 21638-0038

▶

0035 This perceived truth impacted behavior. | 2020 고1 9월 | 21638-0039

▶

0036 But the clues alone don't solve the case. | 2015 고1 3월 | 21638-0040

▶

0037 Color intensity also affects flavor perception. | 2015 고1 11월 | 21638-0041

▶

0038 Myths provided answers to those questions. | 2017 고1 11월 | 21638-0042

▶

0039 Many advertisements cite statistical surveys. | 2019 고1 6월 | 21638-0043

▶

0040 Their favorite foods include shrimp and crab. | 2015 고1 6월 | 21638-0044

▶

---

33. doubtful 의문의 여지가 있는 advantage 이점   **34.** interaction 상호 작용   **35.** perceive 인지하다 impact 영향을 미치다
36. solve 해결하다   **37.** intensity 강도 perception 인식   **38.** myth 신화   **39.** advertisement 광고 cite 인용하다 survey 조사
40. include 포함하다

Q 다음 문장에서 세 번째 패턴에 사용하는 동사에 동그라미 표시하고, 해석하세요.

0041 Such initial silence (conveys) the listener's respect for the speaker. | 2016 고1 11월 | 21638-0045

▶ 이러한 초기의 침묵은 화자에 대한 청자의 존중을 전달한다.

Tip 동사를 익힐 때는 다음에 나오는 성분과 함께 익히자. convey는 '전달하다'라는 의미야. 무엇을 전달하는지를 나타내는 목적어와 항상 함께 사용해. 이렇게 동사를 뒤에 이어지는 것들과 함께 익히면 독해를 정확하게 할 수 있어.

0042 Recent studies show some interesting findings about habit formation. | 2017 고1 3월 | 21638-0046

▶

0043 As a matter of fact, most of us prefer the path of least resistance. | 2019 고1 9월 | 21638-0047

▶

0044 Other times, however, global influence can have disastrous consequences. | 2015 고1 9월 |

▶ 21638-0048

0045 The people trust each other more deeply, and coordination becomes easier. | 2014 고1 11월 |

▶ 21638-0049

0046 We remember the arousing aspects of an episode and forget the boring bits. | 2017 고1 9월 |

▶ 21638-0050

0047 They also taught morality and conveyed truth about the complexity of life. | 2017 고1 11월 |

▶ 21638-0051

0048 The employees as a whole had a higher job satisfaction than industry norms. | 2014 고1 11월 |

▶ 21638-0052

41. initial 초기의 convey 전달하다 respect 존중 **42.** recent 최근의 formation 형성 **43.** prefer 선호하다 path 길
44. influence 영향 disastrous 재앙의 consequence 결과 **45.** coordination 조정 **46.** aspect 측면
47. morality 도덕성 complexity 복잡성 **48.** employee 종업원 satisfaction 만족(도) industry 산업, 업계 norm 기준, 규범

REVIEW mission

정답과 해석 4쪽

A 우리말 의미에 맞게 괄호 안에서 알맞은 것을 고르세요.   21638-0053

1 Many advertisements cite / ignore statistical surveys.

많은 광고는 통계 조사를 인용한다.

2 Their favorite foods include / exclude shrimp and crab.

그들이 좋아하는 먹이는 새우와 게를 포함한다.

3 Color intensity also affects / decreases flavor perception.

색의 강도 또한 맛의 인식에 영향을 준다.

4 Such initial silence conveys / demands the listener's respect for the speaker.

이러한 초기의 침묵은 화자에 대한 청자의 존중을 전달한다.

5 Recent studies show / hide some interesting findings about habit formation.

최근 연구들은 습관 형성에 관한 몇몇 흥미로운 결과를 보여 준다.

B 우리말 의미에 맞게 다음 단어들을 알맞게 배열해서 문장을 완성하세요.   21638-0054

6 새로운 기술은 새로운 상호 작용과 문화적 규칙을 만든다. (rules / create / new / cultural / and / interactions)

New technologies _____.

7 이렇게 인지된 사실은 행동에 영향을 미쳤다. (impacted / behavior)

This perceived truth _____.

8 사실, 우리 중 대부분은 최소한의 저항의 길을 선호한다. (prefer / of / least / most of us / the path / resistance)

As a matter of fact, _____.

9 하지만 단서만으로는 사건이 해결되지 않는다. (case / solve / don't / the)

But the clues alone _____.

10 신화가 그러한 질문에 답을 제공했다. (to / questions / provided / those / answers)

Myths _____.

CODE 04

S+V+I.O.+D.O.

S (주어)	V (동사)	I.O. (간접목적어)	D.O. (직접목적어)

Tom / asked / me / a question.
Tom은   물었다   나에게   질문을

해석 Tip 수여동사 뒤에 있는 목적어 2개를 찾자!

필수문법용어

#수여동사
- '~를 주다'는 의미를 가진 동사들
- give(주다), send(보내주다), show(보여 주다), bring(가져다주다), teach(가르쳐 주다), buy(사 주다), make (만들어 주다), cook(요리해 주다), find(찾아 주다)

#간접목적어: Indirect Object (I.O.) 제공되는 것을 받는 대상
#직접목적어: Direct Object (D.O.) 제공되는 대상

 ## 목적어가 2개 필요한 동사들!

문장의 네 번째 패턴은 주어, 동사, 목적어 2개를 이용해서 만들어. 2개의 목적어는 각각 간접목적어, 직접목적어라고 부르지. 간접목적어는 '~에게', 직접목적어는 '~을(를)'이라고 해석해. 이 패턴의 문장들은 '누군가에게 무엇을 준다' 는 의미로 해석해.

PRACTICE 다음 표현들을 해석해 볼까요?

1. teach **you a lesson**   너에게 교훈을 가르쳐 주다
2. give **her a present**   그녀에게 선물을 주다
3. offer **you a chance**   너에게 기회를 제공하다
4. show **you my love**   너에게 나의 사랑을 보여 주다
5. bring **me water**   나에게 물을 가져다주다

알.쓸.신.잡

미국 가수 Trevor Daniel의 노래 [Falling]에서 수여동사를 찾아보자. 이 노래는 20개국 이상에서 차트를 휩쓸었던 인기 곡이야.

Trevor Daniel — Falling
But when I saw you, I felt something I never felt.
그러나 내가 널 봤을 때, 나는 결코 느껴 보지 못한 것을 느꼈어.
Come closer, I'll give you all my love.
더 가까이 와, 너에게 나의 모든 사랑을 줄게.

Q 다음 문장에서 네 번째 패턴에 사용하는 동사에 동그라미 표시하고, 해석하세요.

0049 He (handed) me his cell phone. | 2018 고1 9월 |

▶ 그는 자신의 핸드폰을 나에게 건네주었다.

Tip 수여동사는 뒤에 간접목적어, 직접목적어가 와야 해. 두 개의 목적어를 찾아야 하는 거지.

0050 He showed the woman her picture. | 2015 고1 9월 |

▶

0051 I offered him some money, but he refused. | 2018 고1 9월 |

▶

0052 Give your brain the fuel it needs to run well. | 2015 고1 3월 |

▶

0053 The dealer will give you a new toaster on the spot. | 2020 고1 3월 |

▶

0054 Two and a half years later, he asked them the same question. | 2016 고1 9월 |

▶

0055 This capacity gave early human beings a major evolutionary edge. | 2017 고1 11월 |

▶

0056 He called his son and gave him a hammer and a bag of nails. | 2017 고1 9월 |

▶

49. hand 건네주다 **50.** show 보여 주다 **51.** offer 주겠다고 하다, 제안하다 refuse 거절하다 **52.** fuel 연료
53. dealer 판매인 on the spot 즉석에서 **54.** question 질문 **55.** capacity 능력 evolutionary 진화적인 edge 우위
56. hammer 망치 nail 못

CHAPTER 1
1

21638-0055
21638-0056
21638-0057
21638-0058
21638-0059
21638-0060
21638-0061
21638-0062

Q 다음 문장에서 네 번째 패턴에 사용하는 동사에 동그라미 표시하고, 해석하세요.

0057 Exercising (gives) you more energy and keeps you from feeling exhausted. | 2018 고1 11월 |

▶ 운동을 하는 것은 여러분에게 더 많은 에너지를 주고 여러분이 지쳤다고 느끼는 것을 막아 준다. `21638-0063`

Tip 동사가 give라면 뒤에서 두 개의 성분을 찾아야 해. 구조가 훨씬 더 잘 보일 거야.

0058 Some repetition gives us a sense of security, in that we know what is coming next.

▶ | 2018 고1 11월 | `21638-0064`

0059 You should give someone a second chance before you label them and shut them out forever. | 2017 고1 9월 | `21638-0065`

▶

0060 He asked the man his name, wrote out a check, and pushed it into his hand. | 2018 고1 6월 |

▶ `21638-0066`

0061 His use of the word *gravity* gave us a cognitive category. | 2015 고2 11월 | `21638-0067`

▶

0062 Jacob's partner looked at him and gave him the thumbs-down. | 2019 고2 9월 | `21638-0068`

▶

0063 Being imaginative gives us feelings of happiness and adds excitement to our lives.

▶ | 2016 고2 3월 | `21638-0069`

0064 In the process she became America's first self-made female millionaire and she gave Black women everywhere an opportunity for financial independence.

▶ | 2020 고1 11월 | `21638-0070`

---

57. exhausted 지친　**58.** repetition 반복　**59.** label 낙인찍다　**60.** check 수표　**61.** gravity 중력　category 범주
62. partner 동료　**63.** imaginative 상상력이 풍부한　excitement 흥분, 신남
64. process 과정　self-made 자수성가한　opportunity 기회　financial 재정적인

REVIEW mission

CHAPTER 1

A 우리말 의미에 맞게 괄호 안에서 알맞은 것을 고르세요. `21638-0071`

1 This capacity gave early human beings a major / minor evolutionary edge.

이 능력은 초기 인간에게 중요한 진화적 우위를 주었다.

2 He called his son and gave / showed him a hammer and a bag of nails.

그는 자신의 아들을 불러 그에게 망치 하나와 못이 든 자루 하나를 주었다.

3 Exercising gives you more energy and keeps you from feeling exhausted / energetic.

신체 활동은 여러분에게 더 많은 에너지를 주고 여러분이 지쳤다고 느끼는 것을 막아 준다.

4 Being imaginative / reasonable gives us feelings of happiness and adds excitement to our lives.

상상력이 풍부하다는 것은 우리에게 행복감을 주고 우리의 삶에 흥분을 더한다.

5 Some repetition gives us a sense of security / insecurity, in that we know what is coming next.

어느 정도의 반복은 우리가 다음에 무엇이 올지 안다는 점에서 우리에게 안정감을 준다.

B 우리말 의미에 맞게 다음 단어들을 알맞게 배열해서 문장을 완성하세요. `21638-0072`

6 그는 그 여성에게 그녀의 사진을 보여주었다. (the / her / picture / woman)

He showed _____ .

7 나는 그에게 약간의 돈을 주겠다고 했지만, 그는 거절했다. (some / him / money)

I offered _____ , but he refused.

8 두뇌가 잘 돌아가는 데 필요한 연료를 두뇌에게 주어라. (the / needs / your / fuel / it / brain)

Give _____ to run well.

9 그 판매인이 즉석에서 새 토스터를 당신에게 드릴 것입니다. (you / toaster / new / a)

The dealer will give _____ on the spot.

10 2년 반 후, 그는 그들에게 똑같은 질문을 했다. (them / same / the / asked / question)

Two and a half years later, he _____ .

정답과 해석 5쪽

S+V+O+O.C.

S	**V**	**O**	**O.C.**
(주어)	(동사)	(목적어)	(목적격보어)

We / call / it / friendship.
우리는 부른다 그것을   우정이라고

(해석 Tip) 목적어의 의미를 목적격보어로 보충하자!

필수문법용어

#목적격보어
- Object Complement (O.C.)
- 목적어를 보충하는 성분
- 동사에 따라 다양한 형태가 가능: 명사, 형용사, to부정사구, 현재분사, 과거분사, 동사원형

목적격보어는 목적어를 보충해!

다섯 번째 문장 패턴의 핵심은 목적격보어야. 목적격보어는 '목적어를 보충하는 말'이라는 뜻이야. 목적어에 대한 의미를 보충해 주고 싶을 때 목적격보어를 사용해. 목적어를 목적격보어로 보충하면서 해석을 해야 해. 목적격보어는 다양한 형태를 쓸 수 있기 때문에 많은 문장을 해석하는 경험을 쌓아야 해.

PRACTICE 다음 표현들을 해석해 볼까요?

1. make **her** a star — 그녀를 스타로 만들다
2. make **my life** special — 내 삶을 특별하게 만들다
3. name **my dog** Happy — 나의 개를 'Happy'라고 이름 짓다
4. call **this** civil war — 이것을 내전이라고 부르다
5. leave **you** alone — 너를 혼자 내버려두다
6. keep **her room** clean — 그녀의 방을 깨끗이 유지하다
7. find **this movie** boring — 이 영화가 따분하다고 느끼다

이것만은 **꼭!** 동사의 의미는 다양해!

하나의 동사는 여러 가지 의미를 가지고 있어. 의미에 따라서 동사의 종류가 달라지기도 해. 대표적으로 make라는 동사의 다양한 의미를 알아보자. 이런 다양한 의미를 가진 동사들은 형태와 맥락을 고려해서 정확한 의미로 해석을 해야 해.

make towards the door 문을 향해 가다   **make a good wife** 훌륭한 아내가 되다
make a mistake 실수를 하다   **make her a doll** 그녀에게 인형을 만들어 주다
make me crazy 나를 미치게 만들다

Q 다음 문장에서 다섯 번째 패턴에 사용하는 동사에 동그라미 표시하고, 해석하세요.

0065 Philosophers (call) it utilitarianism. | 2020 고2 6월 | 21638-0073

▶ 철학자들은 그것을 공리주의라고 부른다.

Tip 다섯 번째 패턴의 동사는 뒤에 목적어, 목적격보어의 두 개 성분이 이어져. 두 개의 성분을 찾자.

0066 Social psychologists call it social exchange theory. | 2020 고2 6월 | 21638-0074

▶

0067 Because the land made travel so difficult, the guest-host relationship was valued.

▶ | 2017 고1 3월 | 21638-0075

0068 Make understanding people a fun game, the solving of puzzles. | 2019 고3 4월 | 21638-0076

▶

0069 Unfortunately, deforestation left the soil exposed to harsh weather. | 2012 수능 | 21638-0077

▶

0070 This so-called "negativity bias" can keep you focused on what's going wrong. | 2019 10월 |

▶   21638-0078

0071 Certain personality characteristics make some people more resistant to distress.

▶ | 2019 고3 10월 | 21638-0079

0072 He found his friend gaining weight, with a dark complexion and a very bad attitude.

▶ | 2014 고3 10월 | 21638-0080

---

65. philosopher 철학자   **66.** exchange 교환 theory 이론   **67.** value 소중하게 생각하다   **68.** solve 풀다, 해결하다
69. unfortunately 유감스럽게도 expose 노출하다 harsh 혹독한   **70.** so-called 소위 bias 편견, 편향
71. personality 성격 distress (정신적) 고통   **72.** gain weight 체중이 늘다 attitude 태도

Q 다음 문장에서 다섯 번째 패턴에 사용하는 동사에 동그라미 표시하고, 해석하세요.

0073 This ultimately (made) Conroy a noted figure in the literary world. | 2014 고1 9월 응용 | 21638-0081

▶ 이것은 궁극적으로 Conroy를 문학계에서 유명한 인물로 만들었다.

Tip made는 언제나 다섯 번째 패턴으로만 쓰이는 동사는 아니야. 하지만 Conroy가 하나. 그리고 뒤에 하나의 성분이 이어지는 〈목적어+목적격보어〉의 패턴을 생각하면서 해석을 해 보면 딱 맞아.

0074 For this very reason, the repairman's presence may make the narcissist uncomfortable. | 2018 고3 3월 | 21638-0082

▶

0075 But every company is also its own ecosystem, and internal conflict makes it vulnerable to outside threats. | 2015 고2 9월 | 21638-0083

▶

0076 In this case the simulation makes the written material more understandable by presenting it in a visual way. | 2013 고2 6월 | 21638-0084

▶

0077 This update will surely make our management system more efficient as well as more cost-effective in the long run. | 2019 고1 10월 | 21638-0085

▶

0078 Psychologists call this avoidance training because the person is learning to avoid the possibility of a punishing consequence. | 2016 수능 | 21638-0086

▶

0079 In contrast, the English find an English document of the year 1300 very difficult to understand unless they have special training. | 2015 고1 3월 | 21638-0087

▶

0080 The unique appearance of the Joshua tree makes it a very desirable decoration.

▶ | 2016 고1 6월 | 21638-0088

---

73. ultimately 궁극적으로 noted 유명한 figure 인물   **74.** presence 존재   **75.** conflict 갈등 vulnerable 취약한
76. material 자료 present 제시하다 visual 시각적인   **77.** efficient 효율적인   **78.** avoidance 회피 punish 처벌하다
79. document 문서   **80.** appearance 모양, 외모 decoration 장식물, 장식품

A 우리말 의미에 맞게 괄호 안에서 알맞은 것을 고르세요. 21638-0089

1 This so-called "negativity bias" can keep you focused / distracted on what's going wrong.

소위 이 '부적 편향'은 잘못되어 가는 것에 계속해서 여러분이 집중하게 만들 수 있다.

2 The unique appearance of the Joshua tree makes it a very desirable / harmful decoration.

Joshua tree의 독특한 모양은 그 나무를 아주 바람직한 장식물로 만든다.

3 Certain personality characteristics make some people more resistant / agreeable to distress.

어떤 성격상의 특성은 일부 사람들을 (정신적) 고통에 대해 더 저항력이 있게 만든다.

4 He found his friend losing / gaining weight, with a dark complexion and a very bad attitude.

그는 자기 친구가 안색도 어둡고 태도도 매우 나쁘며 체중이 불어나고 있는 것을 알았다.

5 For this very reason, the repairman's absence / presence may make the narcissist uncomfortable.

바로 이런 이유로 수리공의 존재는 자아도취자의 마음을 불편하게 할 수도 있다.

B 우리말 의미에 맞게 다음 단어들을 알맞게 배열해서 문장을 완성하세요. 21638-0090

6 사회 심리학자들은 그것을 사회적 교환 이론이라고 부른다. (social / call / exchange / theory / it)

Social psychologists _____.

7 그 땅이 이동을 매우 어렵게 만들었기 때문에, 손님과 주인의 관계는 소중하게 여겨졌다. (difficult / travel / land / made / so / the)

Because _____, the guest-host relationship was valued.

8 사람들을 이해하는 것을 재미있는 게임, 즉 퍼즐을 푸는 것으로 만들어라. (understanding / people / a / game / fun)

Make _____, the solving of puzzles.

9 이것은 궁극적으로 Conroy를 문학계에서 유명한 인물로 만들었다. (a / noted / made / Conroy / figure)

This ultimately _____ in the literary world.

10 유감스럽게도, 산림 벌채는 토양이 혹독한 날씨에 노출되게 했다. (exposed / soil / left / the)

Unfortunately, deforestation _____ to harsh weather.

CHAPTER

1

사역동사 / 지각동사

V (사역/지각동사)	**O** (목적어)	**V/V-ing/p.p.**

You / **make** / **me** / **want to be a better man.**
너는   만들어   내가   더 좋은 사람이 되고 싶도록

해석 Tip 사역동사, 지각동사는 목적격보어의 형태가 특별해!

필수문법용어

#사역동사
- '시키다'는 의미
- make(시키다), have(시키다), let(허락하다)
- 사역동사 + 목적어 + [동사원형/V-ing/p.p.]

#지각동사
- '보다, 듣다, 느끼다' 등 지각의 의미
- see(보다), hear(듣다), feel(느끼다), notice(알아차리다), observe(관찰하다)
- 지각동사 + 목적어 + [동사원형/V-ing/p.p.]

사역동사, 지각동사는 형태가 독특해!

사역동사와 지각동사는 목적격보어 자리에 [to V] 형태 대신에 [동사원형]을 사용해야 해. 문법 문제의 단골손님이야. help 동사는 목적격보어 자리에 [to V] 또는 [동사원형]을 모두 쓸 수 있어. 그래서 help 동사를 준사역동사라고 불러.

PRACTICE 다음 표현들을 해석해 볼까요?

1. make **him** study   그를 공부하도록 만들다
2. let **him** go   그를 가도록 허용하다(보내 주다)
3. have **my car** repaired   내 차가 수리되도록 하다
4. see **her** cross the road   그녀가 길을 건너는 것을 보다
5. feel **something** touch my face 무언가가 나의 얼굴을 건드리는 것을 느끼다
6. help **him** (to) get the job   그가 일자리를 얻는 것을 돕다

알.쓸.신.잡

체스에 천재적인 재능을 가진 소녀의 이야기를 다룬 미국 드라마 [*The Queen's Gambit*]에 나오는 대사에서 사역동사를 느껴 보자.

It **made** me **want** to study history.
그것이 내가 역사를 공부하고 싶도록 만들었어.

Q 다음 문장에서 사역동사/지각동사를 찾아서 동그라미 표시하고, 해석하세요.

0081 I ⟨heard⟩ something moving slowly along the walls. | 2016 고1 3월 | 21638-0091

  ▶ 나는 무엇인가가 벽을 따라 천천히 움직이는 소리를 들었다.

  Tip 사역동사, 지각동사가 보이면 뒤에서 두 개의 성분을 찾아서 연결하자.

0082 Please let me know if this extension can be made. | 2015 고1 11월 | 21638-0092

  ▶

0083 It can make us assume everything or everyone in one category is similar. | 2021 고2 3월 |

  ▶   21638-0093

0084 You make them feel valued, acknowledged, and important. | 2014 고2 11월 | 21638-0094

  ▶

0085 Advertising also helps people find the best for themselves. | 2016 고1 6월 | 21638-0095

  ▶

0086 That ability let our ancestors outmaneuver and outrun prey. | 2020 고1 6월 | 21638-0096

  ▶

0087 However, you suddenly see a group of six people enter one of them. | 2019 고1 6월 | 21638-0097

  ▶

0088 Success happened because they'd made it happen through continuous effort.

  ▶ | 2016 고1 3월 응용 | 21638-0098

---

81. along ~을 따라   **82.** extension 연장   **83.** assume 가정하다, 추정하다   **84.** acknowledged 인정된
85. advertising 광고   **86.** ancestor 조상   outmaneuver 책략[술책]으로 이기다   outrun 앞지르다   **87.** suddenly 갑자기
88. continuous 계속적인   effort 노력

ADVANCED mission

정답과 해석 7쪽

Q 다음 문장에서 사역동사/지각동사를 찾아서 동그라미 표시하고, 해석하세요.

0089 Don't (let) distractions interrupt your attentive listening to the speaker. | 2016 고1 11월 |

21638-0099

▶ 집중을 방해하는 것들이 화자의 말을 여러분이 주의 깊게 듣는 것을 방해하게 두지 마라.

> **Tip** 사역동사 let 다음에 목적어 distractions와 목적격보어 interrupt가 차례로 위치하고 있어. let 때문에 목적격보어 자리에 동사 원형인 interrupt를 사용한 거지.

0090 Let them know you respect their thinking, and let them voice their opinions. | 2019 고1 3월 |

▶

21638-0100

0091 In one experiment, subjects observed a person solve 30 multiple-choice problems.

▶

| 2019 고1 3월 | 21638-0101

0092 Let me give you a piece of advice that might change your mind about being courageous. | 2015 고1 3월 |

21638-0102

▶

0093 Re-visiting a place can also help people better understand both the place and themselves. | 2016 고1 6월 |

21638-0103

▶

0094 This approach can help you escape uncomfortable social situations and make friends with honest people. | 2018 고1 3월 |

21638-0104

▶

0095 It can make us mistakenly group together things, or people, or countries that are actually very different. | 2021 고2 3월 |

21638-0105

▶

0096 On the way home, Shirley noticed a truck parked in front of the house across the street. | 2021 고1 3월 |

21638-0106

▶

---

89. distraction 집중을 방해하는 것 interrupt 방해하다 attentive 주의 깊은   **90.** respect 존중하다 voice (의견을) 말하다
91. subject 실험 대상자   **92.** advice 충고 courageous 용기 있는   **93.** understand 이해하다
94. approach 접근(법) escape 벗어나다, 탈출하다   **95.** mistakenly 잘못하여   **96.** notice 알아차리다

A 우리말 의미에 맞게 괄호 안에서 알맞은 것을 고르세요.　21638-0107

1 In one experiment, subjects observed a person solve / present 30 multiple-choice problems.

한 실험에서, 실험 대상자들은 한 사람이 30개의 선다형 문제를 푸는 것을 관찰했다.

2 Let me give you a piece of advice that might change / calm your mind about being courageous.

용기 있는 것에 대해 여러분의 마음을 바꿀 수도 있는 충고를 하나 하겠다.

3 Re-visiting a place can also help / prevent people better understand both the place and themselves.

한 장소를 다시 방문하는 것은 또한 사람들이 그 장소와 자신을 더 잘 이해하도록 도와줄 수 있다.

4 This approach can help you escape comfortable / uncomfortable social situations and make friends with honest people.

이 접근법은 여러분이 불편한 사회적 상황에서 벗어나고 정직한 사람들과 친구가 될 수 있도록 도와줄 수 있다.

5 It can make us mistakenly / purposely group together things, or people, or countries that are actually very different.

그것은 우리가 실제로는 아주 다른 사물들이나, 사람들, 혹은 나라들을 하나로 잘못 묶게 만들 수 있다.

B 우리말 의미에 맞게 다음 단어들을 알맞게 배열해서 문장을 완성하세요.　21638-0108

6 여러분은 그들이 존중되고, 인정받으며, 중요하다고 느끼게 해 준다. (them / feel / make / valued)

You _____, acknowledged, and important.

7 광고는 또한 사람들이 자신들에게 최적의 상품을 찾을 수 있게 해 준다. (the / people / best / themselves / find / for)

Advertising also helps _____.

8 그런 능력은 우리 조상들이 먹잇감을 책략으로 이기고 앞질러서 달리게 했다. (let / ancestors / our / outmaneuver)

That ability _____ and outrun prey.

9 하지만 여러분은 갑자기 여섯 명의 무리가 그것들 중 하나로 들어가는 것을 보게 된다. (of / see / people / a / six / group / enter)

However, you suddenly _____ one of them.

10 성공은 계속적인 노력을 통해 그들이 그것이 일어나게 했기 때문에 발생했다. (made / happen / it)

Success happened because they'd _____ through continuous effort.

to부정사 목적격보어

V (동사)	O (목적어)	to V (목적격보어)

I / want / you / to study hard.
나는   원한다   네가   열심히 공부하기를

해석 Tip 목적격보어에 [to V] 형태를 사용하는 동사들을 익히자!

목적격보어에 [to V]가 보이면 목적어의 동작!

특정 동사들은 목적격보어 자리에 [to V]와 아주 잘 어울려. 이 형태를 to부정사라고 불러. to부정사는 이후에 자세히 배울 거야. 목적격보어에 동사가 보인다는 것은 목적어의 동작을 나타내는 거야. 목적어가 어떤 동작을 하는지를 목적격보어에 있는 [to V]로 나타내면 돼. 오늘 배우는 동사들을 문장에서 발견하면 뒤에서 [to V]를 찾아보면 정확하고 빠르게 해석할 수 있어.

PRACTICE 다음 표현들을 해석해 볼까요?

1. allow **my son** to go out   아들이 나가는 것을 허락하다
2. enable **us** to proceed   우리가 계속 진행하는 것을 가능하게 하다
3. want **her** to love me   그녀가 나를 사랑하기를 원하다
4. cause **her** to blink   그녀가 눈을 깜박이도록 야기하다
5. tell **him** to sit down   그에게 앉으라고 말하다

 이것만은 **꼭!** 목적격보어에 [to V]를 사용하는 동사들을 익히자!

cause 야기하다	**order** 명령하다	**require** 요구하다	**persuade** 설득하다	**encourage** 격려하다
expect 기대하다	**ask** 요청하다	**allow** 허락하다	**advise** 조언하다	**force** 강제하다
compel 강제하다	**permit** 허용하다	**enable** 가능하게 하다	**urge** 강력히 촉구하다	

알.쓸.신.잡

청소년들의 꿈에 대한 가슴 먹먹해지는 영화 [*Dead Poets Society*]에는 사립 고등학교에 새로 부임한 Keating 선생님이 학생들에게 교과서를 찢으라고 하는 명장면이 있어. 여기에서 [to V] 형태의 목적격보어를 찾아보자.

Keating: Now I want you **to rip out** that page.
    이제, 나는 너희가 그 페이지를 찢어 버리기를 원한다.

Q 다음 문장에서 다섯 번째 패턴에 사용하는 동사를 찾아서 동그라미 표시하고, 해석하세요.

0097 Conflict ⬭forces⬭ us to act. | 2016 고1 9월 |　　　　21638-0109

▶ 갈등은 우리로 하여금 행동하도록 강요한다.

> **Tip** force 동사는 뒤에 목적격보어에 [to V]를 사용하거든. 뒤에서 [to V]를 찾으면 정확하게 해석할 수 있어.

0098 Tolerance allows the world to flourish. | 2015 고1 9월 |　　　　21638-0110

▶

0099 The rich man ordered guards to put him in the lion's cage. | 2017 고1 3월 |　　　　21638-0111

▶

0100 You can also encourage employees to bring in food themselves. | 2016 고1 3월 |　　　　21638-0112

▶

0101 He asked the great pianist Ignacy Paderewski to come and play. | 2016 고1 6월 |　　　　21638-0113

▶

0102 The old man asked James to come closer since he wanted to say something to him.

▶　　　　　　　　　　　　　　　　　　　　　　| 2020 고1 11월 |　21638-0114

0103 She told everyone to write down the Seven Wonders of the World. | 2017 고1 11월 |　　　21638-0115

▶

0104 Force your face to smile even when you are stressed or feel unhappy. | 2020 고1 6월 |

▶　　　　　　　　　　　　　　　　　　　　　　　　　　　　21638-0116

---

97. force 강요하다　　**98.** tolerance 관용　allow 가능하게 하다　　**99.** guard 경비병, 경비원　　**100.** encourage 권유하다
101. pianist 피아니스트　　**102.** ask 요청하다　　**103.** wonder 불가사의　　**104.** unhappy 불행한

Q 다음 문장에서 다섯 번째 패턴에 사용하는 동사를 찾아서 동그라미 표시하고, 해석하세요.

0105 Experts (advise) people to "take the stairs instead of the elevator" or "walk or bike to work." | 2018 고1 3월 | `21638-0117`

▶ 전문가들은 사람들에게 '승강기 대신 계단을 이용하거나' 또는 '직장까지 걷거나 자전거를 타라'고 조언한다.

Tip advise 같은 동사를 봤다면 뒤에서 to부정사구를 찾으면 구조를 한 번에 이해할 수 있어.

0106 He asked a group of volunteers to count the number of times a basketball team passed the ball. | 2016 고1 11월 | `21638-0118`

▶

0107 Counselors often advise clients to get some emotional distance from whatever is bothering them. | 2016 고1 3월 | `21638-0119`

▶

0108 A few years ago, I asked two groups of people to spend an afternoon picking up trash in a park. | 2015 고1 3월 | `21638-0120`

▶

0109 For example, a food labeled "free" of a food dye will compel some consumers to buy that product. | 2014 고1 9월 | `21638-0121`

▶

0110 I urge you and other city council representatives to cancel the plan and to keep libraries open! | 2018 고1 11월 | `21638-0122`

▶

0111 During this time, long hours of backbreaking labor and a poor diet caused her hair to fall out. | 2020 고1 11월 | `21638-0123`

▶

0112 Time alone allows people to sort through their experiences, put them into perspective, and plan for the future. | 2017 고1 9월 | `21638-0124`

▶

---

105. expert 전문가 **106.** volunteer 자원자 **107.** counselor 상담자 client 상담 의뢰인 distance 거리 bother 괴롭히다
108. spend (시간을) 보내다, (돈을) 쓰다 **109.** label 표기하다 dye 염료 compel ~하게 만들다 consumer 소비자
110. urge 촉구하다 cancel 취소하다 **111.** backbreaking 고된
112. sort through 정리하다 put ~ into perspective ~을 넓게 보다

A 우리말 의미에 맞게 괄호 안에서 알맞은 것을 고르세요. `21638-0125`

1 Experts advise / force people to "take the stairs instead of the elevator" or "walk or bike to work."

전문가들은 사람들에게 '승강기 대신 계단을 이용하거나' 또는 '직장까지 걷거나 자전거를 타라'고 조언한다.

2 He asked a group of volunteers to count / correct the number of times a basketball team passed the ball.

그는 한 그룹의 자원자들에게 농구 팀이 공을 패스한 횟수를 세어 달라고 부탁했다.

3 Counselors often advise clients to get some cognitive / emotional distance from whatever is bothering them.

상담자들은 상담 의뢰인에게 그들을 괴롭히고 있는 그 어떤 것과도 약간의 감정적 거리를 두라고 자주 충고한다.

4 A few years ago, I asked / helped two groups of people to spend an afternoon picking up trash in a park.

몇 년 전에 나는 두 그룹의 사람들에게 어느 오후 시간을 공원에서 쓰레기를 주우며 보내 달라고 부탁했다.

5 For example, a food labeled "free" of a food dye will compel / forbid some consumers to buy that product.

예를 들면, 식용 염료가 "들어 있지 않다"고 표기된 식품은 일부 소비자들로 하여금 그 식품을 구매할 수밖에 없게 할 것이다.

B 우리말 의미에 맞게 다음 단어들을 알맞게 배열해서 문장을 완성하세요. `21638-0126`

6 관용은 세상이 번창할 수 있게 한다. (to / world / flourish / allows / the)

Tolerance _____.

7 부자는 경비병들에게 그를 사자 우리에 집어넣으라고 명령했다. (ordered / him / put / guards / to)

The rich man _____ in the lion's cage.

8 여러분은 또한 직원들에게 그들 스스로 음식을 가지고 오도록 권유할 수도 있다. (in / to / bring / encourage / employees)

You can also _____ food themselves.

9 그는 위대한 피아니스트인 Ignacy Paderewski에게 와서 연주해 달라고 요청했다. (play / and / come / to)

He asked the great pianist Ignacy Paderewski _____.

10 그(노인)가 James에게 뭔가를 말하고 싶었기 때문에 노인은 James에게 더 가까이 와 줄 것을 요청했다. (closer / James / to / come / asked)

The old man _____ since he wanted to say something to him.

CHAPTER
02

동사의 다양한 형태

영어 문장의 동사는 우리가 단어장에서 흔히 외우는 eat, study, sleep과 같은 형태로 거의 쓰이지 않습니다. 우리말로도 '먹다, 공부하다, 자다'와 같은 말을 잘 사용하지 않는 것과 비슷합니다. 우리는 '먹고 있는 중이다', '먹을 것이다', '먹었다'와 같이 다양하게 동사를 표현합니다. 영어도 마찬가지입니다. 영어 문장의 동사는 시제, 조동사, 수동태 등을 통해 형태가 다양하게 바뀌고, 그 의미도 달라집니다. 영어 문장 해석의 열쇠는 동사가 쥐고 있습니다. 이 동사를 제대로 해석해야 문장의 의미를 확실하게 파악할 수 있습니다. 이번 장에서는 다양한 형태의 동사들을 정확하게 해석하는 방법을 배웁니다.

CHAPTER 02
PREVIEW

#기본시제

#완료시제

#완료진행시제

#조동사

#조동사 have p.p.

#수동태

#복잡한 수동태

이번 장에서 집중할 것!

문장에서 동사의 다양한 형태에
주목하세요!
형태에 맞게 동사를 정확하게
해석하세요.

진행시제

S (주어) be동사 V-ing

I / was taking a shower.
나는   샤워하고 있는 중이었어

해석 Tip [be동사+V-ing]는 '진행되고 있다'는 의미로 해석!

 동사의 형태를 바꿔서 시제를 나타내!

동사의 형태를 바꾸면 동사가 언제, 어떻게 그 동작을 하는지를 나타낼 수 있어. 총 12개의 시제가 있어. 우리는 이미 과거, 현재, 미래라는 시간의 시점을 알고 있어. 여기에 '진행, 완료'를 더해 주면 아래 표와 같이 12개의 시제를 만들 수 있어.

	완료	진행	완료진행
1. 과거	4. 과거완료	7. 과거진행	10. 과거완료진행
2. 현재	5. 현재완료	8. 현재진행	11. 현재완료진행
3. 미래	6. 미래완료	9. 미래진행	12. 미래완료진행

과거진행, 현재진행, 미래진행시제는 과거, 현재, 미래에 어떤 동작이 진행되고 있음을 나타내.

1. 과거진행
- 과거에 진행되고 있었음을 나타냄
- 주어 + was/were + V-ing

  He was playing computer games. 그는 컴퓨터 게임을 하고 있는 중이었다.

2. 현재진행
- 현재 진행되고 있음을 나타냄
- 주어 + am/are/is + V-ing

  He is playing computer games. 그는 컴퓨터 게임을 하고 있는 중이다.

3. 미래진행
- 미래의 특정 시점에 진행되고 있을 것임을 나타냄

  주어 + will be + V-ing

  He will be playing computer games. 그는 컴퓨터 게임을 하고 있는 중일 것이다.

알.쓸.신.잡

미식축구 선수 마이클 오어와 그를 돌봐 준 가족의 감동적인 이야기를 다룬 영화 [*The Blind Side*]에는 과거진행시제를 이용한 대사가 있어.

When I was little, something awful **was happening**.
내가 어렸을 때, 끔찍한 일이 일어나고 있었어요.

Q 다음 문장을 진행시제에 주의해서 해석하세요.

0113 My palms were sweating and slippery on the wheel. | 2017 고1 11월 | 21638-0127

▶ 내 손바닥은 운전대에서 땀이 나고 있었고 미끌거렸다.

Tip sweat는 '땀이 나다'로, were sweating은 과거에 '땀이 나고 있었다'는 의미야. 형태가 바뀌면 그 느낌을 살려주자.

0114 My hands were trembling due to the anxiety. | 2020 고2 6월 | 21638-0128

▶

0115 A slight smile was spreading over her face. | 2020 고1 6월 | 21638-0129

▶

0116 Jessie was already running numbers in her head. | 2015 고2 6월 | 21638-0130

▶

0117 A college student was struggling to pay his school fees. | 2016 고1 6월 | 21638-0131

▶

0118 One day after grocery shopping, I was sitting at the bus stop. | 2015 고1 11월 | 21638-0132

▶

0119 One is happening in the foreground and the other in the background. | 2016 고1 3월 |

▶   21638-0133

0120 The audience at the contest were laughing out loud now, at him, at his inability.

▶ | 2017 고1 3월 | 21638-0134

CHAPTER 2

---

113. palm 손바닥 sweat 땀이 나다 slippery 미끄러운   **114.** tremble 떨다 anxiety 불안감
115. slight 엷은 spread 퍼지다, 번지다   **116.** run numbers 숫자를 계산하다   **117.** college 대학 struggle 애쓰다
118. grocery shopping 식료품 쇼핑   **119.** foreground (풍경 그림 따위의) 전경, 전면   **120.** audience 관중, 청중 inability 무능함

ADVANCED mission

정답과 해석 10쪽

Q 다음 문장을 진행시제에 주의해서 해석하세요.

0121 Infants were not simply copying the actions but rather repeating the intended goal.

▶ 아기들은 그저 행동을 모방하고 있는 것이 아니라 오히려 의도된 목적을 반복하고 있었다. | 2014 고3 10월 | 21638-0135

Tip copy는 '모방하다'라는 뜻이야. 과거진행에 부정의 not이 더해졌으니 '모방하고 있는 중이 아니었다'는 의미이지.

0122 Indeed you will still be seeing doctors, but the relationship will be radically altered.
▶ | 2017 고3 3월 | 21638-0136

0123 Internet entrepreneurs are creating job-search products and bringing them online regularly. | 2018 고3 6월 | 21638-0137
▶

0124 The line of distant mountains and shapes of houses were gradually emerging through the mist. | 2013 수능 | 21638-0138
▶

0125 When someone else's thoughts are in your head, you are observing the world from that person's vantage point. | 2018 고3 3월 | 21638-0139
▶

0126 One immediate reason was easy enough to spot: the local human population was cutting down the reed beds at a furious rate. | 2016 수능 | 21638-0140
▶

0127 Nancy was struggling to see the positive when her teen daughter was experiencing a negative perspective on her life and abilities. | 2015 수능 | 21638-0141
▶

0128 The interaction between nature and nurture is, however, highly complex, and developmental biologists are only just beginning to grasp just how complex it is. | 2020 수능 | 21638-0142
▶

---

121. infant 아기, 유아 intend 의도하다 goal 목적 **122.** radically 근본적으로 alter 바꾸다 **123.** entrepreneur 사업가, 기업가
124. gradually 점차 emerge 모습을 드러내다 mist 안개 **125.** observe 관찰하다, 보다 vantage point 관점
126. immediate 직접적인 human population 인간들, 인구 furious 맹렬한
127. positive 긍정적인 experience 경험하다 perspective 관점 **128.** interaction 상호 작용 nurture 양육 grasp 이해하다

A 우리말 의미에 맞게 괄호 안에서 알맞은 것을 고르세요.　21638-0143

1 One is happening / disappearing in the foreground and the other in the background.

하나는 전경에서 일어나고 있고 나머지 하나는 배경에서 일어나고 있다.

2 The audience at the contest were laughing out loud now, at him, at his capability / inability .

대회에 모인 청중들은 이제 그와 그의 무능함을 큰 소리로 비웃고 있었다.

3 Infants were not simply controlling / copying the actions but rather repeating the intended goal.

아기들은 그저 행동을 모방하는 것이 아니라 오히려 의도된 목적을 반복하고 있었다.

4 Indeed you will still be seeing doctors, but the relationship will be gradually / radically altered.

사실 여러분들은 여전히 의사의 진료를 받게 될 테지만, 그 관계가 근본적으로 바뀔 것이다.

5 Internet entrepreneurs are dismissing / creating job-search products and bringing them online regularly.

인터넷 사업가들은 구직 상품을 만들고 정기적으로 그것들을 온라인으로 가져온다.

B 우리말 의미에 맞게 다음 단어들을 알맞게 배열해서 문장을 완성하세요.　21638-0144

6 내 손은 불안감 때문에 떨리고 있었다. (the / to / were / anxiety / due / trembling)

My hands _____.

7 그녀의 얼굴에 엷은 미소가 번지고 있었다. (spreading / was /over / face / her)

A slight smile _____.

8 Jessie는 벌써 머릿속으로 숫자를 계산하고 있었다. (numbers / in / head / running / her)

Jessie was already _____.

9 한 대학생이 자신의 학비를 내려고 애쓰고 있었다. (struggling / pay / was / to)

A college student _____ his school fees.

10 어느 날 식료품 쇼핑 후에 나는 버스 정류장에 앉아 있었다. (bus / the / was / at / sitting / stop)

One day after grocery shopping, I _____.

완료시제

S (주어) have/has/had+p.p.

I / have lived / here / for five years.
나는 살아 왔다 여기서 5년간

해석 Tip 완료시제는 특정 시점 이전의 일을 나타낸다!

완료시제는 특정 시점 이전의 일을 나타내!

완료시제는 특정 시점 이전의 동작이나 상태를 표현해. 누군가가 "당신은 몇 년간 영어를 공부했나요?"라고 물어본다면 "10년간 공부했습니다."라고 답을 할 수 있지. 즉 현재의 시점을 기준으로 과거 10년간 일어난 일을 나타내. 이런 때는 과거시제가 아닌 완료시제를 사용해야 해.

1. 현재완료(have/has p.p.)
- 과거의 어느 시점부터 현재까지 이어져 온 동작이나 상태를 표현

  She has lived here all her life. 그녀는 여기에서 평생 살아왔다.

2. 과거완료(had p.p.)
- 과거보다 더 과거에서부터 시작된 동작, 상태를 표현
- 과거완료는 과거 일보다 더 먼저 일어난 일임을 표시

  After I had finished my science homework, I went to church.
  나는 과학 숙제를 끝낸 후에, 교회에 갔다.

3. 미래완료(will have p.p.)
- 미래의 특정 시점 이전에 완료될 예정인 동작이나 상태를 표현

  She will have left before you get there. 네가 도착하기 전에 그녀는 떠났을 것이다.

이것만은 꼭! 현재완료에는 기본적으로 4가지의 해석이 있어. 각각 맥락에 맞는 느낌으로 해석해 주면 돼!

1. 완료: 지금 막(이미) ~했다
I have already had lunch. 나는 이미 점심을 먹었다.

2. 경험: (지금까지) ~한 적이 있다
I have never been to Paris. 나는 파리에 가 본 적이 없다.

3. 계속: (지금까지) ~해 오고 있다(해 왔다)
I have studied English for 10 years. 나는 10년간 영어를 공부해 왔다.

4. 결과: ~해 버렸다
He has lost his watch. 그는 자신의 시계를 잃어버렸다. (그 결과 현재 시계가 없는 상태임)

Q 다음 문장을 완료시제에 주의해서 해석하세요.

0129 She felt all her concerns had gone away. | 2020 고1 6월 | 21638-0145

▶ 그녀는 모든 걱정이 사라졌음을 느꼈다.

Tip 과거완료(had gone)는 과거 시점(felt) 이전에 일어난[완료된] 동작을 나타낸다고 이해하면 돼.

0130 Anxiety has been around for thousands of years. | 2015 고2 9월 | 21638-0146

▶

0131 He had also avoided a potential argument with his son. | 2015 고2 3월 | 21638-0147

▶

0132 I have enjoyed living here and hope to continue doing so. | 2019 고2 3월 | 21638-0148

▶

0133 Maybe you have watched the sun as it was setting in the sky. | 2016 고1 3월 | 21638-0149

▶

0134 The Internet has quickly become an invaluable tool as well. | 2014 고1 11월 | 21638-0150

▶

0135 Since that time, I have never touched the walls or the ceiling. | 2019 고2 3월 | 21638-0151

▶

0136 Your mind has not yet adapted to this relatively new development. | 2017 고1 3월 | 21638-0152

▶

129. concern 걱정   **130.** anxiety 불안   **131.** potential 있을 수 있는 argument 논쟁   **132.** hope 희망하다, 바라다
133. set (태양이) 지다   **134.** invaluable 매우 유용한   **135.** since ~ 한 이후로 ceiling 천장
136. adapt 적응하다 relatively 비교적

Q 다음 문장을 완료시제에 주의해서 해석하세요.

0137 Food etiquette had become a sign of social barriers and of the impossibility of breaking them down. | 2019 고3 6월 | 21638-0153

▶ 음식 예절은 사회적 장벽, 그리고 그 장벽 타파의 불가능성에 대한 표시가 되어 버렸다.

Tip 과거완료시제가 쓰였다면 이야기가 전개되고 있는 과거 시점보다 더 이전에 그 일이 일어난 거야. 이 문장에서는 과거시제가 안 보이지만, 앞 문장에 과거시제가 있을 거야.

0138 His architectural style has influenced the architecture of churches in England and the United States. | 2015 고3 4월 | 21638-0154

▶

0139 Indeed, this vast majority have lost control over their own production because of larger global causes. | 2018 수능 | 21638-0155

▶

0140 Technological advances have led to a dramatic reduction in the cost of processing and transmitting information. | 2018 고3 6월 | 21638-0156

▶

0141 But their final disappointment didn't retroactively change the sincere thrill they'd felt throughout the series. | 2018 고3 3월 | 21638-0157

▶

0142 Carbon sinks have been able to absorb about half of this excess CO_2, and the world's oceans have done the major part of that job. | 2018 고3 6월 | 21638-0158

▶

0143 She had recently moved to the U.S. and hadn't been able to bring her sewing machine with her and wasn't able to afford to buy one. | 2018 고3 4월 | 21638-0159

▶

0144 Individuals from extremely diverse backgrounds have learned to overlook their differences and live harmonious, loving lives together. | 2011 수능 | 21638-0160

▶

137. etiquette 예절 barrier 장벽 impossibility 불가능성   **138.** architecture 건축(양식)   **139.** vast majority 대다수
140. advance 발전 reduction 감소 process 처리하다 transmit 전달하다   **141.** sincere 진정한 retroactively 시간을 거슬러 올라가서
142. absorb 흡수하다 excess 초과(의)   **143.** afford ~할 여유가 있다   **144.** individual 개인 diverse 다양한 overlook 너그럽게 봐주다

REVIEW mission

정답과 해석 12쪽

A 우리말 의미에 맞게 괄호 안에서 알맞은 것을 고르세요.　　21638-0161

1 Food etiquette had become a sign of social barriers and of the
possibility / impossibility of breaking them down.

음식 예절은 사회적 장벽, 그리고 그 장벽 타파의 불가능성에 대한 표시가 되어 버렸다.

2 His architectural style has reproduced / influenced the architecture of churches in
England and the United States.

그의 건축 양식은 영국과 미국의 교회 건축 양식에 영향을 주었다.

3 Indeed, this vast majority have gotten / lost control over their own production
because of larger global causes.

사실, 이 대다수는 더 큰 세계적인 원인으로 인해 자신들의 생산에 대한 통제력을 잃어버렸다.

4 Technological advances have led to a dramatic increase / reduction in the cost of
processing and transmitting information.

기술적인 발전은 정보의 처리와 전달 비용의 극적인 감소를 가져왔다.

5 But their final disappointment didn't retroactively change / heighten the sincere
thrill they'd felt throughout the series.

하지만 그들이 마지막에 느낀 실망이 시간을 거슬러 가서 그들이 그 시리즈 내내 느꼈던 진정한 흥분을 바꾸지는 않았다.

B 우리말 의미에 맞게 다음 단어들을 알맞게 배열해서 문장을 완성하세요.　　21638-0162

6 불안은 수천 년 동안 존재해 왔다. (been / has / around)

Anxiety _____ for thousands of years.

7 그는 또한 자신의 아들과 있을 수 있는 논쟁을 피했다. (a / potential / argument / avoided)

He had also _____ with his son.

8 나는 이곳에서 즐겁게 살아 왔으며 계속해서 그러기를 희망한다. (living / have / enjoyed / here)

I _____ and hope to continue doing so.

9 아마도 여러분은 하늘에 태양이 지고 있을 때 태양을 본 적이 있을 것이다. (the / watched / have / sun)

Maybe you _____ as it was setting in the sky.

10 인터넷은 또한 빠르게 매우 귀중한 도구가 되었다. (an / invaluable / tool / quickly / become / has)

The Internet _____ as well.

CHAPTER
2

완료진행시제

S (주어) | have/has/had been V-ing

I / have been watching / you.
나는   지켜봐 왔다   너를

해석 Tip 완료와 진행을 합치면 완료진행시제!

완료와 진행을 합치면 완료진행!

완료와 진행은 함께 사용할 수 있어. 쭉 이어져 온 동작이나 상태가 계속해서 진행되고 있음을 나타낼 수 있어.
독해를 할 때는 주로 현재완료 진행시제를 자주 볼 수 있어. 과거에 시작한 동작이나 상태가 현재도 지속되고 있음을 나타내는 거야. 완료의 느낌과 진행의 느낌을 적절하게 섞어서 해석하자.

1. 현재완료 진행시제

- 과거에 시작한 동작, 상태가 지금도 계속되고 있음을 나타냄
- have/has been V-ing

I have been living in this house for 40 years. 나는 이 집에 40년간 살아왔다.

I've been thinking about her since I met her yesterday.
나는 어제 그녀를 만난 이후로 그녀에 대해서 계속 생각해 왔다.

2. 과거완료 진행시제

- 과거보다 더 과거에 시작한 동작, 상태가 과거의 어느 시점에도 계속되고 있었음을 나타냄
- had been V-ing

I had been working at the company for five years when I got the promotion.
나는 승진하기 전에 그 회사에서 5년간 일해 왔다.

Sarah had been walking three miles a day before she broke her leg.
Sarah는 다리가 부러지기 전에 하루에 3마일을 걸어왔다.

이것만은 **꼭!** 완료진행은 [완료+진행]으로 나누어 생각하자!

완료진행시제는 얼핏 보면 복잡하게 생겼지만, 완료와 진행이 합쳐진 것으로 생각하면 충분히 이해할 수 있어.

현재완료	**have/has p.p.**
+ 진행	**be V-ing**
	have/has been V-ing

Q 다음 문장을 완료진행시제에 주의해서 해석하세요.

0145 He had been watching the man and had a question for him. | 2015 고2 11월 | `21638-0163`

▶ 그는 그 남자를 바라보고 있었으며 그에게 질문이 있었다.

Tip 완료진행은 지속된 동작이 어느 시점까지 진행되고 있다는 뜻이야. 동사 부분이 상당히 복잡하지만 익숙해지면 충분히 느낌을 잡을 수 있어.

0146 I have been using your coffee machines for several years. | 2019 고2 6월 | `21638-0164`

▶

0147 She had been practicing very hard the past week but she did not seem to improve.

| 2018 고1 3월 | `21638-0165`

▶

0148 Our recycling program has been working well thanks to your participation. | 2021 고2 3월 |

`21638-0166`

▶

0149 And in recent decades, the money in sports has been crowding out the community.

| 2015 고2 9월 | `21638-0167`

▶

0150 For example, Harvey Lester, a new employee, has been having trouble mastering his new job. | 2015 고2 9월 | `21638-0168`

▶

0151 We at the Future Music School have been providing music education to talented children for 10 years. | 2020 고2 6월 | `21638-0169`

▶

0152 Many students at the school have been working on a project about the youth unemployment problem in Lockwood. | 2017 고1 3월 | `21638-0170`

▶

145. watch 바라보다 **146.** several 몇몇의, 몇 개의 **147.** improve 향상되다 **148.** recycle 재활용하다 participation 참여
149. decade 10년 **150.** master 숙련하다 **151.** provide 제공하다 talented 재능 있는 **152.** youth 청년 unemployment 실업

CHAPTER 2

Q 다음 문장을 완료진행시제에 주의해서 해석하세요.

0153 So, if you want to use your energy to work longer, just change your perception of how long you have been working. | 2016 고1 6월 | 21638-0171

▶ 그래서 만약 여러분이 더 오래 일하는 데 자신의 에너지를 사용하고 싶다면, 얼마나 오래 일했는지에 대한 인식을 바꾸기만 하면 된다.

Tip work는 '일하다'라는 뜻으로, have been working은 지금까지 일을 해 왔고, 지금도 하고 있다는 의미야.

0154 Although humans have been drinking coffee for centuries, it is not clear where coffee originated. | 2017 고1 11월 응용 | 21638-0172

▶

0155 And when it comes to human societies, people have been standing on a ten-thousand-foot plateau. | 2019 고1 11월 응용 | 21638-0173

▶

0156 For example, if you have been working on a project for eight hours, but it only feels like six, you will have more energy to keep going. | 2016 고1 6월 | 21638-0174

▶

0157 For decades, we have been measuring intelligence at the individual level, just as we have been measuring creativity, engagement, and grit. | 2019 고1 10월 | 21638-0175

▶

0158 Urbanization has been taking place since the Neolithic Revolution, when agriculture enabled food surpluses to create a division of labor in settlements. | 2018 고3 4월 | 21638-0176

▶

0159 Probably you have been reading for a long time, too, and starting to learn all over again would be humiliating. | 2017 고1 9월 | 21638-0177

▶

0160 We have all been solving problems of this kind since childhood, usually without awareness of what we are doing. | 2020 고1 6월 | 21638-0178

▶

---

153. perception 인식   **154.** originate 유래하다, 비롯되다   **155.** when it comes to ~에 관한 한 plateau 고원
156. keep -ing ~을 계속하다   **157.** measure 측정하다 intelligence 지능 engagement 참여도 grit 근성
158. urbanization 도시화 surplus 잉여 settlement 정착(지) Neolithic Revolution 신석기 혁명 division of labor 분업
159. probably 아마 humiliating 창피한   **160.** awareness 인식

A 우리말 의미에 맞게 괄호 안에서 알맞은 것을 고르세요. `21638-0179`

1 For example, Harvey Lester, a new employee, has been having trouble
|ignoring / mastering| his new job.

예를 들어, 신입 사원인 Harvey Lester는 자신의 새로운 업무를 숙련하는 데 어려움을 겪어 왔다.

2 We at the Future Music School have been providing music education to
|average / talented| children for 10 years.

저희 Future Music School에서는 십 년 동안 재능 있는 아이들에게 음악 교육을 제공해 오고 있습니다.

3 Many students at the school have been working on a project about the youth
|employment / unemployment| problem in Lockwood.

그 학교의 많은 학생들은 Lockwood 지역의 청년 실업 문제에 관한 프로젝트를 수행해 왔습니다.

4 Probably you have been reading for a long time, too, and starting to learn all over
again would be |satisfying / humiliating|.

아마 여러분도 역시 오랫동안 읽기를 해 왔으므로, 처음부터 다시 배우기를 시작하는 것은 창피할 수 있다.

5 We have all been |creating / solving| problems of this kind since childhood, usually
without awareness of what we are doing.

우리 모두는 우리가 무엇을 하고 있는지에 대한 인식 없이 어린 시절부터 이런 종류의 문제들을 해결해 왔다.

B 우리말 의미에 맞게 다음 단어들을 알맞게 배열해서 문장을 완성하세요. `21638-0180`

6 그는 그 남자를 바라보고 있었으며 그에게 질문이 있었다. (watching / man / the / been / had)

He _____ and had a question for him.

7 저는 귀사의 커피 머신을 수년 동안 사용해 왔습니다. (been / your / using / machines / have / coffee)

I _____ for several years.

8 지난주 그녀는 정말 열심히 연습해 왔지만, 향상된 것처럼 보이지 않았다. (had / hard / very / been / the
past / practicing / week / She)

_____ but she did not seem to improve.

9 우리의 재활용 프로그램은 여러분의 참여 덕분에 잘 운영되어 왔습니다. (well / working / has / been)

Our recycling program _____ thanks to your participation.

10 그리고 최근 몇 십 년간 스포츠에 유입된 돈은 공동체를 몰아내 왔다. (has / crowding / been / out)

And in recent decades, the money in sports _____ the community.

조동사

S
(주어)   조동사   동사원형

You / must come **back** / home.
너는   돌아와야만 해   집으로

해석 Tip 조동사의 의미를 동사에 더하자!

동사에 의미를 더하는 조동사!

조동사는 '동사를 도와주는 동사'라는 뜻이야. 조동사는 동사의 의미를 다양하게 변화시키기 때문에 그 의미를 아는 것이 중요해.

1. can

- ~할 수 있다(능력), ~해도 좋다(허가)

  He can repair your computer. 그는 너의 컴퓨터를 고칠 수 있다.

  You can leave now if you want. 네가 원한다면 지금 떠나도 좋아.

2. may

- ~일 것이다(추측), ~해도 좋다(허가)

  She may be sick. 그녀는 아마 아플 것이다.

  You may go home now. 너는 지금 집에 가도 좋다.

3. will

- ~할 것이다(미래)

  He will visit his grandfather. 그는 그의 할아버지 댁을 방문할 것이다.

4. must, have(has) to

- 긍정의 의미

  must: ~해야 한다(의무), ~임에 틀림없다(강한 추측)

  have(has) to: ~해야 한다(의무)

  You must come home early. 너는 집에 일찍 와야 한다.

  We have to save money. 우리는 돈을 절약해야 한다.

- 부정의 의미

  must not: ~해서는 안 된다(금지)

  You must not park here. 당신은 여기에 주차를 해서는 안 됩니다.

  don't have to: ~할 필요가 없다(불필요)

  I don't have to come home early today. 나는 오늘 집에 일찍 올 필요가 없다.

5. should

- ~해야 한다

  You should listen to my advice. 너는 나의 충고를 들어야 한다.

BASIC mission

정답과 해석 13쪽

Q 다음 문장을 조동사에 주의해서 해석하세요.

0161 Currently, we cannot send humans to other planets. | 2020 고1 6월 | `21638-0181`

▶ 현재, 우리는 인간을 다른 행성으로 보낼 수 없다.

Tip 조동사 cannot으로 불가능을 표현했어. 조동사의 의미에 맞게 해석을 하면 돼.

0162 But criticism doesn't have to come from other people. | 2013 고2 9월 | `21638-0182`

▶

0163 Fundamental differences may exist between men and women. | 2015 고1 6월 | `21638-0183`

▶

0164 Rather, we must each be our own chief executive officer. | 2014 고2 11월 | `21638-0184`

▶

0165 Frogs must also lay their eggs in water, as their fishlike ancestors did.

| 2021 고1 3월 | `21638-0185`

▶

0166 Your total debt-to-income ratio should not exceed 36 percent. | 2012 고2 9월 | `21638-0186`

▶

0167 The detective must also draw conclusions based on those clues. | 2015 고1 3월 | `21638-0187`

▶

0168 One can observe this difference clearly in very young children. | 2016 고1 3월 | `21638-0188`

▶

---

161. currently 현재 planet 행성   **162.** criticism 비판   **163.** exist 존재하다   **164.** rather 오히려
165. lay (알을) 낳다 ancestor 조상   **166.** debt 빚 exceed 초과하다   **167.** detective 탐정 conclusion 결론
168. observe 관찰하다 difference 차이점

Q 다음 문장을 조동사에 주의해서 해석하세요.

0169 Students may not spontaneously bring their prior knowledge to bear on new learning situations. | 2015 고1 6월 | 21638-0189

▶ 학생들은 그들의 사전 지식을 자발적으로 새로운 학습 상황에 관련 짓지 못할 수도 있다.

Tip 하나의 조동사가 여러 개의 의미를 갖는 경우가 있으니 문맥에 맞게 해석을 하자.

0170 People with excellent acting skills can better navigate our complex social environments and get ahead. | 2020 고2 6월 | 21638-0190

▶

0171 The stage director must gain the audience's attention and direct their eyes to a particular spot or actor. | 2019 고1 11월 | 21638-0191

▶

0172 You don't have to be Shakespeare, but you do need to know how to express yourself properly in written form. | 2012 고2 9월 | 21638-0192

▶

0173 Otherwise, children may effectively split the parents and seek to test the limits with the more indulgent parent. | 2020 고2 6월 | 21638-0193

▶

0174 Sometime later, David had to seek out expert help for a unique and complex heart surgery case reported at his hospital. | 2013 고2 9월 | 21638-0194

▶

0175 As we mature, we know that we must balance courage with caution. | 2014 고2 6월 | 21638-0195

▶

0176 You have to release your hold on the old and grab on to the new. | 2015 고2 6월 | 21638-0196

▶

---

169. spontaneously 자발적으로 prior 사전의, 이전의 bring to bear on (주위, 노력 따위를) ~에 쏟다, 집중하다
170. navigate 헤쳐 나가다   **171.** gain 얻다   **172.** express 표현하다 properly 적절히
173. split 떼어 내다 indulgent 멋대로 하게 하는   **174.** surgery 수술 report 보고하다   **175.** mature 성숙해지다 caution 신중함
176. release 놓다

REVIEW mission

정답과 해석 14쪽

A 우리말 의미에 맞게 괄호 안에서 알맞은 것을 고르세요.   `21638-0197`

1 The detective must also draw conclusions / assumptions based on those clues.

     탐정은 또한 그 단서를 바탕으로 결론을 도출해야 한다.

2 One can observe / distinguish this difference clearly in very young children.

     우리는 아주 어린아이들에게서 이러한 차이점을 확실히 관찰할 수 있다.

3 As we mature / progress, we know that we must balance courage with caution.

     성숙해 가면서, 우리는 용기와 신중함의 균형을 이루어야 한다는 것을 안다.

4 You have to keep / release your hold on the old and grab on to the new.

     여러분은 여러분이 오래된 것을 손에서 놓고 새로운 것을 잡아야 한다.

5 Students may not spontaneously bring their prior / accurate knowledge to bear on new learning situations.

     학생들은 그들의 사전 지식을 자발적으로 새로운 학습 상황에 관련 짓지 못할 수도 있다.

B 우리말 의미에 맞게 다음 단어들을 알맞게 배열해서 문장을 완성하세요.   `21638-0198`

6 하지만 비판은 다른 사람들로부터 올 필요는 없다. (to / doesn't / have / come)

     But criticism _____ from other people.

7 남자와 여자 사이에 근본적인 차이점들이 존재할지도 모른다. (exist / may / and / between / women / men)

     Fundamental differences _____.

8 오히려 우리는 각자가 우리 자신의 최고 경영자가 되어야 한다. (each / must / own / be / our)

     Rather, we _____ chief executive officer.

9 개구리는 또한 자신들의 물고기 같은 조상이 그랬던 것처럼, 물속에 알을 낳아야 한다. (in / must also/ eggs / their / water / lay)

     Frogs _____ , as their fishlike ancestors did.

10 여러분의 수입 대비 빚의 총 비율이 36%를 초과해서는 안 된다. (exceed / not / should / 36 percent)

     Your total debt-to-income ratio _____.

조동사 have p.p.

S (주어) 조동사 have p.p.

I / should have left / early.
나는   떠났어야 했다   일찍

해석 Tip [조동사 have p.p.]는 과거에 대한 이야기!

[조동사 have p.p.]는 과거에 대한 표현!

조동사에 [have p.p.]를 더하면 과거에 대한 다양한 이야기를 전달할 수 있어. 어떤 조동사를 쓰느냐에 따라서 의미가 달라지니까 꼭 의미를 확인하자.

1. **should have p.p.**: (과거에) ~했어야만 했다

   I should have studied harder. 나는 더 열심히 공부했어야만 했다.

2. **must have p.p.**: (과거에) ~했음이 틀림없다, ~이었음이 틀림없다

   He must have been asleep. 그는 잠들었음이 틀림없다.

3. **can't have p.p.**: (과거에) ~했을 리가 없다, ~이 아니었음이 틀림없다

   He can't have been asleep. 그는 잠들었을 리가 없다.

4. **could have p.p.**: (과거에) ~할 수 있었을 것이다

   You could have done it. 너는 그것을 할 수 있었을 것이다.

5. **would have p.p.**: (과거에) ~했을 것이다

   It would have been a perfect summer. 완벽한 여름이었을 것이다.

6. **may[might] have p.p.**: (과거에) ~했을지도 모른다

   He might have seen that movie. 그는 그 영화를 봤을지도 모른다.

알.쓸.신.잡

다양한 영화에서 쓰인 [should have p.p.]의 표현들을 알아보자. 이 표현은 아쉬움, 후회를 나타내기 때문에 일상에서 아주 자주 사용해.

I should have known. [*Aladdin*]

내가 알았어야 했어.

I should have stayed on the bus. [*Avengers: Infinity War*]

나는 버스에 있었어야 했어.

You should have been here for Christmas. [*Forest Gump*]

너는 크리스마스를 위해서 여기 왔어야만 했어.

Q 다음 문장을 조동사에 주의해서 해석하세요.

0177 Without such passion, they would have achieved nothing. | 2018 고1 3월 | 21638-0199

▶ 그러한 열정이 없었더라면, 그들은 아무것도 이루지 못했을 것이다.

Tip [조동사 have p.p.]는 과거에 대한 이야기야. 과거에 일어난 일로 해석하는 게 제일 중요해.

0178 You might have heard of such stories of expert intuition. | 2015 고1 11월 | 21638-0200

▶

0179 It must have discouraged him and negatively affected his performance. | 2019 고1 3월 |

21638-0201

▶

0180 All these people would have carried a map of their land in their head. | 2015 고2 3월 |

21638-0202

▶

0181 I must have taken her smile as permission to take the unwatched stroller. | 2015 고1 11월 |

21638-0203

▶

0182 In his lifetime, he must have painted hundreds of houses, inside and out. | 2015 고2 11월 |

21638-0204

▶

0183 I think Hammer and Shaw would have agreed with me that nothing can replace hard work. | 2015 고1 3월 | 21638-0205

▶

0184 Instead, they would have used means to communicate that they believed others would understand. | 2020 고1 11월 | 21638-0206

▶

---

177. passion 열정 achieve 이루다   **178.** intuition 직관   **179.** performance 업무 수행   **180.** carry 지니다
181. permission 허락 stroller 유모차   **182.** lifetime 평생   **183.** replace 대신하다   **184.** means 수단

ADVANCED mission

정답과 해석 15쪽

Q 다음 문장을 조동사에 주의해서 해석하세요.

0185 At the same time, these primitive hominins would not have simply made random sounds or gestures. | 2020 고1 11월 | 21638-0207

▶ 동시에, 이 원시 호미닌(인간의 조상으로 분류되는 종족)들은 단순히 무작위적인 소리를 내거나 몸짓을 하지는 않았을 것이다.

Tip [조동사 have p.p.]는 과거에 대한 해석. 이제 이해했지?

0186 Unfortunately, while he was gone, the arsonists entered the area he should have been guarding and started the fire. | 2016 고2 6월 | 21638-0208

▶

0187 The vanguard of such a migration must have been small in number and must have traveled comparatively light. | 2014 수능 | 21638-0209

▶

0188 These nymphs should have taken a further two years to emerge as adults, but in fact they took just one year. | 2015 수능 | 21638-0210

▶

0189 They suggest that social scientists have failed to accomplish what might reasonably have been expected of them. | 2018 고1 11월 | 21638-0211

▶

0190 But in the early 1800s, it would have cost you four hundred times what you are paying now for the same amount of light. | 2021 고1 3월 | 21638-0212

▶

0191 The cubit sticks must have been very accurate, because the lengths of the sides of the Great Pyramid at Giza vary by only a few centimeters. | 2015 고1 6월 | 21638-0213

▶

0192 While we may have lost some of our ancient ancestors' survival skills, we have learned new skills as they have become necessary. | 2021 고1 3월 | 21638-0214

▶

---

185. primitive 원시의   **186.** arsonist 방화범 guard 지키다   **187.** vanguard 선발대 migration 이주, 이민
188. nymph 애벌레, (곤충의) 유충   **189.** suggest (의견을) 제시하다 accomplish 성취하다 expect 기대하다
190. cost 비용이 들다 amount 양   **191.** accurate 정확한   **192.** ancient 고대의 necessary 필수의

REVIEW mission

A 우리말 의미에 맞게 괄호 안에서 알맞은 것을 고르세요. `21638-0215`

1 In his lifetime, he should / must have painted hundreds of houses, inside and out.

평생 동안 그는 수백 채의 집의 안과 밖을 칠했음이 틀림없다.

2 I think Hammer and Shaw must / would have agreed with me that nothing can replace hard work.

나는 Hammer와 Shaw가 인생에서 열심히 일하는 것을 대신할 수 있는 것은 아무것도 없다는 데에 내게 동의했을 것으로 생각한다.

3 Instead, they should / would have used means to communicate that they believed others would understand.

대신, 그들은 남들이 이해할 것이라고 믿는 의사소통 수단을 사용했을 것이다.

4 But in the early 1800s, it must / would have cost you four hundred times what you are paying now for the same amount of light.

하지만 1800년대 초반에는, 같은 양의 조명에 대해 오늘날 지불하고 있는 것의 400배의 비용이 들었을 것이다.

5 The cubit sticks should / must have been very accurate, because the lengths of the sides of the Great Pyramid at Giza vary by only a few centimeters.

그 큐빗 막대는 매우 정확했음이 틀림없는데, 이는 Giza 대피라미드의 측면 길이들이 불과 몇 센티미터만 다르기 때문이다.

B 우리말 의미에 맞게 다음 단어들을 알맞게 배열해서 문장을 완성하세요. `21638-0216`

6 그러한 열정이 없었더라면, 그들은 아무것도 이루지 못했을 것이다. (have / nothing / would / achieved)

Without such passion, they _____.

7 여러분은 전문가의 직관에 대한 그런 이야기를 들어 본 적이 있을 것이다. (heard / might / of / have)

You _____ such stories of expert intuition.

8 그 일은 그를 낙담시켜서 그의 업무 수행에 부정적인 영향을 미쳤음이 틀림없다. (him / must / discouraged / have)

It _____ and negatively affected his performance.

9 이 모든 사람들은 머릿속에 그들의 땅에 대한 지도를 지녔을 것이다. (would / carried / a / map / have)

All these people _____ of their land in their head.

10 나는 그녀의 미소를 그 방치된 유모차를 가져가라는 허락으로 받아들였음이 틀림없다. (have / taken / smile / her / must)

I _____ as permission to take the unwatched stroller.

S (주어)   be동사 p.p.

I / was treated / like a child.
나는   다뤄졌어   아이처럼

해석 Tip   동사가 [be동사+p.p.]의 형태이면 수동으로 해석!

동작을 당하면 수동태!

주어가 동사의 동작을 스스로 하면 능동태로 표현을 하고, 동작을 당하는 상황이면 수동태로 표현을 해. 우리는 지금까지 능동태의 문장을 봐 왔어. 이제 동작을 당하는 수동태를 배워 보자. 수동태를 쓰려면 동사를 [be동사+p.p.]로 표현하면 돼. be동사는 주어와 시제에 맞는 형태를 사용해야 해.

PRACTICE 다음 동사 부분을 수동태의 느낌을 살려 해석해 볼까요?

1. was stolen   도난당했다
2. was placed   놓였다
3. was thrown   던져졌다
4. was given   주어졌다
5. was eaten   먹혔다

이것만은 꼭! 수동태의 부정문과 의문문의 형태도 익히자.

1. 수동태의 부정문: be동사 + not + 과거분사 + by + 행위자
   The book was not written by me.   그 책은 나에 의해서 쓰이지 않았다.

2. 수동태의 의문문
   (의문사가 없을 때) be동사 + 주어 + 과거분사 + by + 행위자?
   Was the book written by you?   그 책은 너에 의해서 쓰였니?

   (의문사가 있을 때) 의문사 + be동사 + 주어 + 과거분사 + by + 행위자?
   When was the book written by you?   언제 그 책이 너에 의해서 쓰였니?

알.쓸.신.잡

영화 속에 등장하는 수동태가 포함된 대사를 보면서 수동태의 느낌을 잡아 보자.
The Queen was killed. [*Aladdin*]
여왕이 살해당했어. → kill은 '죽이다'는 뜻으로, 여왕은 kill이라는 동작을 당한 거야.
I was raised here. [*Batman: The Dark Knight*]
나는 여기서 자랐어(양육되었어). → raise는 '양육하다, 기르다'라는 뜻으로 나는 양육된 것이기 때문에 수동태를 사용해.

Q 다음 문장을 수동태에 주의해서 해석하세요.

0193 Many forms of communication are only really enjoyed one at a time. | 2017 고1 6월 | `21638-0217`

▶ 우리는 많은 형태의 의사소통들을 한 번에 하나씩만 실제로 즐긴다.

Tip enjoy라는 동사를 are enjoyed라는 수동태 형태로 만든 문장이야. only really는 부사로서 추가된 성분이야.

0194 So he was eliminated from the competition after all. | 2019 고1 6월 | `21638-0218`

▶

0195 In one study, respondents were presented with a purchase situation. | 2019 고1 11월 | `21638-0219`

▶

0196 A newly retired executive was bothered when no one called him anymore. | 2014 고1 9월 |

▶ `21638-0220`

0197 We are surrounded by opportunities, but often we do not even see them. | 2016 고1 11월 |

▶ `21638-0221`

0198 Her early life was strongly influenced by her father's historical knowledge.

▶ | 2020 고1 6월 | `21638-0222`

0199 Judgements about flavor are often influenced by predictions based on the appearance of the food. | 2015 고1 11월 | `21638-0223`

▶

0200 These systems are known to build a greater sense of connectedness among TV-using friends. | 2017 고1 3월 | `21638-0224`

▶

---

193. form 형태 communication 의사소통 　**194.** eliminate 탈락시키다, 제거하다 competition 대회, 경쟁
195. study 연구 respondent 응답자 purchase 구매 　**196.** retired 은퇴한 executive 임원 　**197.** surround 둘러싸다
198. influence 영향을 주다 　**199.** judgement 판단 prediction 예측 　**200.** sense …감, 감각 among ∼ 사이에

Q 다음 문장을 수동태에 주의해서 해석하세요.

0201 Their impacts on the marine environment and food webs are still poorly understood.

▶ 그것들이 해양 환경과 먹이 그물에 미치는 영향은 아직도 제대로 이해되지 않고 있다. | 2018 고1 6월 | 21638-0225

Tip understand는 '이해하다'로, are understood는 '이해되다'는 수동태로 동작을 당하는 식으로 해석하면 돼.

0202 In the case with things, people are more attracted to a desired object because it is out of their reach. | 2016 고1 11월 | 21638-0226

▶

0203 Natural boundaries between states or countries are found along rivers, lakes, deserts, and mountain ranges. | 2015 고1 3월 | 21638-0227

▶

0204 For early societies, the answers to the most basic questions were found in religion. | 2017 고1 9월 | 21638-0228

▶

0205 Finally, when the bladder is fully expanded, the fish is at its maximum volume and is pushed to the surface. | 2016 고1 6월 | 21638-0229

▶

0206 But at the beginning of the twentieth century, a new technology was introduced: the airplane. | 2016 고1 9월 | 21638-0230

▶

0207 An interesting study about facial expressions was recently published by the American Psychological Association. | 2016 고1 6월 | 21638-0231

▶

0208 For instance, parents and children are linked by certain rights, privileges, and obligations. | 2019 고1 11월 | 21638-0232

▶

---

201. impact 영향　**202**. desired 원하는　object 물건　**203**. boundary 경계　mountain range 산맥　**204**. religion 종교
205. bladder 부레　expand 팽창하다　surface 수면, 표면　**206**. introduce 도입하다　**207**. recently 최근에　publish 발표하다
208. right 권리　privilege 특권　obligation 의무

A 어법에 맞게 괄호 안에서 알맞은 것을 고르세요.　21638-0233

1 Judgements about flavor are often influencing / influenced by predictions based on the appearance of the food.

맛에 대한 판단은 흔히 음식의 겉모습에 기초한 예측에 의해 영향을 받는다.

2 These systems are knowing / known to build a greater sense of connectedness among TV-using friends.

이런 시스템들은 TV를 이용하는 친구들 사이에 더 큰 유대감을 만드는 것으로 알려져 있다.

3 Their impacts on the marine environment and food webs are still poorly understanding / understood.

그것들이 해양 환경과 먹이 그물에 미치는 영향은 아직도 제대로 이해되지 않고 있다.

4 In the case with things, people are more attracting / attracted to a desired object because it is out of their reach.

사물의 경우, 사람들은 원하는 물건이 그들이 얻을 수 없기 때문에 그것에 더 이끌린다.

5 Natural boundaries between states or countries are finding / found along rivers, lakes, deserts, and mountain ranges.

주나 국가 사이의 자연적 경계는 강, 호수, 사막 그리고 산맥을 따라 나타난다.

B 우리말 의미에 맞게 다음 단어들을 알맞게 배열해서 문장을 완성하세요.　21638-0234

6 그래서 그는 결국 대회에서 탈락했다. (the / was / competition / eliminated / from)

So he ＿＿＿＿＿＿＿＿＿＿＿＿＿＿＿＿＿＿＿＿ after all.

7 한 연구에서, 응답자들은 어떤 구매 상황을 제시받았다. (purchase / presented / situation / were / a / with)

In one study, respondents ＿＿＿＿＿＿＿＿＿＿＿＿＿＿＿＿.

8 막 은퇴한 임원은 더 이상 자신에게 아무도 전화하지 않자 괴로웠다. (one / called / when / no / bothered / was)

A newly retired executive ＿＿＿＿＿＿＿＿＿＿＿＿＿＿ him anymore.

9 우리는 기회로 둘러싸여 있지만, 우리는 자주 그것들을 보지도 못한다. (surrounded / opportunities / are / by)

We ＿＿＿＿＿＿＿＿＿＿＿＿＿＿＿＿, but often we do not even see them.

10 그녀의 어린 시절은 그녀 아버지의 역사적 지식에 의해 크게 영향을 받았다. (father's / her / by / knowledge / strongly / influenced / was / historical)

Her early life ＿＿＿＿＿＿＿＿＿＿＿＿＿＿＿＿＿.

복잡한 수동태

$$S_{(주어)} + \begin{array}{c} \text{be동사 being p.p.} \\ \text{have/has been p.p.} \end{array}$$

The Earth / is being destroyed.
지구는   파괴되고 있는 중이다

해석 Tip 수동태가 진행, 완료시제와 합쳐질 수 있다!

복잡한 동사의 모양을 제대로 해석하자!

동사의 형태를 다양하게 하는 것은 조동사, 시제, 수동태 이렇게 3가지야. 그런데 이것들이 함께 힘을 합쳐서 동사의 형태를 바꾸기도 해. 그러면 동사 부분이 길어지면서 굉장히 복잡해져. 어떤 요소들이 동사의 형태를 바꾸었는지를 생각해 보면 정확하게 이해할 수 있어. make라는 동사 한 개로 얼마나 동사가 다양하게 바뀔 수 있는지 알아보자.

1. 조동사 + 수동태
   · can be made 만들어질 수 있다
   · will be made 만들어질 것이다
   · must be made 만들어져야만 한다
   · should be made 만들어져야만 한다

2. 진행시제 + 수동태
   · am/are/is/was/were being made 만들어지고 있는 중이다/중이었다

3. 완료시제 + 수동태
   · have/has/had been made 만들어져 왔다

이것만은 꼭!

수여동사의 문장이나 목적격보어가 있는 문장을 수동태로 만든 형태는 한 번 더 확인해야 해. 동사 뒤에 두 개의 성분이 있기 때문에 수동태를 만들거나 해석할 때 주의가 필요해!

1. **수여동사 문장: 두 개의 수동태가 가능!**

   My boss gave me a chance. 상사가 나에게 기회를 주었다.
   (간접목적어가 주어인 수동태) I was given a chance by my boss.
   (직접목적어가 주어인 수동태) A chance was given to me by my boss.

2. **목적격보어가 있는 문장: 수동태 뒤에 목적격보어를 써야 하는 경우!**

   They called the baby Sam. 그들은 그 아기를 Sam이라고 불렀다.
   (수동태) The baby was called Sam by them.

Q 다음 문장을 수동태에 주의해서 해석하세요.

0209 Whole communities sometimes have to be moved to another place. | 2016 고1 3월 | 21638-0235

▶ 때때로 지역 사회 전체가 다른 곳으로 이주되어야 한다.

Tip have to에 be moved가 붙어 있는 형태야. 이주되어야 한다는 수동의 의미야.

0210 This concept has been discussed at least as far back as Aristotle. | 2019 고1 6월 | 21638-0236

▶

0211 For example, strawberry-flavored foods would be expected to be red. | 2015 고1 11월 |

▶ 21638-0237

0212 One of her novels has been translated into more than eighty languages. | 2020 고1 6월 |

▶ 21638-0238

0213 To build a hydroelectric dam, a large area must be flooded behind the dam. | 2016 고1 3월 |

▶ 21638-0239

0214 However, bees can be kept with profit even under unfavorable circumstances. | 2017 고1 6월 |

▶ 21638-0240

0215 The same effect can be seen with familiar holiday destinations. | 2016 고1 6월 | 21638-0241

▶

0216 The second study has been promoted as actively as the first, and is equally convincing. | 2014 고1 11월 | 21638-0242

▶

---

209. community 지역 사회   **210.** concept 개념 discuss 논의하다   **211.** expect 기대하다   **212.** novel 소설 translate 번역하다
213. hydroelectric 수력 발전의 dam 댐   **214.** profit 이익 unfavorable 불리한 circumstance 환경
215. effect 효과 familiar 익숙한   **216.** promote 홍보하다 convincing 설득력 있는

Q 다음 문장을 수동태에 주의해서 해석하세요.

0217 More land is being diverted from local food production to "cash crops" for export and exchange. | 2020 고1 11월 | 21638-0243

▶ 더 많은 땅이 지역의 식량 생산으로부터 수출과 교환을 위한 '환금 작물'로 전환되고 있다.

Tip divert 동사에 수동태와 진행형이 더해진 거야. 따라서 is being diverted는 방향이 전환되고 있는 중이라는 의미지.

0218 The worst effect of dams has been observed on salmon that have to travel upstream to lay their eggs. | 2016 고1 3월 | 21638-0244

▶

0219 Children must be taught not to chase the family dog or cat, or the wild birds and rabbits at the park. | 2014 고1 11월 | 21638-0245

▶

0220 This same finding has since been observed in various domains including taste for jam and financial decisions. | 2019 고1 9월 | 21638-0246

▶

0221 A lot of customers buy products only after they are made aware that the products are available in the market. | 2016 고1 6월 | 21638-0247

▶

0222 Its survival was being threatened by the cane toad, an invasive species introduced to Australia in the 1930s. | 2019 고1 11월 | 21638-0248

▶

0223 Research should be evaluated by other members of the scientific profession before it is applied or made public. | 2016 고1 9월 | 21638-0249

▶

0224 Therefore, the immediate pleasure of eating must be exploited to the full, even though it does violence to the digestion. | 2020 고1 6월 | 21638-0250

▶

---

217. divert 전환하다, 딴 데로 돌리다   **218.** upstream 상류로   **219.** chase 쫓다   **220.** domain 분야 financial 금전적인
221. customer 고객, 손님 available 구할 수 있는   **222.** threaten 위협하다 cane toad 수수두꺼비 invasive 침입하는, 급속히 퍼지는
223. evaluate 평가하다 profession (전문 분야) 종사자들
224. pleasure 즐거움 exploit 이용하다 do violence to ~에 무리가 되다 digestion 소화

A 어법에 맞게 괄호 안에서 알맞은 것을 고르세요. `21638-0251`

1 The second study has been promoting / promoted as actively as the first, and is equally convincing.

두 번째 연구는 첫 번째 연구만큼이나 적극적으로 홍보되었고, 똑같이 설득력이 있다.

2 More land is diverting / being diverted from local food production to "cash crops" for export and exchange.

더 많은 땅이 지역의 식량 생산으로부터 수출과 교환을 위한 '환금 작물'로 전환되고 있다.

3 The worst effect of dams has observed / been observed on salmon that have to travel upstream to lay their eggs.

댐의 가장 나쁜 영향은 알을 낳기 위해 상류로 올라가야 하는 연어에서 관찰되어 왔다.

4 Children must teach / be taught not to chase the family dog or cat, or the wild birds and rabbits at the park.

아이들은 애완견이나 애완 고양이 혹은 공원에 있는 야생 새와 토끼를 쫓아다니지 않도록 배워야 한다.

5 This same finding has since observed / been observed in various domains including taste for jam and financial decisions.

이와 똑같은 연구 결과가 그 이후로 잼의 맛과 금전적 결정을 포함한 다양한 분야에서 관찰되어 왔다.

B 우리말 의미에 맞게 다음 단어들을 알맞게 배열해서 문장을 완성하세요. `21638-0252`

6 때때로 지역 사회 전체가 다른 곳으로 이주되어야 한다. (another / to / moved / have / to / place / be)

Whole communities sometimes _____.

7 이 개념은 적어도 아리스토텔레스 시대만큼 오래전부터 논의되어 왔다. (discussed / been / has)

This concept _____ at least as far back as Aristotle.

8 예를 들어, 딸기 맛이 나는 음식들은 빨간색일 것으로 기대될 것이다. (be / be / expected / red / would / to)

For example, strawberry-flavored foods _____.

9 그녀의 소설 중 한 권은 80개가 넘는 언어로 번역되었다. (translated / been / has / into)

One of her novels _____ more than eighty languages.

10 수력 발전 댐을 건설하기 위해서, 댐 뒤의 넓은 지역이 반드시 물에 잠기게 된다. (must / be / the / dam / flooded / behind)

To build a hydroelectric dam, a large area _____.

CHAPTER

03

준동사

문법책을 보다 보면, 준동사라는 말을 볼 수 있습니다. 한자어라서 다소 어렵게 느껴질 수 있습니다. 준동사는 '동사'를 기'준'으로 만든 다양한 형태의 문법 요소를 말합니다. 정확히는 to부정사, 동명사, 분사를 준동사라고 부릅니다. 이 문법들은 원래 동사에서부터 시작해서 약간씩 형태를 바꿔 동사를 다양하게 활용합니다. 때로는 동사를 명사처럼, 형용사처럼, 또는 부사처럼 활용합니다. 준동사부터는 문장이 많이 길어집니다. 따라서 이 파트를 제대로 공부해야 긴 문장을 제대로 해석할 수 있고, 수능 영어에 도전할 수 있습니다. 영문법에서 가장 중요하다고 볼 수 있는 파트이므로 집중해 주시기 바랍니다.

CHAPTER 03
PREVIEW

#to부정사: to V

#동명사: V-ing

#분사: V-ing, p.p.

이번 장에서 집중할 것!

준동사의 3가지 종류를 익히세요.
문장 안에서 준동사 덩어리를
정확하게 해석하세요!

to부정사의 명사적 용법

to V
(to부정사)
= 명사 역할

To find fault / is easy.
결점을 찾는 것은 쉽다

해석 Tip [to V]는 명사로 쓰일 수 있다!

필수문법용어

#to부정사
• 동사원형 앞에 to를 붙인 것
• 전치사 to 다음에 명사를 이어 쓰지만, to부정사는 to 다음에 동사원형을 사용

#명사적 용법
• to부정사가 명사처럼 문장에서 쓰이는 것
• 문장 내에서 주어, 목적어, 보어 역할

to부정사를 명사처럼 해석하자!

동사에 to를 붙인 것을 to부정사라고 해. 오늘은 to부정사가 명사로 쓰이는 문장을 알아보자. 명사는 문장에서 주어, 목적어, 보어 역할을 해. 주어, 목적어, 보어 자리에 있는 to부정사는 '~하는 것(행위)'이라고 해석하면 돼.

1. 주어 역할 (~하는 것)

To study a foreign language is interesting. 외국어를 공부하는 것은 흥미롭다.

2. 주격보어 역할 (~하는 것)

My hobby is to listen to music. 나의 취미는 음악을 듣는 것이다.

3. 목적어 역할 (~하기를 / ~하는 것을)

She wants to take a cab. 그녀는 택시를 타고 가기를 원한다.

4. 목적격보어로 사용되는 경우

I want you to listen to me. 나는 네가 내 말을 듣기를 원한다.

PRACTICE 다음 to부정사 덩어리들을 '~하는 것'으로 해석해 볼까요?

1. to know her   그녀를 아는 것
2. to be a teacher   교사가 되는 것
3. to make a mistake   실수를 하는 것
4. to give her a cake   그녀에게 케이크를 주는 것
5. to make me happy   나를 행복하게 만드는 것

Q 다음 문장을 to부정사에 주의해서 해석하세요.

0225 Some people want to cut down the trees for lumber. | 2015 고1 6월 | 21638-0253

▶ 어떤 사람들은 목재용으로 그 나무들을 베고 싶어 한다.

Tip to부정사가 문장에 보이면 명사/형용사/부사 중에 어떤 용법으로 쓰였는지를 먼저 확인하자. 이 문장에서 to부정사는 want 동사의 목적어로 쓰인 명사적 용법이지.

0226 The penguins' solution is to play the waiting game. | 2019 고1 11월 | 21638-0254

▶

0227 Volunteering helps to reduce loneliness in two ways. | 2019 고1 3월 | 21638-0255

▶

0228 Their job was to look into the pipe and fix the leak. | 2019 고1 3월 | 21638-0256

▶

0229 For instance, to produce two pounds of meat requires much water. | 2016 고1 3월 응용 |

▶   21638-0257

0230 Upon this discovery, societies began to travel across the planet. | 2020 고1 9월 | 21638-0258

▶

0231 With the support of her father, she began to train as a doctor. | 2017 고1 11월 | 21638-0259

▶

0232 The purpose of building systems is to continue playing the game. | 2020 고1 6월 | 21638-0260

▶

---

225. lumber 목재   **226.** solution 해결책   **227.** reduce 감소시키다   **228.** leak 새는 곳   **229.** require 필요로 하다
230. discovery 발견 planet 행성, 지구   **231.** support 지원 train 훈련받다, 훈련하다   **232.** purpose 목적 build 구축하다

Q 다음 문장을 to부정사에 주의해서 해석하세요.

0233 She wanted to share her achievement with her mom and express her gratitude.

▶ 그녀는 자신의 성취를 엄마에게 말하기를 원했고, 자신의 감사함을 표현하고 싶었다. | 2017 고1 11월 | 21638-0261

Tip to share가 want의 목적어로 쓰인 문장이네. 이렇게 동사 다음에 목적어가 오는 위치를 보고 to부정사가 목적어인 걸 바로 파악하면 해석이 쉬워져.

0234 After much thought, they decided to adopt four special-needs international children.

▶ | 2016 고1 3월 | 21638-0262

0235 The goal of the next zone is to push out beyond that area and begin to learn new things. | 2015 고1 6월 |

21638-0263

▶

0236 We hope to give some practical education to our students in regard to industrial procedures. | 2020 고1 6월 |

21638-0264

▶

0237 The goal in anger management is to increase the options you have to express anger in a healthy way. | 2016 고1 9월 |

21638-0265

▶

0238 To heal often means we have to learn to reactivate the caring-healing part of ourselves that depression has knocked out. | 2014 고1 9월 |

21638-0266

▶

0239 As children grow, musical training continues to help them develop the discipline and self-confidence needed to achieve in school. | 2015 고1 3월 |

21638-0267

▶

0240 To be separated so long from his love was heartbreaking for him. | 2015 고1 9월 |

21638-0268

▶

---

233. achievement 성취 express 표현하다 gratitude 감사함   **234**. adopt 입양하다   **235**. goal 목적 beyond ~너머로
236. practical 실제적인 in regard to ~와 관련하여 industrial 산업의 procedure 절차   **237**. management 조절, 관리
238. heal 치유[치료]하다 reactivate 재활성화하다 depression 우울   **239**. develop 계발하다, 발전시키다 discipline 자제력
240. separate 떨어지게 하다

REVIEW mission

정답과 해석 19쪽

A 우리말 의미에 맞게 괄호 안에서 알맞은 것을 고르세요.

21638-0269

1 With the support of her father, she refused / began to train as a doctor.

아버지의 지원으로, 그녀는 의사로서 훈련을 시작했다.

2 The purpose of building systems is to quit / continue playing the game.

시스템을 구축하는 목적은 게임을 계속하기 위한 것이다.

3 To be separated so long from his love was pleasing / heartbreaking for him.

그의 연인으로부터 그렇게 오랫동안 떨어져 있는 것은 그에게는 가슴 아픈 일이었다.

4 She wanted to share her achievement with her mom and express her disappointment / gratitude.

그녀는 자신의 성취를 엄마에게 말하기를 원했고, 자신의 감사함을 표현하고 싶었다.

5 After much thought, they decided to adopt / send four special-needs international children.

심사숙고 끝에 그들은 특수 장애가 있는 네 명의 해외 아이를 입양하기로 했다.

B 우리말 의미에 맞게 다음 단어들을 알맞게 배열해서 문장을 완성하세요.

21638-0270

6 펭귄의 해결책은 대기 전술을 펼치는 것이다. (to / waiting / the / is / game / play)

The penguins' solution _____.

7 자원봉사는 두 가지 방식으로 외로움을 감소시키는 데 도움이 된다. (helps / reduce / to / loneliness)

Volunteering _____ in two ways.

8 그들의 임무는 파이프를 살펴보고 새는 곳을 고치는 것이었다. (to / pipe / look / the / was / into)

Their job _____ and fix the leak.

9 이것이 발견된 후 곧, 여러 사회의 사람들은 지구 전역을 돌아다니기 시작했다. (across / planet / to / the / began / travel)

Upon this discovery, societies _____.

10 예를 들어 2파운드의 고기를 생산하는 것은 많은 물을 필요로 한다. (requires / to / two / of / meat / pounds / produce)

For instance, _____ much water.

CHAPTER 3

3

to부정사의 형용사적 용법

N
(명사)

to V
(to부정사)

I have something / to tell you.

나는 뭔가가 있다   너에게 말할

해석 Tip to부정사는 형용사처럼 앞의 명사를 수식한다!

to부정사가 명사를 수식한다!

to부정사가 형용사처럼 명사 뒤에서 명사를 수식할 수 있어. 이것을 to부정사의 형용사적 용법이라고 해. 그리고 to부정사가 be동사 다음에 쓰이면 be to용법이라는 특별한 용법이 만들어지는데, 다양한 해석이 가능하기 때문에 해석하는 방법을 익혀야 해.

1. 명사 수식 역할

something to buy 뭔가 살 것

the friend to help me 나를 도와줄 친구

I have some things to sell. 나는 팔 것들이 좀 있다.

Do you have any laundry to wash? 너 세탁할 빨래가 있니?

The children need a garden to play in. 아이들은 놀 수 있는 정원이 필요하다.

He told me something to think about. 그는 내게 생각할 뭔가를 말했다.

This is the most important thing to know. 이것은 알아야 할 가장 중요한 것이다.

2. 보어 역할

be to 용법은 예정, 의무, 가능, 의도, 운명이라는 특별한 의미로 해석이 돼.

I am to meet her tonight. (예정) 나는 그녀를 오늘 밤 만날 예정이다.

You are to come here by 6. (의무) 너는 여기에 6시까지 와야만 한다.

No one was to be seen in the park. (가능) 공원에서 아무도 볼 수 없었다.

If you are to succeed, you must study hard. (의도)
네가 성공하고자 한다면, 너는 열심히 공부해야만 한다.

They were to leave their homeland. (운명) 그들은 자신의 조국을 떠날 운명이었다.

PRACTICE 다음 표현을 해석해 볼까요?

1. the place to visit   방문할 장소
2. the movie to watch   볼 영화
3. the girl to love   사랑할 소녀
4. the flowers to give   줄 꽃들
5. something to eat   뭔가 먹을 것

Q 다음 문장을 to부정사에 주의해서 해석하세요.

0241 Then he had found a compelling reason to get out of bed in the morning. | 2014 고1 9월 |

▶ 그리고 그는 아침에 잠자리에서 빠져나올 설득력 있는 이유를 찾았다.   21638-0271

Tip reason이라는 명사 다음에 to부정사가 보이지. 이런 경우는 명사를 한 번 수식해 보고 말이 되면 형용사적 용법으로 해석하면 돼.

0242 A marriage without time to communicate is a marriage headed over a cliff. | 2015 고1 6월 |

▶   21638-0272

0243 James thought he had an excellent opportunity to help a man in distress. | 2020 고1 11월 |

▶   21638-0273

0244 We have evolved the capacity to care for other people, animals and things. | 2014 고1 9월 |

▶   21638-0274

0245 Time pressures to make these last-minute changes can be a source of stress. | 2019 고1 9월 |

▶   21638-0275

0246 Food labels are a good way to find the information about the foods you eat. | 2020 고1 3월 |

▶   21638-0276

0247 Life really doesn't give many people a second chance to make a good first impression.

▶ | 2019 고1 11월 | 21638-0277

0248 Our efforts to develop technologies that use fossil fuels have shown meaningful results. | 2020 고1 9월 | 21638-0278

▶

---

241. compelling 설득력 있는   **242.** marriage 결혼 생활   communicate 의사소통하다   cliff 벼랑, 절벽
243. opportunity 기회   distress 곤경, 고통   **244.** evolve 발달시키다   capacity 능력   **245.** pressure 압박   source 원인
246. information 정보   **247.** impression 인상   **248.** effort 노력   fossil fuel 화석 연료

Q 다음 문장을 to부정사에 주의해서 해석하세요.

0249 Alas, the very distance of these "other people" works against any attempt to motivate us to help them. | 2014 고1 9월 | 21638-0279

▶ 아, 이러한 '다른 사람들'과의 바로 그 거리가 우리로 하여금 그들을 돕도록 동기를 부여하려는 어떤 시도도 방해한다.

Tip attempt는 '시도'라는 뜻이야. attempt라는 명사 뒤에 to부정사가 있으니 형용사적 용법으로 수식을 해주면 돼. 혹시 수식을 할 수 없는 경우라면 부사적 용법으로 해석하면 돼.

0250 In philosophy, the best way to understand the concept of an argument is to contrast it with an opinion. | 2016 고1 6월 | 21638-0280

▶

0251 The point to remember is that sometimes in arguments the other person is trying to get you to be angry. | 2020 고1 3월 | 21638-0281

▶

0252 Many people make the decision to become a teacher after having a deep personal experience with a teacher. | 2014 고1 11월 | 21638-0282

▶

0253 We have a tremendous ability to control our own health destinies simply by changing our internal dialogue. | 2014 고1 9월 | 21638-0283

▶

0254 Human beings are driven by a natural desire to form and maintain interpersonal relationships. | 2018 고1 6월 | 21638-0284

▶

0255 As adults, we have a responsibility to teach children to respect and interact with animals in a positive way. | 2014 고1 11월 | 21638-0285

▶

0256 This work is part of our continuous effort to maintain and improve the basic systems and services of our city. | 2018 고1 6월 | 21638-0286

▶

249. attempt 시도 motivate 동기를 부여하다   **250.** argument 논증 contrast 대조하다   **251.** remember 기억하다
252. personal 개인적인   **253.** tremendous 엄청난 internal 내적인 dialogue 대화   **254.** desire 욕구 maintain 유지하다
255. responsibility 책임 interact 상호 작용하다   **256.** continuous 지속적인 maintain 유지하다

A 우리말 의미에 맞게 괄호 안에서 알맞은 것을 고르세요.　21638-0287

1 Life really doesn't give many people a second change / chance to make a good first impression.

삶은 실제로 많은 사람들에게 좋은 첫인상을 만들 두 번째 기회를 주지 않는다.

2 Our efforts to develop / adopt technologies that use fossil fuels have shown meaningful results.

화석 연료를 사용하는 기술을 개발하기 위한 우리의 노력은 의미 있는 결과를 보여 주었다.

3 Alas, the very distance of these "other people" works against any attempt to encourage / motivate us to help them.

아, 이러한 '다른 사람들'과의 바로 그 거리가 우리로 하여금 그들을 돕도록 동기를 부여하려는 어떤 시도도 방해한다.

4 In philosophy, the best way to understand the concept of an argument is to incorporate / contrast it with an opinion.

철학에서 논증이라는 개념을 이해하는 가장 좋은 방법은 그것을 의견과 대조하는 것이다.

5 The point to remember / dismiss is that sometimes in arguments the other person is trying to get you to be angry.

기억해야 할 점은 때로는 논쟁에서 상대방은 여러분을 화나게 하려고 한다는 것이다.

B 우리말 의미에 맞게 다음 단어들을 알맞게 배열해서 문장을 완성하세요.　21638-0288

6 의사소통할 시간이 없는 결혼 생활이란 벼랑 너머로 향해 가는 결혼 생활이다. (communicate / without / time / A marriage / to)

_____ is a marriage headed over a cliff.

7 James는 곤경에 처한 사람을 도울 아주 좋은 기회를 얻었다고 생각했다. (to / distress / help / man / in / a)

James thought he had an excellent opportunity _____.

8 이렇게 마지막 순간의 변경을 해야 하는 시간적 압박은 스트레스의 원인이 될 수 있다. (to / changes / pressures / make / last-minute / Time / these)

_____ can be a source of stress.

9 식품 라벨은 여러분이 먹는 식품에 관한 정보를 알아내는 좋은 방법이다. (the / to / foods / the / about / find / information)

Food labels are a good way _____ you eat.

to부정사의 부사적 용법

S	V	to V
(주어)	(동사)	(to부정사)

We study hard / to pass the exams.

우리는 열심히 공부한다   시험을 통과하기 위해서

해석 Tip to부정사는 부사처럼 문장에 다양한 의미를 더한다!

to부정사가 문장에 의미를 더한다!

to부정사가 부사로서 다양한 의미를 문장에 더해 주는 역할을 해. 다양한 해석이 가능하기 때문에 문장을 잘 해석해서 적절한 의미를 더하자.

1. 목적: ~하기 위해서

I will lock the door to prevent theft. 나는 절도를 막기 위해서 문을 잠글 것이다.

2. (감정의) 원인: ~해서, ~하니

I am sorry to hear that. 그 말을 들으니 유감이다.

3. 결과: …하여 (그 결과) ~하다

She grew up to be a pianist. 그녀는 성장해서 피아니스트가 되었다.

4. 판단의 근거: ~하다니

You must be cruel to say so. 너는 그렇게 말하다니 잔인한 것이 틀림없다.

5. 형용사 수식: 형용사를 수식하는 것은 부사의 원래 역할!

This book is difficult to read. 이 책은 읽기 어렵다.

* in order to, so as to는 '~하기 위해서'라는 의미

I went to the mall in order to meet my friend. 나는 나의 친구를 만나기 위해서 쇼핑몰에 갔다.

This building is designed so as to withstand an earthquake.
이 빌딩은 지진을 견디기 위해서 디자인되었다.

알·쓸·신·잡

이제 to부정사의 명사적, 형용사적, 부사적 용법을 모두 배웠어. 이 3가지 용법을 파악해서 해석하는 연습이 필요해. 영화 속에서 3가지 용법을 구별해 보자.

I don't want to know about it! [*About Time*]
나는 그것에 대해서 알고 싶지 않아! (명사적 용법)

I'm in the mood to help you, dude. [*Dead Poets Society*]
나는 너를 도와주고 싶은 기분이 들어, 친구야. (형용사적 용법)

Of course. You were not born to be sultan. [*Aladdin*]
물론이지. 너는 왕(술탄)이 되기 위해 태어나지 않았어. (부사적 용법)

Q 다음 문장을 to부정사에 주의해서 해석하세요.

0257 To think more clearly and faster, eat a good breakfast. | 2015 고1 3월 | `21638-0289`

▶ 더 명료하고 더 빠르게 생각하기 위해서 아침 식사를 잘 하라.

Tip to부정사로 문장이 시작하면 명사적 용법으로 주어일 수도 있지만 이 문장은 eat으로 시작하는 명령문이 이어지기 때문에 To think가 주어가 될 수 없어. 부사적 용법으로 해석해야지.

0258 You can use a mirror to send a coded message to a friend. | 2020 고1 9월 | `21638-0290`

▶

0259 They use a firm handshake to show other people "who is boss." | 2020 고1 6월 | `21638-0291`

▶

0260 Refugees from burning cities were desperate to find safe refuge. | 2015 고1 11월 | `21638-0292`

▶

0261 You worked hard to enter that college, and you deserve your success. | 2015 고1 3월 | `21638-0293`

▶

0262 Some species use alarm calls to share information about potential predators. | 2015 고1 9월 |

`21638-0294`

▶

0263 She was happy to see her friend arrive and couldn't wait to get into her car. | 2015 고1 6월 |

`21638-0295`

▶

0264 He decided to host a music concert on campus to raise money for his education.

| 2016 고1 6월 | `21638-0296`

▶

257. clearly 명료하게　**258.** send 보내다　coded 암호로 된　**259.** firm 센, 굳은
260. refugee 피난민　desperate 필사적인　refuge 피난처　**261.** deserve ~을 받을 만하다
262. potential 잠재적인　predator 포식자　**263.** arrive 도착하다　**264.** host 주최하다, 열다　raise 마련하다

Q 다음 문장을 to부정사에 주의해서 해석하세요.

0265 I was so delighted to receive your letter and to learn that you have been accepted to Royal Holloway. | 2015 고1 3월 | 　21638-0297

▶ 너의 편지를 받고 네가 Royal Holloway에 합격한 걸 알고서 나는 무척 기뻤단다.

Tip delighted는 기쁘다는 감정이야. 이런 감정은 원인이 있지. 그 원인을 to receive 이하가 나타내는 거야. 이것을 감정의 원인을 나타내는 to부정사의 부사적 용법이라고 해.

0266 You make split-second decisions about threats in order to have plenty of time to escape, if necessary. | 2020 고1 9월 | 　21638-0298

▶

0267 That phrase is often used to show the relationship between the foods you eat and your physical health. | 2020 고1 3월 | 　21638-0299

▶

0268 To correct this problem, more advanced and thus more expensive green beam laser pointers came to be introduced. | 2015 고1 3월 | 　21638-0300

▶

0269 To avoid this problem, you should develop a problem-solving design plan before you start collecting information. | 2018 고1 3월 | 　21638-0301

▶

0270 To try to solve this mystery, wildlife biologist Tim Caro spent more than a decade studying zebras in Tanzania. | 2018 고1 6월 | 　21638-0302

▶

0271 So to improve your choices, leave good foods like apples and pistachios sitting out instead of crackers and candy. | 2020 고1 6월 | 　21638-0303

▶

0272 In fact, several organizations use regular stand-up meetings to maintain strong bonds and reinforce a shared mindset. | 2014 고1 11월 | 　21638-0304

▶

265. delighted 아주 기뻐하는 receive 받다　**266.** split-second 순간적인, 순식간의 escape 도망가다, 탈출하다
267. phrase 구절 physical 신체적인　**268.** advanced 발전된　**269.** avoid 피하다 collect 수집하다　**270.** wildlife 야생
decade 10년　**271.** improve 개선하다　**272.** bond 결속력 reinforce 강화하다 mindset 사고방식

A 우리말 의미에 맞게 괄호 안에서 알맞은 것을 고르세요.   21638-0305

1 She was angry / happy to see her friend arrive and couldn't wait to get into her car.

그녀는 자신의 친구가 도착하는 것을 보고 기뻐하며 서둘러 자신의 차에 타고 싶었다.

2 He decided to cancel / host a music concert on campus to raise money for his education.

그는 자신의 학비를 마련하기 위해 캠퍼스 음악 콘서트를 열기로 결심했다.

3 I was so disappointed / delighted to receive your letter and to learn that you have been accepted to Royal Holloway.

너의 편지를 받고 네가 Royal Holloway에 합격한 걸 알고서 나는 무척 기뻤단다.

4 You make split-second decisions about threats in order to have plenty of time to escape / engage, if necessary.

여러분은 만약 필요하다면, 도망갈 많은 시간을 갖기 위하여 위협에 대해서 순간적인 결정을 내려야 한다.

5 That phrase is often used to show the relationship between the foods you eat and your mental / physical health.

그 구절은 여러분이 먹는 음식과 여러분의 신체 건강 사이의 관계를 보여 주기 위해 흔히 사용된다.

B 우리말 의미에 맞게 다음 단어들을 알맞게 배열해서 문장을 완성하세요.   21638-0306

6 더 명료하고 더 빠르게 생각하기 위해서 아침 식사를 잘하라. (faster / and / think / To / clearly / more)

_____, eat a good breakfast.

7 여러분은 거울을 사용하여 친구에게 암호로 된 메시지를 보낼 수 있다. (a / coded / send / message / to / a / friend / to)

You can use a mirror _____.

8 그들은 다른 사람들에게 '누가 윗사람인가'를 보여 주기 위해 세게 악수를 한다. (show / people / other / to)

They use a firm handshake _____ "who is boss."

9 불타는 도시들을 떠나는 피난민들은 안전한 피난처를 찾기 위해 필사적이었다. (safe / to / refuge / find)

Refugees from burning cities were desperate _____.

10 넌 그 대학에 들어가기 위해 열심히 공부했으니 너의 성공을 받을 만하단다. (enter / that / college / to)

You worked hard _____, and you deserve your success.

to부정사 의미상의 주어, 수동태, 완료형

$$\left.\begin{matrix} \text{for} \\ \text{of} \end{matrix}\right\} + \text{명사} + \begin{matrix} \text{to V} \\ \text{to be p.p.} \\ \text{to have p.p.} \end{matrix}$$

It's hard / for me / to understand it.
어렵다   내가   그것을 이해하는 것은

해석 Tip to부정사의 형태가 변하면 의미가 달라진다!

to부정사의 다양한 형태를 해석해 보자!

1. for 명사 + to V

to부정사의 동작의 주체를 to부정사 앞에 적어 주는 거야. 사람의 성격을 나타내는 형용사랑 같이 쓰일 때는 of를 쓰기도 하는데, for나 of를 모두 주어처럼 '은, 는, 이, 가'로 해석하는 것이 포인트야.

It's important for us to go to bed early. 우리가 일찍 자는 것은 중요하다.

It's kind of you to help me. 네가 나를 도와주다니 친절하구나.

2. to be p.p.

to부정사의 동작이 수동태가 된 거야. 수동태처럼 동작을 당한다는 식으로 해석을 하면 돼.

There's work to be done by this Friday. 이번 주 금요일까지 마쳐야 할 일이 있다.

3. to have p.p.

to부정사의 완료시제 형태로 문장의 동사보다 앞선 시점에 일어난 일인 것을 나타내.

The ring is believed to have been stolen in the burglary.
그 반지는 절도 사건에서 도난당한 것으로 믿어진다.

4. not(never) to V

to부정사의 의미를 부정할 때는 앞에 not, never를 붙여주면 돼.

I decided not to stay at home. 나는 집에 머물지 않기로 결정했다.

5. too 형용사/부사 to V: 너무 …해서 ~할 수 없다

to부정사를 이용한 숙어 패턴이야. 주의할 점은 to부정사의 동사를 '할 수 없다'라는 의미로 해석을 해야 해.

I was too busy to talk to my mom. 나는 너무 바빠서 엄마와 이야기할 수 없었다.

6. 형용사/부사 enough to V: V할 만큼 충분히 ~하다

이 패턴에서는 enough의 위치에 주목해야 해. enough를 형용사나 부사 뒤에 사용해.

The water temperature is warm enough to swim.
물의 온도는 수영할 만큼 충분히 따뜻하다.

CHAPTER 3

Q 다음 문장을 to부정사에 주의하여 해석하세요.

0273 To choose not to run is to lose. | 2020 고1 6월 | 21638-0307

▶ 뛰지 않기로 선택하는 것은 지는 것이다.

Tip to부정사가 두 번 쓰였지. To choose는 동사 is와 연결되는 주어이고, not to run은 choose의 목적어로 쓰인 거지. not을 붙였으니 부정으로 해석해야 해.

0274 Amy was too surprised to do anything but nod. | 2018 고1 6월 | 21638-0308

▶

0275 These changes seemed not to interfere with recognition. | 2018 고1 6월 | 21638-0309

▶

0276 Capitalism needs to be saved by elevating the quality of demand. | 2019 고3 7월 | 21638-0310

▶

0277 Try not to wait until you are really hungry to think about eating. | 2015 고1 3월 | 21638-0311

▶

0278 Obviously lethal genes will tend to be removed from the gene pool. | 2017 고3 7월 | 21638-0312

▶

0279 There is an important distinction to be made between denial and restraint. | 2013 수능 |

21638-0313

▶

0280 Because the suburbs are spread out, it's too far to walk to the office or run to the store.

| 2015 고1 3월 | 21638-0314

▶

---

273. choose 선택하다 **274.** nod 고개를 끄덕이다 **275.** interfere with ~을 저해[방해]하다 recognition 인식
276. capitalism 자본주의 elevate 높이다 **277.** until ~할 때까지 **278.** lethal gene 치사 유전자
279. distinction 차이점 denial 부인 restraint 자제 **280.** suburb 교외 지역

ADVANCED mission

Q 다음 문장을 to부정사에 주의하여 해석하세요.

0281 A similar process occurred for humans, who seem to have been domesticated by wolves. | 2020 고1 11월 |　21638-0315

▶ 유사한 과정이 인간에게 나타났는데, 그들은 늑대에 의해 길들여진 것으로 보인다.

Tip domesticate는 '길들이다'라는 의미야. 이것이 수동태가 되었으니 '길들여지다'이지. to부정사의 완료시제까지 썼으니 문장의 동사인 seem보다 앞선 시점이기 때문에 길들여졌다는 과거로 해석해야 해.

0282 It was being taped, and everyone in the audience tried not to show they were laughing. | 2016 고1 3월 |　21638-0316

▶

0283 But not for long, Toby vowed not to forget the boy he had refused to give his shirt to.

▶　| 2019 고1 3월 |　21638-0317

0284 He was eager to go see her, but he was too poor to buy a ticket for a long-distance bus to his hometown. | 2015 고1 9월 |　21638-0318

▶

0285 This can be very confusing because there would be a need to stress when to touch and when not to touch. | 2019 고1 6월 |　21638-0319

▶

0286 From my experience, there is a lot to be said for seizing opportunities instead of waiting for someone to hand them to you. | 2014 고1 9월 |　21638-0320

▶

0287 At the same time, they need to be taught how to interact with animals and, most importantly, when to leave the animals alone. | 2014 고1 11월 |　21638-0321

▶

0288 Napoleon is known to have lost the battle of Waterloo because of his painful disease.

▶　| 2012 고2 3월 |　21638-0322

---

281. process 과정　domesticate 길들이다　**282.** tape 녹화하다　audience 청중　**283.** vow 맹세하다　refuse 거부하다
284. eager 간절히 바라는　**285.** confusing 혼란스러운　**286.** experience 경험　seize 잡다　hand 건네주다
287. interact 상호 작용하다　leave alone 내버려 두다　**288.** disease 질병

REVIEW mission

정답과 해석 22쪽

A 우리말 의미에 맞게 괄호 안에서 알맞은 것을 고르세요.   21638-0323

1 There is an improper / important distinction to be made between denial and restraint.

부인과 자제 사이에는 구분되어야 할 중요한 차이점이 있다.

2 Because the suburbs are spread out, it's too far / close to walk to the office or run to the store.

교외는 넓게 펼쳐져 있기 때문에 사무실까지 걸어가거나 상점까지 뛰어가기에는 너무 멀다.

3 Napoleon is known to have lost / won the battle of Waterloo because of his painful disease.

Napoleon은 그의 고통스런 질병 때문에 Waterloo 전투에서 패배했다고 알려져 있다.

4 A similar process occurred for humans, who seem to have been domesticated / dominated by wolves.

유사한 과정이 인간에게 나타났는데, 그들은 늑대에 의해 길들여진 것으로 보인다.

5 It was being taped, and everyone in the audience tried not to show / hide they were laughing.

그것이 녹화되고 있었고, 모든 청중은 웃고 있는 모습을 보여 주지 않으려고 애썼다.

B 우리말 의미에 맞게 다음 단어들을 알맞게 배열해서 문장을 완성하세요.   21638-0324

6 Amy는 너무 놀라 고개를 아무것도 하지 못하고 그저 고개만 끄덕였다. (do / too / to / surprised)

Amy was _____ anything but nod.

7 이런 변화는 인식을 저해하지 않는 것으로 보였다. (to / with / interfere / recognition / not)

These changes seemed _____.

8 자본주의는 수요의 질을 높임으로써 구제될 필요가 있다. (by / be / to / elevating / saved)

Capitalism needs _____ the quality of demand.

9 먹고 싶은 생각이 들 정도로 정말 배고파질 때까지 기다리려고 하지 마라. (to / wait / not / Try)

_____ until you are really hungry to think about eating.

10 분명히 치사 유전자는 유전자 풀에서 제거되는 경향이 있을 것이다. (to / be / from / removed)

Obviously lethal genes will tend _____ the gene pool.

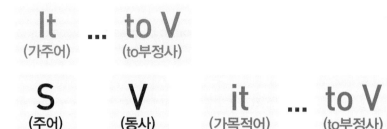

CODE 19 가주어, 가목적어 it

It ... to V
(가주어)   (to부정사)

S   V   it   ... to V
(주어)   (동사)   (가목적어)   (to부정사)

It's important / to wear a helmet.
중요하다   헬멧을 쓰는 것은

해석 Tip it은 가주어, 가목적어! 진짜는 뒤에 있다!

필수문법용어

#가주어 it(형식상의 주어)
• 문장의 주어인 to부정사구가 너무 길 때 뒤로 보내고 대신해서 자리를 채우는 it

#가목적어 it(형식상의 목적어)
• [주어+동사+목적어+목적격보어] 구조의 문장에서 목적어인 to부정사구를 대신해 그 자리를 채우는 it

주어, 목적어가 너무 길면 뒤로 보내!

to부정사구가 문장의 주어인 경우 주어 자리에 가주어 it을 쓰고 to부정사구를 뒤로 보낼 수 있어. 그리고 [주어+동사+목적어+목적격보어] 구조의 문장인 경우에 to부정사구가 목적어이면 반드시 목적어 자리에 가목적어 it을 쓰고 진짜 목적어인 to부정사구는 문장의 맨 뒤로 보내야 해.

1. 가주어 it(형식상의 주어)

To talk to him is always nice.

= It's always nice to talk to him. 그와 이야기하는 것은 항상 기분 좋다.

To write down your passport number somewhere is useful.

= It's useful to write down your passport number somewhere.
어딘가에 여권 번호를 적어 두는 것은 유용하다.

2. 가목적어 it(형식상의 목적어)

I found it difficult to finish the task in two hours.
나는 두 시간 만에 그 일을 마치는 것이 어렵다고 느꼈다.

He considered it best to say nothing about the matter.
그는 그 문제에 대해서 아무 말도 하지 않는 것이 최선이라고 여겼다.

Q 다음 문장을 가주어, 가목적어에 주의해서 해석하세요.

0289 It is important to identify these issues. | 2017 고1 3월 | 21638-0325

▶ 이러한 이슈들을 알아보는 것은 중요하다.

Tip 가주어 it을 봤다면 문장 뒷부분에서 진주어를 찾아서 해석하면 돼.

0290 It will also be more difficult to manipulate you. | 2018 고1 3월 | 21638-0326

▶

0291 But it makes sense to think about how often you do. | 2014 고1 9월 | 21638-0327

▶

0292 It is not always easy to eat well when you have a newborn baby. | 2015 고1 3월 | 21638-0328

▶

0293 After a little practice, it will be easier to write "backwards." | 2020 고1 9월 | 21638-0329

▶

0294 It is easy to judge people based on their actions. | 2017 고1 9월 | 21638-0330

▶

0295 In today's world, it is impossible to run away from distractions. | 2020 고1 11월 | 21638-0331

▶

0296 It is important to recognize your pet's particular needs and respect them. | 2016 고1 3월 |

          21638-0332

▶

---

289. identify 알아보다 **290.** manipulate 조종하다 **291.** make sense 이치에 맞다 **292.** newborn baby 신생아
293. backwards 거꾸로 **294.** judge 판단하다 **295.** distraction 집중에 방해가 되는 것
296. recognize 인식하다 particular 특별한 respect 존중하다

Q 다음 문장을 가주어, 가목적어에 주의해서 해석하세요.

0297 This made it possible for higher organisms to develop. | 2020 고2 11월 | `21638-0333`

▸ 이것은 더 상위 유기체가 발달하는 것을 가능하게 했다.

Tip 가목적어는 상당히 어려운 문법이지만, 패턴이 일정해. made it possible과 같은 패턴을 봤다면 뒤에서 진짜 목적어를 찾아 it 자리에 넣어서 해석을 하자.

0298 Concentration makes it easier to provide the amenities they like. | 2020 고2 9월 | `21638-0334`

▸

0299 It is important to distinguish between being legally allowed to do something, and actually being able to go and do it. | 2021 고1 3월 | `21638-0335`

▸

0300 Technology makes it much easier to worsen a situation with a quick response.

▸ | 2016 고1 6월 | `21638-0336`

0301 Assumptions can simplify the complex world and make it easier to understand.

▸ | 2018 고1 9월 | `21638-0337`

0302 The slow pace of transformation also makes it difficult to break a bad habit. | 2020 고1 3월 |

▸ `21638-0338`

0303 Presumably chicks find it easier to avoid distasteful prey when it is conspicuous than when it is cryptic. | 2014 고2 9월 | `21638-0339`

▸

0304 These students were victims of distractions who found it very difficult to study anywhere except in their private bedrooms. | 2020 고1 11월 | `21638-0340`

▸

---

297. organism 유기체   **298**. concentration 집중 amenity 생활 편의 시설   **299**. distinguish 구별하다 legally 법적으로
300. technology 기술 worsen 악화시키다   **301**. assumption 가정 simplify 단순화하다
302. pace 속도 transformation 변화, 변형 habit 습관
303. presumably 아마도 distasteful 맛없는 prey 먹이 conspicuous 눈에 잘 띄는 cryptic 눈에 안 띄는
304. victim 피해자, 희생자 private 개인의, 사적인

A 우리말 의미에 맞게 괄호 안에서 알맞은 것을 고르세요. 21638-0341

1 It will also be more difficult to betray / manipulate you.

(누군가가) 여러분을 조종하는 것도 더 어려울 것이다.

2 Technology makes it much easier to improve / worsen a situation with a quick response.

기술로 인하여 성급한 반응으로 상황을 악화시키는 것이 훨씬 더 쉽다.

3 Assumptions can simplify the simple / complex world and make it easier to understand.

가정은 복잡한 세상을 단순화하여 이해하기 더 쉽게 해 줄 수 있다.

4 The slow pace of transformation also makes it easy / difficult to break a bad habit.

변화의 느린 속도는 또한 나쁜 습관을 버리기 어렵게 만든다.

5 Presumably chicks find it easier / harder to avoid distasteful prey when it is conspicuous than when it is cryptic.

아마도 병아리들은 먹이가 눈에 안 띌 때보다는 눈에 잘 띌 때, 맛없는 먹이를 피하는 것이 더 쉽다고 생각할 것이다.

B 우리말 의미에 맞게 다음 단어들을 알맞게 배열해서 문장을 완성하세요. 21638-0342

6 신생아가 있으면 잘 먹는 것이 항상 쉬운 것은 아니다. (eat / to / well / easy)

It is not always ＿＿＿＿＿＿＿＿＿＿＿＿＿＿＿＿＿＿ when you have a newborn baby.

7 조금 연습을 하고 나면, '거꾸로' 쓰는 것이 더 쉬울 것이다. (be / to / "backwards" / write / easier)

After a little practice, it will ＿＿＿＿＿＿＿＿＿＿＿＿＿＿＿＿＿＿.

8 이것은 더 상위 유기체가 발달하는 것을 가능하게 했다. (for / made / higher / possible / organisms / it)

This ＿＿＿＿＿＿＿＿＿＿＿＿＿＿＿＿＿＿ to develop.

9 요즘 세상에 집중에 방해가 되는 것들로부터 도망치는 것은 불가능하다. (away / distractions / run / to / from)

In today's world, it is impossible ＿＿＿＿＿＿＿＿＿＿＿＿＿＿＿＿＿＿.

10 여러분의 애완동물의 특별한 욕구를 인식하고 그것을 존중해 주는 것이 중요하다. (particular / pet's / your / to / recognize / needs)

It is important ＿＿＿＿＿＿＿＿＿＿＿＿＿＿＿＿＿ and respect them.

동명사 주어

V-ing (동명사) = 명사 역할

Writing a poem / was a good experience.
시를 쓰는 것은   좋은 경험이었다

해석 Tip 동명사는 명사처럼 주어 역할이 가능!

필수문법용어

#동명사
· V-ing 형태
· 문장에서 명사와 비슷한 역할
· 주어, 목적어, 보어, 전치사의 목적어 역할

[V-ing]로 시작하는 주어는 동명사 주어!

동명사는 동사에 -ing를 붙여서 명사처럼 쓰는 것을 말해. 명사처럼 주어, 목적어, 보어 등의 역할을 할 수 있는데 오늘은 주어 역할을 하는 것을 알아보자. 문장 제일 앞에 [V-ing]가 보인다면 '~하는 것' 이렇게 해석을 해 보자. to부정사가 주어로 쓰일 때처럼 동사에서 변형된 형태의 주어라고 생각하면 돼.

PRACTICE 다음 동명사가 들어간 표현들을 해석해 볼까요?

1. being a good mother   좋은 엄마가 되는 것
2. buying a house   집을 사는 것
3. living in the country   시골에 사는 것
4. making my mom happy   엄마를 행복하게 하는 것
5. dancing on the stage   무대에서 춤추는 것
6. finding a solution   해결책을 찾는 것
7. focusing on the job   그 일에 집중하는 것
8. learning English   영어를 배우는 것
9. going to bed early   일찍 잠자리에 드는 것
10. having a conversation   대화를 나누는 것

Dancing makes me feel good. 춤추기는 나를 기분 좋게 만든다.

Smoking cigarettes is bad for your health. 담배를 피우는 것은 너의 건강에 해롭다.

Living in the city has its pros and cons. 도시에 사는 것은 장점과 단점이 있다.

Sleeping is important for our physical health. 수면은 우리의 신체 건강에 중요하다.

Writing a poem was harder than I expected. 시를 쓰는 것은 내가 예상했던 것보다 어려웠다.

Listening to music at night is very relaxing. 밤에 음악을 듣는 것은 마음을 매우 편하게 한다.

Q 다음 문장을 동명사에 주의해서 해석하세요.

0305 But buying and selling them diminishes their value. | 2014 고1 9월 | `21638-0343`

▶ 그러나 그것들을 사고파는 것은 그것들의 가치를 떨어뜨린다.

Tip 동명사는 명사라고 생각하면 편해. 문장에서 buying and selling them이 명사처럼 주어 역할을 하는 거지.

0306 Building on positive accomplishments can reduce nervousness. | 2019 고1 9월 | `21638-0344`

▶

0307 Having a full stomach makes people feel satisfied and happier. | 2016 고1 3월 | `21638-0345`

▶

0308 Finding the perfect shoe fit may be difficult for some people. | 2016 고1 6월 | `21638-0346`

▶

0309 Knowing how to breathe when you were born is an implicit memory. | 2017 고1 11월 | `21638-0347`

▶

0310 Focusing on the differences among societies conceals a deeper reality. | 2019 고1 11월 |

▶   `21638-0348`

0311 In fact, staring at the bare Sun is more harmful than when part of the Moon blocks it.

▶ | 2015 고1 11월 | `21638-0349`

0312 As you know, accepting this offer would require moving my family across several
states. | 2015 고1 11월 | `21638-0350`

▶

305. diminish 떨어뜨리다   **306.** accomplishment 성과 nervousness 긴장감   **307.** satisfied 만족하는
308. fit 딱 맞음; 딱 맞는   **309.** implicit 내재적인   **310.** among ~ 사이의 conceal 숨기다
311. stare 바라보다 bare (완전히) 노출된 harmful 해로운   **312.** accept 받아들이다 offer 제안

CHAPTER
3

Q 다음 문장을 동명사에 주의해서 해석하세요.

0313 Shopping for new gadgets, clothes, or just random junk can turn into a hobby in itself. | 2017 고1 9월 | 21638-0351

▶ 새로운 기기, 옷, 또는 무작위의 잡동사니를 사는 것은 그 자체로 취미가 될 수 있다.

Tip Shopping이 문장의 주어야. [V-ing]가 문장 초반에 보이면 주어 역할을 하는 동명사를 떠올려 보자.

0314 Having friends with other interests keeps life interesting — just think of what you can learn from each other. | 2017 고1 3월 | 21638-0352

▶

0315 Having the ability to take care of oneself without depending on others was considered a requirement for everyone. | 2019 고1 6월 | 21638-0353

▶

0316 Introducing a new product category is difficult, especially if the new category is not contrasted against the old one. | 2018 고1 6월 | 21638-0354

▶

0317 In Franklin's opinion, asking someone for something was the most useful and immediate invitation to social interaction. | 2019 고1 9월 | 21638-0355

▶

0318 Storing medications correctly is very important because many drugs will become ineffective if they are not stored properly. | 2015 고1 11월 | 21638-0356

▶

0319 Having a comfortable work chair and desk is the least popular choice on the list of the top four amenities for business stays. | 2016 고1 9월 | 21638-0357

▶

0320 Some students say that getting a few extra minutes of sleep is more important than eating a bowl of oatmeal, but they're wrong. | 2015 고1 3월 | 21638-0358

▶

---

313. gadget (작은) 기기, 도구 junk 잡동사니, 못 쓰는 물건   **314.** interest 관심   **315.** requirement 요구 사항
316. contrast 대조하다   **317.** immediate 즉각적인 interaction 상호 작용   **318.** store 보관하다 drug 약품 ineffective 쓸모없는
319. amenity (주로 복수로) 생활을 즐겁게 해주는 것, 생활 편의 시설 business 출장   **320.** extra 추가의

Ⓐ 우리말 의미에 맞게 괄호 안에서 알맞은 것을 고르세요. 21638-0359

1 In fact, staring at the bare Sun is more beneficial / harmful than when part of the Moon blocks it.

사실 완전히 노출된 태양을 바라보는 것은 달의 일부가 그것을 가렸을 때보다 더 해롭다.

2 As you know, denying / accepting this offer would require moving my family across several states.

아시는 바와 같이, 이 제안을 받아들이는 것은 제 가족으로 하여금 몇 개의 주를 건너 이주하게끔 하는 것을 필요로 할 것입니다.

3 Shopping / Wishing for new gadgets, clothes, or just random junk can turn into a hobby in itself.

새로운 기기, 옷, 혹은 무작위 잡동사니들을 사는 것은 그 자체로 취미가 될 수 있다.

4 Having friends with other interests keeps life interesting / boring — just think of what you can learn from each other.

관심이 다른 친구들을 갖는 것은 삶을 흥미롭게 하는데, 단지 서로에게서 배울 수 있는 것에 대해 생각해 보라.

5 Having the ability to take care of oneself without depending / focusing on others was considered a requirement for everyone.

타인에게 의존하지 않고 자신을 관리하는 능력을 가지는 것이 모든 사람에게 요구되는 것으로 간주되었다.

Ⓑ 우리말 의미에 맞게 다음 단어들을 알맞게 배열해서 문장을 완성하세요. 21638-0360

6 그러나 그것들을 사고파는 것은 그것들의 가치를 떨어뜨린다. (buying / them / and / But / selling)

_____ diminishes their value.

7 긍정적인 성과를 바탕으로 하면 긴장감을 줄일 수 있다. (on / positive / accomplishments / Building)

_____ can reduce nervousness.

8 배가 부르면 사람들은 만족스럽고 더 행복해진다. (a / full / stomach / Having)

_____ makes people feel satisfied and happier.

9 완전히 딱 맞는 신발을 찾는 것이 어떤 이들에게는 어려울 수도 있다. (perfect / the / Finding / shoe)

_____ fit may be difficult for some people.

10 태어났을 때 호흡하는 법을 아는 것은 내재적 기억이다. (to / Knowing / breathe / how)

_____ when you were born is an implicit memory.

CHAPTER

3

동명사: 보어, 목적어 역할

S (주어) V (동사) V-ing (동명사)

I stopped / talking with her.

나는 멈추었다   그녀와 이야기하는 것을

해석 Tip 동명사는 동사 뒤에서 목적어, 보어 역할이 가능!

보어, 목적어로 쓰인 동명사를 해석하자!

동명사는 명사로서 보어, 목적어 역할을 할 수 있어.

His job is teaching math. (동명사 보어)
그의 직업은 수학을 가르치는 것이다.

She loves reading books to her children. (동명사 목적어)
그녀는 그녀의 아이들에게 책을 읽어주는 것을 좋아한다.

목적어가 필요한 동사들은 동사에 따라서 목적어로 to부정사만 취하거나, 동명사만 목적어로 취해.
어떤 동사들은 목적어로 to부정사와 동명사를 모두 목적어로 취할 수 있어.

동명사만 목적어로 취하는 동사

stop(그만두다), keep(유지하다), consider(고려하다), recall(회상하다), practice(연습하다), quit(중지하다) 등

to부정사만 목적어로 취하는 동사

decide(결정하다), learn(배우다), hope(희망하다), plan(계획하다), choose(선택하다), refuse(거절하다) 등

동명사, to부정사 모두 목적어로 취하는 동사(의미 변화 없음)

love/like(좋아하다), start/begin(시작하다), hate(싫어하다) 등

동명사, to부정사 모두 목적어로 취하는 동사(의미 변화 있음)

remember/forget V-ing: ~했던 것을 기억하다/잊다 (과거의 일)
remember/forget to V: ~할 것을 기억하다/잊다 (미래의 일)

regret V-ing: ~했던 것을 후회하다
regret to V: ~하게 되어 유감스럽다

try V-ing: ~을 시도해 보다
try to V: ~하려고 노력하다

Q 다음 문장을 동명사에 주의해서 해석하세요.

0321 He regretted fixing up the old man's bicycle. | 2018 고1 11월 | `21638-0361`

▶ 그는 그 노인의 자전거를 수리한 것을 후회했다.

Tip 동사 regret에 대한 목적어로 fixing이 쓰였네.

0322 So we keep searching for answers on the Internet. | 2019 고1 3월 | `21638-0362`

▶

0323 Suddenly the man began sniffing around the room. | 2018 고3 3월 | `21638-0363`

▶

0324 We will put up lost dog signs and keep looking. | 2015 고1 6월 | `21638-0364`

▶

0325 The students started investigating the situation. | 2017 고1 6월 | `21638-0365`

▶

0326 And the sun will keep shining on our planet for billions of years. | 2020 고1 9월 | `21638-0366`

▶

0327 We simply don't like being out of tune with our surroundings and ourselves.

▶ | 2016 고1 9월 | `21638-0367`

0328 Thus, a key factor in high achievement is bouncing back from the low points. | 2015 수능 |

▶ `21638-0368`

---

321. regret 후회하다   fix 수리하다   **322.** search 검색하다   **323.** sniff 코를 킁킁거리다   **324.** sign 게시(물), 표지
325. investigate 조사하다   **326.** shine 비추다   billion 10억
327. out of tune with ~와 조화가 깨진   surroundings 환경   **328.** key factor 중요한 요인   bounce back 회복하다

Q 다음 문장을 동명사에 주의해서 해석하세요.

0329 The boy did not like being on the boat, and the smell of fish made him sick. | 2017 고3 9월 |

21638-0369

▶ 그 소년은 배 타는 것을 좋아하지 않았고, 생선 냄새는 그에게 구역질을 일으켰다.

Tip like에 대한 목적어로 동명사 being이 쓰였네.

0330 Consider adopting a pet with medical or behavioral needs, or even a senior one.

▶ | 2019 고1 9월 | 21638-0370

0331 Try running your laptop for twenty-four hours on a muffin and see how far you get.

▶ | 2020 고1 6월 | 21638-0371

0332 One of the most important aspects of providing good care is making sure that an animal's needs are being met consistently and predictably. | 2021 고1 3월 |

21638-0372

▶

0333 Some people support drilling for Alaska's oil and moving it over the land in pipes.

▶ | 2017 고3 3월 | 21638-0373

0334 The employees stopped complaining about the temperature and reported they were quite comfortable. | 2015 수능 |

21638-0374

▶

0335 My dad recalled looking up at the stars in the roofless house as a twelve-year-old kid before falling asleep. | 2014 수능 |

21638-0375

▶

0336 Most people, however, would not particularly enjoy having a stranger grab their hand and drag them through a store. | 2018 고1 11월 |

21638-0376

▶

---

329. sick 구역질 나는, 메스꺼운 **330.** consider 고려하다 behavioral 행동적인 **331.** run 작동시키다
332. aspect 측면 care 보살핌 consistently 일관되게 predictably 예측 가능하게 **333.** drill 시추하다
334. complain 불평하다 temperature 온도 report 보고하다 **335.** recall 떠올리다, 기억하다 **336.** grab 잡다 drag 끌다

A 우리말 의미에 맞게 괄호 안에서 알맞은 것을 고르세요.
21638-0377

1 We simply don't like being out of tune with our surroundings / desire and ourselves.

우리는 단순히 우리의 환경과 우리 자신들 간의 조화가 깨지는 것을 좋아하지 않는다.

2 Thus, a key factor in high achievement is bringing / bouncing back from the low points.

따라서 대성공에서 중요한 요인은 최악의 상태에서 회복하는 것이다.

3 The boy did not like being on the boat, and the smell of fish made him healthy / sick.

그 소년은 배 타는 것을 좋아하지 않았고, 생선 냄새는 그에게 구역질을 일으켰다.

4 Consider adopting / keeping a pet with medical or behavioral needs, or even a senior one.

의료적 또는 행동적인 도움이 필요하거나 심지어 나이 든 반려동물도 입양하는 것을 고려해 주세요.

5 Stop / Try running your laptop for twenty-four hours on a muffin and see how far you get.

머핀으로 24시간 동안 노트북을 작동시켜서 얼마나 가는지 보라.

B 우리말 의미에 맞게 다음 단어들을 알맞게 배열해서 문장을 완성하세요.
21638-0378

6 그래서 우리는 계속 인터넷에서 답을 검색한다. (answers / for / searching / keep)

So we _____ on the Internet.

7 갑자기 그 남자는 코를 킁킁거리며 방 안을 돌아다니기 시작했다. (began / room / the / around / sniffing)

Suddenly the man _____ .

8 우리는 잃어버린 개를 찾는다는 전단지를 붙이고 계속 찾아볼 거야. (looking / keep / and)

We will put up lost dog signs _____ .

9 학생들은 그 상황을 조사하기 시작했다. (started / situation / investigating / the)

The students _____ .

10 그리고 태양은 수십억 년 동안, 계속하여 지구를 비출 것이다. (shining / our / on / planet / keep)

And the sun will _____ for billions of years.

CODE 22 동명사: 전치사의 목적어

전치사 + V-ing

I'm afraid / of losing the match.
나는 두려워   시합에 질까 봐

해석 Tip 동명사는 전치사 뒤에 사용이 가능!

전치사와 동명사는 찰떡궁합!

전치사는 다음에 명사나 대명사를 써야 해. 동명사는 명사의 역할을 하기 때문에 전치사 뒤에 올 수 있어. 굉장히 자주 쓰이는 조합이야. 전치사의 의미에 동명사를 합쳐서 해석해 보자. 전치사의 의미들이 다양하기 때문에 상당히 풍부한 표현들을 만들어낼 수 있어. 일부 형용사들은 전치사, 동명사와 결합해 숙어로 쓰이기도 해.

PRACTICE 다음 표현들을 해석해 볼까요?

1. before going **to school** 학교 가기 전에
2. after taking **a shower** 샤워 한 후에
3. by working **harder** 더 열심히 일함으로써
4. despite studying **hard** 공부를 열심히 함에도 불구하고
5. on hearing **the news** 그 소식을 듣자마자
6. without saying **a word** 한 마디 말도 하지 않고
7. be afraid of meeting **her** 그녀를 만나는 것을 두려워하다
8. be good at playing **tennis** 테니스를 잘하다
9. be interested in reading 독서에 흥미가 있다
10. be sick of doing **the same thing** 똑같은 일을 하는 것에 질리다

이것만은 꼭! [전치사+동명사]와 잘 어울리는 패턴들을 익혀 두면 해석을 빠르고 정확하게 할 수 있어.

be good at V-ing ~에 능하다
be fond of V-ing ~를 좋아하다
be tired of V-ing ~에 싫증나다
agree with V-ing ~에 대해 동의하다
blame for V-ing ~에 대해 비난하다
concentrate on V-ing ~에 집중하다

be poor at V-ing ~을 잘 못하다
be interested in V-ing ~에 흥미가 있다
have difficulty V-ing ~에 어려움이 있다
apologize for V-ing ~에 대해 사과하다
complain about V-ing ~에 대해 불평하다
object to V-ing ~에 반대하다

Q 다음 문장을 동명사에 주의해서 해석하세요.

0337 Strong negative feelings are part of being human. | 2016 고1 6월 | `21638-0379`

▶ 강한 부정적인 감정은 인간 삶의 일부이다.

Tip of라는 전치사 다음에 동명사 being이 쓰였어.

0338 They had done it without a storm by letting him save face. | 2015 고2 6월 | `21638-0380`

▶

0339 You would benefit more by giving your body a chance to recover. | 2012 고2 11월 | `21638-0381`

▶

0340 Just the action of talking takes up much of our working memory. | 2017 고1 6월 | `21638-0382`

▶

0341 We can know the ability only through studying the actual languages. | 2012 고2 3월 | `21638-0383`

▶

0342 You could make a new best friend simply by visiting a different park. | 2020 고1 3월 | `21638-0384`

▶

0343 It's like being in a crowded football stadium, watching the crucial play. | 2020 고1 6월 |

▶   `21638-0385`

0344 The availability of different types of food is one factor in gaining weight. | 2019 고2 3월 |

▶   `21638-0386`

---

337. negative 부정적인   **338.** storm 소동, 파란 save face 체면을 세우다   **339.** recover 회복하다
340. take up ~을 차지하다 working memory 작업 기억   **341.** ability 능력 actual 실제의   **342.** visit 방문하다
343. crowded 혼잡한 crucial 매우 중요한   **344.** availability 이용 가능성

Q 다음 문장을 동명사에 주의해서 해석하세요.

0345 Remedies range from keeping active and reducing excess weight to steroid injections and even surgery. | 2012 고2 03월 | 21638-0387

▶ 치료법은 계속해서 활동하는 것과 체중을 줄이는 것부터 스테로이드 주사와 심지어 수술에 이르기까지 다양하다.

Tip 전치사 from과 동명사 keeping, reducing이 의미적으로 연결되어 있어.

0346 Instead of making guesses, scientists follow a system designed to prove if their ideas are true or false. | 2019 고1 9월 | 21638-0388

▶

0347 We often choose friends as a way of expanding our sense of identity beyond our families. | 2020 고1 6월 | 21638-0389

▶

0348 After engaging in several such cooperative activities, the boys started playing together without fighting. | 2019 고1 3월 | 21638-0390

▶

0349 Consumers can collect additional information by conducting online research, reading news articles, talking to friends or consulting an expert. | 2017 고1 3월 | 21638-0391

▶

0350 Moreover, the most satisfied married couples tend to approach problems without immediately criticizing their partners. | 2012 고2 11월 | 21638-0392

▶

0351 Generally, people planted a variety of crops in different areas, in the hope of obtaining a reasonably stable food supply. | 2020 고1 11월 | 21638-0393

▶

0352 Some people disagree with the idea of exposing three-year-olds to computers. | 2016 고1 6월 | 21638-0394

▶

345. remedy 치료법 injection 주사 surgery 수술 **346.** design 고안하다 prove 증명하다 **347.** expand 확장하다
348. cooperative 협력적인 **349.** collect 수집하다 conduct 실시하다 expert 전문가
350. approach 접근하다 criticize 비난하다 **351.** obtain 얻다 reasonably 상당히 stable 안정적인 supply 공급
352. expose 접하게 하다

정답과 해석 26쪽

A 우리말 의미에 맞게 괄호 안에서 알맞은 것을 고르세요.   21638-0395

1 It's like being in a crowded football stadium, watching the trivial / crucial play.

그것은 마치 사람들로 붐비는 축구 경기장에서 매우 중요한 경기를 관람하는 것과 같다.

2 The availability of different types of food is one factor in losing / gaining weight.

다양한 종류의 음식을 맛볼 수 있다는 것은 체중이 느는 한 가지 요인이다.

3 Some people disagree with the idea of exposing / relating three-year-olds to computers.

일부 사람들은 세 살짜리 아이에게 컴퓨터를 접하게 해 준다는 생각에 대해 동의하지 않는다.

4 Remedies range from keeping calm / active and reducing excess weight to steroid injections and even surgery.

치료법은 계속해서 활동하는 것과 체중을 줄이는 것부터 스테로이드 주사와 심지어 수술에 이르기까지 다양하다.

5 Instead of making guesses / decisions , scientists follow a system designed to prove if their ideas are true or false.

추측하는 대신에 과학자들은 자신들의 생각이 사실인지 거짓인지 증명하도록 고안된 체계를 따른다.

B 우리말 의미에 맞게 다음 단어들을 알맞게 배열해서 문장을 완성하세요.   21638-0396

6 그들은 그의 체면을 세워줌으로써 파란 없이 그것을 했다. (save / by / face / letting / him)

They had done it without a storm _____.

7 여러분은 자신의 몸에 회복할 기회를 제공함으로써 더 많은 혜택을 얻을 것이다. (by / your / body / giving)

You would benefit more _____ a chance to recover.

8 말을 하는 바로 그 행위가 우리의 작업 기억의 많은 부분을 차지한다. (takes / memory / of / up / talking / working / of / much / our)

Just the action _____.

9 우리는 오직 실제 언어를 연구함으로써만 그 능력을 알 수 있다. (the / through / languages / actual / studying)

We can know the ability only _____.

10 여러분은 그저 다른 공원을 방문함으로써 새로운 가장 친한 친구를 사귈 수 있다. (a / visiting / by / park / different)

You could make a new best friend simply _____.

동명사의 다양한 형태

being p.p.
having p.p.
having been p.p.

I tried to avoid / **being infected.**
나는 피하려고 노력했다 　　　감염되는 것을

해석 Tip 동명사의 다양한 형태를 익히자!

동명사의 다양한 형태에 도전하자!

1. 명사 + V-ing

to부정사처럼 동명사도 의미상의 주어를 가질 수 있어. 동명사 앞에 명사를 적어 주면 돼. 소유격, 또는 목적격을 적어 줄 수 있어.

I forgot someone calling me this morning. 나는 오늘 아침에 누군가가 나에게 전화를 한 것을 잊었다.

2. being p.p.

동명사에 수동태가 더해진 형태야. 동명사에 수동의 의미를 넣어서 해석하면 돼.

I hate being lied to. 나는 거짓말당하는 것을 싫어한다.

3. having p.p.

동명사의 완료시제야. to부정사처럼 문장의 동사보다 더 앞선 시점에 일어난 일을 나타내.

He is sorry for having been idle in his youth.
그는 젊었을 때에 게을렀던 것에 대해서 유감스럽게 생각한다.

4. having been p.p.

동명사의 완료시제에 수동태가 더해진 형태야.

His having been chosen as a headmaster surprised me.
그가 교장으로 선택된 것은 나를 놀라게 했다.

* [not(never) V-ing] 형태를 이용하면 동명사의 부정을 나타낼 수 있어.

이것만은 **꼭!** 자주 쓰이는 동명사 숙어 패턴을 익히자.

look forward to V-ing: ～를 고대하다	**can't[couldn't] help V-ing**: ～하지 않을 수 없(었)다
be busy V-ing: ～하느라 바쁘다	**have difficulty/trouble (in) V-ing**: ～하는 데 어려움을 겪다
end up V-ing: ～로 끝이 나다	**be used[accustomed] to V-ing**: ～에 익숙해지다
object to V-ing: ～을 반대하다	**when it comes to V-ing**: ～에 관해서라면

Q 다음 문장을 동명사에 주의해서 해석하세요.

0353 Richard couldn't help asking him why. | 2016 고3 6월 |

`21638-0397`

▶ Richard는 그에게 이유를 묻지 않을 수 없었다.

Tip 동명사를 이용한 숙어 패턴이 쓰였어. couldn't help -ing는 '~하지 않을 수 없었다'라는 의미야.

0354 I'm having trouble keeping up the airspeed. | 2019 고1 9월 |

`21638-0398`

▶

0355 We look forward to hearing how you wrote your story. | 2017 고3 6월 |

`21638-0399`

▶

0356 Interestingly, being observed has two quite distinct effects on performance. | 2017 수능 |

`21638-0400`

▶

0357 However, the actual chance of being attacked by a shark is very small. | 2015 고1 11월 |

`21638-0401`

▶

0358 Despite not receiving light cues due to their blindness, other phenomena act as their resetting triggers. | 2020 고1 11월 |

`21638-0402`

▶

0359 After having spent that night in airline seats, the company's leaders came up with some "radical innovations." | 2016 고1 9월 |

`21638-0403`

▶

0360 If this view is correct, we should have difficulty interpreting the emotions expressed in culturally unfamiliar music. | 2020 고1 9월 |

`21638-0404`

▶

---

353. ask 묻다 **354.** airspeed 대기 속도 **355.** hear 듣다 **356.** observe 관찰하다 distinct 다른 **357.** attack 공격하다
358. despite ~에도 불구하고 cue 신호 phenomenon 현상(*pl.* phenomena) reset 재설정하다 trigger 유인, 계기
359. radical 획기적인 **360.** interpret 이해하다 unfamiliar 친숙하지 않은

Q 다음 문장을 동명사에 주의해서 해석하세요.

0361 We are accustomed to thinking of light as always going in straight lines. | 2018 고3 4월 |

▶ 우리는 빛이 항상 일직선으로 나아가는 것으로 생각하는 데 익숙하다. `21638-0405`

Tip 동명사를 이용한 패턴이 쓰였지. be accustomed to -ing는 '~하는 데 익숙하다'라는 의미야.

0362 They each provided help to an unfamiliar and unrelated individual, based on their own previous experience of having been helped by an unfamiliar rat. | 2018 고1 11월 |

▶ `21638-0406`

0363 This is very common when companies are busy listening to the 'voice of the customer.'

▶ | 2014 수능 | `21638-0407`

0364 After being denied several times, she was accepted into a training program in anesthesiology. | 2020 고3 3월 | `21638-0408`

▶

0365 After exploring many possibilities, Angela ended up becoming a drama teacher at a high school. | 2016 고3 4월 | `21638-0409`

▶

0366 Sure enough, the next image in your mind is you catching the ball and scoring a goal.

▶ | 2020 고1 6월 | `21638-0410`

0367 Some faulty electrical wiring led to a fire breaking out and eventually destroying an entire block of homes in the suburbs. | 2013 수능 | `21638-0411`

▶

0368 When we spend too much time thinking in the supermarket, we can trick ourselves into choosing the wrong things for the wrong reasons. | 2013 수능 | `21638-0412`

▶

---

361. accustomed 익숙한   **362.** previous 이전의 unfamiliar 낯선 unrelated 친족[혈연관계]가 아닌   **363.** common 흔한
364. deny 거절하다 anesthesiology 마취학   **365.** explore 탐색하다   **366.** score 득점하다
367. faulty 결함 있는 destroy 파괴하다 suburbs 교외   **368.** trick 속이다

A 어법에 맞게 괄호 안에서 알맞은 것을 고르세요. `21638-0413`

1   We look forward to hear / hearing how you wrote your story.

저희는 귀하가 귀하의 이야기를 어떻게 쓰게 되었는지 듣게 되기를 고대합니다.

2   Sure enough, the next image in your mind is you catching the ball and
    scores / scoring a goal.

아니나 다를까, 여러분의 마음속에 떠오르는 그다음 이미지는 여러분이 공을 잡아 득점하는 것이다.

3   Despite not to receive / receiving light cues due to their blindness, other
    phenomena act as their resetting triggers.

그들의 시력 상실 때문에 빛 신호를 받지 않음에도 불구하고, 다른 현상들이 재설정의 유인 역할을 한다.

4   After being spent / having spent that night in airline seats, the company's leaders
    came up with some "radical innovations."

비행기 좌석에서 그날 밤을 보낸 후, 그 회사의 임원들은 '획기적인 혁신안'을 생각해 냈다.

5   If this view is correct, we should have difficulty interpreted / interpreting the
    emotions expressed in culturally unfamiliar music.

만약 이 관점이 옳다면, 우리는 문화적으로 친숙하지 않은 음악에 표현된 감정을 이해하는 데 어려움이 있을 것이다.

B 우리말 의미에 맞게 다음 단어들을 알맞게 배열해서 문장을 완성하세요. `21638-0414`

6   하지만 상어에 의해 공격을 받을 실질적인 가능성은 아주 낮다. (by / attacked / being / a / shark)

However, the actual chance of _____ is very small.

7   우리는 빛이 항상 일직선으로 나아가는 것으로 생각하는 데 익숙하다. (to / accustomed / thinking / are)

We _____ of light as always going in straight lines.

8   흥미롭게도, 다른 누군가가 지켜보고 있다는 것은 수행에 두 가지 매우 상이한 영향을 미친다. (being /
    observed / has)

Interestingly, _____ two quite distinct effects on performance.

9   이러한 일은 회사가 '고객의 목소리'에 귀 기울이느라 바쁠 때 매우 흔한 일이다. (busy / are / listening / to)

This is very common when companies _____ the 'voice
of the customer.'

10 여러 번 거절당한 후에, 그녀는 마취학 훈련 과정에 입학을 허가받았다. (denied / times / being / several)

After _____, she was accepted into a
training program in anesthesiology.

현재분사

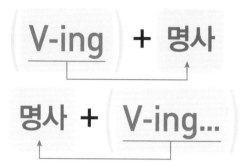

(V-ing) + 명사

명사 + (V-ing...)

I saw / a sleeping cat / yesterday.
나는 봤다   잠자고 있는 고양이를   어제

해석 Tip 현재분사는 앞뒤의 명사를 형용사처럼 수식!

현재분사는 명사를 수식해!

현재분사는 V-ing의 형태로 동사를 형용사처럼 사용해. 몇 가지 쓰임이 있지만 해석할 때 중요한 것은 명사를 수식하는 역할이야. 명사 앞뒤에서 V-ing가 명사를 수식하는 패턴을 연습하자. 현재분사가 한 단어이면 명사 앞에서 명사를 수식하고, 두 단어 이상의 분사구로 이루어져 있으면 명사 뒤에서 명사를 수식해.

1. 현재분사의 해석: ~하고 있는

sleeping → 자고 있는   eating → 먹고 있는

2. 명사를 수식하는 역할

swimming boy 수영하는 소년
rising sun 떠오르는 태양
crying boy 울고 있는 소년
a dog lying on the floor 바닥에 누워 있는 개

> PRACTICE 다음 표현들을 해석해 볼까요?

1. a flying bird   날고 있는 새
2. a fly flying in the room   방에서 날아다니는 파리
3. the burning house   불타는 집
4. glowing marble   빛나는 대리석
5. a confusing situation   혼란스러운 상황

이것만은 꼭! 현재분사는 목적격보어에 쓰일 수 있어. 주로 지각동사와 잘 어울려. 이때는 현재분사가 목적어의 동작을 생생하게 전달한다고 보면 돼!

I saw Sam lying on the floor. 나는 Sam이 바닥에 누워 있는 것을 보았다.
I heard someone crying. 나는 누군가 우는 것을 들었다.

Q 다음 문장을 현재분사에 주의해서 해석하세요.

0369 He pointed at a girl walking up the street. | 2018 고1 3월 | 21638-0415

▶ 그는 길을 걸어가고 있는 한 소녀를 가리켰다.

Tip 현재분사 walking 이하의 덩어리가 앞의 a girl을 꾸며주고 있는 문장이야. 현재분사는 명사를 꾸며주는 역할을 해.

0370 Consider a fascinating study involving carrot juice. | 2015 고1 11월 | 21638-0416

▶

0371 He was a responsible man dealing with an irresponsible kid. | 2018 고1 9월 | 21638-0417

▶

0372 A teenager riding his bike saw me kick a tire in frustration. | 2018 고1 9월 | 21638-0418

▶

0373 Images are simply mental pictures showing ideas and experiences. | 2017 고1 3월 | 21638-0419

▶

0374 Those people providing you goods and services are not acting out of generosity.

▶ | 2016 고1 9월 | 21638-0420

0375 Things moving away from you get redder while things moving toward you get bluer.

▶ | 2014 고1 9월 | 21638-0421

0376 There were more than 1.5 million people starving in his country, and there was no money to feed them. | 2016 고1 6월 | 21638-0422

▶

369. point 가리키다   **370.** fascinating 매우 흥미로운 involve ~와 관련되다   **371.** deal with ~을 다루다 irresponsible 무책임한
372. frustration 좌절, 낙담   **373.** mental picture 심상   **374.** generosity 관대함   **375.** toward ~을 향해
376. starve 굶주리다 feed 먹이다, 식량을 공급하다

Q 다음 문장을 현재분사에 주의해서 해석하세요.

0377 How about sending an email saying there is a document attached without actually attaching the document? | 2015 고1 9월 | 21638-0423

▶ 실제로 문서를 첨부하지 않고 첨부 문서가 있다는 이메일을 보내는 것은 어떤가?

Tip saying 이하의 덩어리가 앞의 명사 an email을 수식하고 있어. 명사 뒤에 V-ing 형태가 나오면 현재분사의 수식을 생각해 보자.

0378 The average American adult has approximately 1,200 different species of bacteria residing in his or her gut. | 2015 고1 11월 | 21638-0424

▶

0379 In both years, the percentage of people selecting comedy as their favorite was the highest of all the genres. | 2017 고1 11월 | 21638-0425

▶

0380 In contrast, participants speaking to negative listeners focused solely on objective facts and concrete details. | 2015 고1 9월 | 21638-0426

▶

0381 One example was uncovered by behavioral ecologists studying the behavior of a small Australian animal called the quoll. | 2019 고1 11월 | 21638-0427

▶

0382 Students can read a science fiction text and a non-fiction text covering similar ideas and compare and contrast the two. | 2015 고1 9월 | 21638-0428

▶

0383 Scientists fed small groups of quolls toad sausages containing harmless but nausea-inducing chemicals, conditioning them to avoid the toads. | 2019 고1 11월 | 21638-0429

▶

0384 Three rescue workers trying to dig the trapped miners out were also killed when a wall of the mine exploded, crushing them. | 2012 고2 3월 | 21638-0430

▶

---

377. document 문서 attach 첨부하다   **378**. species 종 reside 살다 gut 장   **379**. genre 장르
380. participant 참여자 solely 오로지 concrete 구체적인   **381**. uncover 발견하다 quoll 주머니고양이
382. fiction 소설 cover 다루다   **383**. nausea-inducing 메스꺼움을 유발하는
384. rescue 구조; 구조하다 dig 파다 trapped 갇힌 miner 광부 explode 폭발하다

A 우리말 의미에 맞게 괄호 안에서 알맞은 것을 고르세요. 21638-0431

1 The average American adult has approximately 1,200 different species of bacteria residing / burying in his or her gut.

일반 미국인 성인은 그들의 장 속에 살고 있는 대략 1,200개의 다른 종의 박테리아를 갖고 있다.

2 In both years, the percentage of people selecting / regarding comedy as their favorite was the highest of all the genres.

두 해 모두, 그들의 가장 좋아하는 장르로 코미디를 선택한 사람들의 비율은 모든 장르 가운데 가장 높았다.

3 In contrast, participants speaking to positive / negative listeners focused solely on objective facts and concrete details.

대조적으로, 부정적인 청자들에게 말하는 참여자들은 오직 객관적인 사실과 구체적인 세부 사항에만 초점을 맞췄다.

4 One example was hidden / uncovered by behavioral ecologists studying the behavior of a small Australian animal called the quoll.

한 예가 주머니고양이라고 불리는 작은 호주 동물의 행동을 연구하는 행동 생태학자들에 의해 발견되었다.

5 Students can read a science fiction text and a non-fiction text covering / spreading similar ideas and compare and contrast the two.

학생들은 비슷한 개념을 다루는 공상 과학 소설의 글과 논픽션의 글을 읽고, 그 둘을 비교하고 대조할 수 있다.

B 우리말 의미에 맞게 다음 단어들을 알맞게 배열해서 문장을 완성하세요. 21638-0432

6 그는 길을 걸어가고 있는 한 소녀를 가리켰다. (street / up / the / walking)

He pointed at a girl _____.

7 당근 주스와 관련된 매우 흥미로운 연구를 생각해 보라. (carrot / juice / involving)

Consider a fascinating study _____.

8 그는 무책임한 아이를 다루는 책임감 있는 사람이었다. (irresponsible / with / an / kid / dealing)

He was a responsible man _____.

9 자전거를 탄 십 대 한 명이 내가 좌절감에 타이어를 차는 것을 보았다. (saw / riding / bike / his / me)

A teenager _____ kick a tire in frustration.

10 이미지는 단지 생각과 경험을 보여 주는 심상일 뿐이다. (ideas / experiences / and / showing)

Images are simply mental pictures _____.

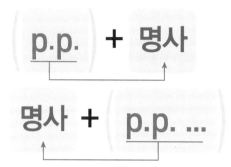

CODE 25 과거분사

$$ \boxed{\text{p.p.}} + \boxed{\text{명사}} $$

$$ \boxed{\text{명사}} + \boxed{\text{p.p. ...}} $$

The frightened cat / hid under the bed.
겁먹은 고양이는 　　　　　　 침대 밑으로 숨었다

해석 Tip 과거분사는 앞뒤의 명사를 수식! 단, 의미는 수동 또는 완료!

과거분사는 수동 또는 완료의 의미!

과거분사는 영어로 p.p.라고 표현하는데 과거분사를 영어로 하면 past participle이기 때문에 첫 글자만 따서 p.p.라고 불러. 현재분사와 역할은 비슷하지만, 수동 또는 완료의 의미를 가지고 있어. 과거분사는 항상 수동 또는 완료의 의미를 살려서 해석하자.

1. **과거분사의 형태와 의미**

   형태: 동사의 p.p.형태

   의미: 목적어가 필요한 타동사의 과거분사는 수동, 목적어가 필요 없는 자동사의 과거분사는 완료의 의미

2. **과거분사의 해석: ~해 버린, ~된**

   broken → 깨진

   fallen → 떨어진

3. **명사를 수식하는 역할**

   a used car 사용된 자동차(중고차)

   a broken window 깨진 창문

   an injured soldier 부상당한 군인

   a book written for teenagers 십 대를 위해서 쓰인 책

4. **목적격보어 역할**

   I heard my name called. 나는 내 이름이 불리는 것을 들었다.

PRACTICE 다음 표현들을 해석해 볼까요?

1. boiled water 　　　　　　　　　 끓인 물
2. the frightened boy 　　　　　　 겁먹은 소년
3. folded pages 　　　　　　　　　 접힌 페이지들
4. treasures buried in the ground 　 땅에 묻힌 보물들
5. the boy taken to the hospital 　　 병원에 보내진 소년

Q 다음 문장을 과거분사에 주의해서 해석하세요.

0385 Each one donated will be assigned to a student in need. | 2020 고1 9월 | 21638-0433

▶ 기부된 각각의 것은 어려움에 처한 학생에게 배정될 것입니다.

Tip 과거분사 donated가 앞의 명사 each one을 수식하고 있어. 과거분사가 단독으로 앞의 명사를 수식하는 경우도 있으니 주의하자.

0386 So Egypt established a standard cubit, called the Royal Cubit. | 2015 고1 6월 | 21638-0434

▶

0387 The addax is a kind of antelope found in some areas in the Sahara Desert. | 2015 고1 3월 |

▶   21638-0435

0388 It is an endangered mammal and there are only about 500 left in the wild. | 2015 고1 3월 |

▶   21638-0436

0389 A fish fills its bladder with oxygen collected from the surrounding water. | 2016 고1 6월 |

▶   21638-0437

0390 The first underwater photographs were taken by an Englishman named William Thompson. | 2018 고1 3월 | 21638-0438

▶

0391 These are not service animals trained to help people with disabilities; most are the pets of volunteers. | 2016 고1 6월 | 21638-0439

▶

0392 So contrary to the impression left by some writers, we Fresnans are not all suffering in some hell hole. | 2014 고1 9월 | 21638-0440

▶

---

385. donate 기부하다 **assign** 배정하다 **386.** establish 제정하다 **standard** 표준의, 표준적인 **387.** antelope 영양
388. endangered 멸종 위기에 처한 **mammal** 포유동물 **389.** bladder 부레 **oxygen** 산소 **390.** underwater 수중의
391. disability 장애 **392.** impression 인상 **suffer** 고통받다 **hell hole** 지옥, 지옥 같은 곳

Q 다음 문장을 과거분사에 주의해서 해석하세요.

0393 Frank Conroy was an American author born in New York, New York to an American father and a Danish mother. | 2014 고1 9월 |

21638-0441

▶ Frank Conroy는 미국인 아버지와 덴마크인 어머니 사이에서 New York 주 New York 시에서 태어난 미국 작가였다.

Tip born 이하의 덩어리가 앞의 명사 an American author를 수식하고 있어. 과거분사 덩어리들은 앞의 명사를 수식하는 역할을 해.

0394 A god called Moinee was defeated by a rival god called Dromerdeener in a terrible battle up in the stars. | 2020 고1 3월 |

21638-0442

▶

0395 The water released from the dam can be colder than usual and this can affect the ecosystems in the rivers downstream. | 2016 고1 3월 |

21638-0443

▶

0396 In secret transactions, usually conducted at night, farmers would sell to city dwellers pigs concealed in large bags. | 2014 고1 9월 |

21638-0444

▶

0397 Manufacturers will use the information generated by these smart products to sell you other services or enhance your "ownership experience." | 2014 고1 11월 |

21638-0445

▶

0398 Over breakfast, you watch a news program broadcast from New York on your television made in Japan. | 2016 고1 9월 |

21638-0446

▶

0399 Contrary to the common assumption about effective memory, describing an image seen earlier impairs recognition afterwards. | 2019 고3 4월 |

21638-0447

▶

0400 Not all organisms are able to find sufficient food to survive, so starvation is a kind of disvalue often found in nature. | 2018 고3 9월 |

21638-0448

▶

---

393. author 작가 Danish 덴마크인의 **394**. defeat 패배시키다 **395**. release 방류하다, 방출하다 downstream 하류의; 하류로
396. transaction 거래 conduct 행하다 dweller 주민 **397**. manufacturer 제조업자 generate 만들어 내다 enhance 높이다
ownership 소유(권) **398**. broadcast 방송하다 **399**. describe 묘사하다 impair 손상시키다
400. sufficient 충분한 starvation 기아 disvalue 반가치, 부정적 가치

A 어법에 맞게 괄호 안에서 알맞은 것을 고르세요.   `21638-0449`

1 The first underwater photographs were taken by an Englishman naming / named
William Thompson.

최초의 수중 사진은 William Thompson이라는 영국인에 의해 촬영되었다.

2 These are not service animals training / trained to help people with disabilities;
most are the pets of volunteers.

이 동물들은 장애를 가진 사람들을 돕도록 훈련된 도우미 동물이 아니라 대부분이 자원봉사자들의 반려동물이다.

3 So contrary to the impression leaving / left by some writers, we Fresnans are not
all suffering in some hell hole.

그러므로 일부 필자들에 의해 남겨진 인상과는 반대로 우리 Fresno 주민들이 모두 어떤 지옥과 같은 곳에서 고통받고 있는
것은 아니다.

4 Frank Conroy was an American author bearing / born in New York, New York to an
American father and a Danish mother.

Frank Conroy는 미국인 아버지와 덴마크인 어머니 사이에서 New York 주 New York 시에서 태어난 미국 작가였다.

5 A god calling / called Moinee was defeated by a rival god called Dromerdeener in a
terrible battle up in the stars.

Moinee라는 신이 하늘 위 별에서 벌어진 끔찍한 전투에서 경쟁하는 신 Dromerdeener에게 패배했다.

B 우리말 의미에 맞게 다음 단어들을 알맞게 배열해서 문장을 완성하세요.   `21638-0450`

6 기부된 각각의 것은 어려움에 처한 학생에게 배정될 것입니다. (one / donated / Each)

_____ will be assigned to a student in need.

7 그래서 이집트는 Royal Cubit이라고 불리는 표준 큐빗을 제정하였다. (the / Cubit / called / Royal)

So Egypt established a standard cubit, _____.

8 나사뿔영양은 사하라 사막의 일부 지역에서 발견되는 영양의 일종이다. (some / in / areas / found)

The addax is a kind of antelope _____ in the Sahara Desert.

9 그것은 멸종 위기에 처한 포유동물이며 야생에 대략 500마리만 남아 있다. (the / in / wild / left)

It is an endangered mammal and there are only about 500 _____.

10 물고기는 주변 물에서 모은 산소로 자신의 부레를 채운다. (surrounding / water / collected / the / from)

A fish fills its bladder with oxygen _____.

분사구문 – 현재분사

V-ing... , S (주어) + V (동사)

Feeling hungry, / he opened the fridge.
배가 고파서,　　　　　　　그는 냉장고를 열었다

해석 Tip 분사구문은 문장에 다양한 의미를 더한다!

 ## 분사구문은 문장에 의미를 더해!

분사구문은 분사를 부사처럼 활용하는 문법이야. 실제 영어에서 정말 많이 쓰여. 시험에서도 중요하지만 영어를 사용하기 위해서 꼭 필요한 문법이니까 지금부터 제대로 알아보자.

#분사구문 만드는 법

〈원래 문장〉

When she saw me, she smiled at me.

→ she saw me, she smiled at me. (부사절의 접속사 생략 / 생략하지 않고 남겨 두는 경우도 있음)

→ saw me, she smiled at me. (부사절과 주절의 주어가 같으면 생략, 다르면 생략하지 말고 남겨 두기)

→ Seeing me, (부사절과 주절의 시제 비교해서 같으면 V-ing 만들기)

→ Seeing me, she smiled at me.

분사구문은 부사절에서 접속사를 생략했기 때문에, 생략된 접속사의 의미를 추론해서 해석해야 해. 기본적으로 조건, 이유, 때, 결과 등을 나타내. 분사구문과 주절의 의미를 자연스럽게 연결해 주는 것이 핵심이야. 분사구문이 문장 중간에 들어갈 때는 양쪽에 콤마(,)를 찍어 주어야 해.

Smiling, she hugged her dog. 미소 지으면서, 그녀는 그녀의 개를 안아 주었다.

Removing my coat, I jumped into the river. 코트를 벗고, 나는 강에 뛰어 들었다.

Arriving at the store, I found that it was closed. 가게에 도착하고 나서, 나는 가게가 문을 닫은 것을 알게 되었다.

Walking down the street, she met her old friend. 길을 따라 걷다가, 그녀는 그녀의 오랜 친구를 만났다.

Feeling so tired, I can't keep my eyes open. 너무 피곤해서, 나는 눈을 뜨고 있을 수가 없다.

Driving to work, he listened to the radio. 운전해서 직장에 가면서, 그는 라디오를 들었다.

 분사구문은 [having p.p.]의 형태로 쓸 수 있어. 이때는 문장 전체의 진짜 동사보다 더 과거에 동작이 일어난 것을 나타내는 거야!

Having watched a horror movie, the girl rushed out of her room.
공포영화를 본 후, 그녀는 방 밖으로 뛰어 나갔다. (공포영화를 본 것이 동사 rushed보다 먼저 일어난 일)
Having washed the dishes, my mom sat down to relax.
설거지를 하고, 엄마는 쉬려고 앉으셨다. (설거지를 한 것이 동사 sat보다 먼저 일어난 일)

Q 다음 문장을 분사구문에 주의해서 해석하세요.

0401 Washing his greasy hands, he heard a knock at his door. | 2018 고1 11월 | `21638-0451`

▶ 자신의 기름 묻은 손을 씻고 있을 때 그는 문을 두드리는 소리를 들었다.

Tip Washing이 이끄는 분사구문이 쓰인 문장이야. 문장에 적절한 의미를 더해주고 있어.

0402 Plumb couldn't sleep that night thinking about the sailor. | 2016 고1 9월 | `21638-0452`

▶

0403 You take a greater risk while driving to and from the beach. | 2015 고1 11월 | `21638-0453`

▶

0404 One day, while traveling for a lecture, he was in a restaurant. | 2016 고1 9월 | `21638-0454`

▶

0405 The sound of the dogs seemed to be all around him, even getting louder. | 2014 고1 11월 |

▶ `21638-0455`

0406 Through gossip, we bond with our friends, sharing interesting details. | 2020 고1 9월 |

▶ `21638-0456`

0407 Some people readjust their lives daily or weekly, constantly optimizing. | 2014 고1 9월 |

▶ `21638-0457`

0408 Many people are somewhere in the middle, wanting some use and some protection.

▶ | 2015 고1 6월 | `21638-0458`

401. greasy 기름 묻은　**402.** sailor 선원　**403.** risk 위험　**404.** lecture 강의　**405.** seem ~처럼 보이다
406. gossip 가십　share 공유하다　**407.** readjust 재조정하다　optimize 최적화하다　**408.** protection 보호

Q 다음 문장을 분사구문에 주의해서 해석하세요.

0409 One day, he sat on a park bench, head in hands, wondering if anything could save his company from bankruptcy. | 2018 고1 6월 |

21638-0459

▶ 어느 날, 그는 자신의 회사가 파산하는 것을 막을 수 있는 무엇이라도 있을까 생각하며 머리를 감싸 쥔 채 공원 벤치에 앉아 있었다.

Tip wondering 이하의 분사구문이 문장 전체의 의미를 보충하고 있어.

0410 Proceeding with his study, Turner earned a doctorate degree in zoology, the first African American to do so. | 2018 고1 11월 |

21638-0460

▶

0411 Erda lay on her back in a clearing, watching drops of sunlight slide through the mosaic of leaves above her. | 2020 고1 6월 |

21638-0461

▶

0412 If you're an early human, perhaps Homo Erectus, walking around the jungles, you may see an animal approaching. | 2020 고1 9월 |

21638-0462

▶

0413 The feathers on a snowy owl's face guide sounds to its ears, giving it the ability to hear things humans cannot. | 2016 고1 9월 |

21638-0463

▶

0414 We must be careful when looking at proverbs as expressing aspects of a certain worldview or mentality of a people. | 2015 고1 6월 |

21638-0464

▶

0415 Not knowing that the product exists, customers would probably not buy it even if the product may have worked for them. | 2016 고1 6월 |

21638-0465

▶

0416 An open ending is a powerful tool, providing food for thought that forces the audience to think about what might happen next. | 2018 고1 3월 |

21638-0466

▶

---

409. wonder 생각하다 bankruptcy 파산   **410.** proceed 계속하다 degree 학위   **411.** clearing (숲속의) 빈터
412. approach 다가오다   **413.** feather 깃털   **414.** proverb 속담 aspect 측면 mentality 심리
415. exist 존재하다   **416.** ending 결말 force 강요하다, ~하게 만들다

A 어법에 맞게 괄호 안에서 알맞은 것을 고르세요. `21638-0467`

1 One day, he sat on a park bench, head in hands, wondered / wondering if anything could save his company from bankruptcy.

어느 날, 그는 자신의 회사가 파산하는 것을 막을 수 있는 무엇이라도 있을까 생각하며 머리를 감싸 쥔 채 공원 벤치에 앉아 있었다.

2 Proceeded / Proceeding with his study, Turner earned a doctorate degree in zoology, the first African American to do so.

자신의 연구를 계속하면서 Turner는 동물학에서 박사 학위를 받았고, 그렇게 한 최초의 아프리카계 미국인이었다.

3 Erda lay on her back in a clearing, watched / watching drops of sunlight slide through the mosaic of leaves above her.

Erda는 (숲속의) 빈터에 드러누워 자기 위쪽에 모자이크를 이룬 나뭇잎들 사이로 부서진 햇살이 스며드는 것을 지켜보았다.

4 If you're an early human, perhaps Homo Erectus, walked / walking around the jungles, you may see an animal approaching.

만약에 당신이, 가령 Homo Erectus처럼, 정글을 돌아다니는 초기 인간이라면, 당신은 동물이 다가오는 것을 볼지 모른다.

5 The feathers on a snowy owl's face guide sounds to its ears, given / giving it the ability to hear things humans cannot.

흰올빼미의 얼굴 깃털은 소리를 그것의 귀로 인도하여, 그것에게 인간이 들을 수 없는 것을 듣는 능력을 부여한다.

B 우리말 의미에 맞게 다음 단어들을 알맞게 배열해서 문장을 완성하세요. `21638-0468`

6 자신의 기름 묻은 손을 씻고 있을 때 그는 문을 두드리는 소리를 들었다. (greasy / his / hands / Washing)

_____, he heard a knock at his door.

7 Plumb은 그 선원에 대한 생각을 하며 그날 밤 잠을 이룰 수 없었다. (about / thinking / the / sailor)

Plumb couldn't sleep that night _____.

8 당신은 해변을 오가는 운전을 하는 동안 더 큰 위험을 무릅쓰게 된다. (driving / and / the / while / beach / from / to)

You take a greater risk _____.

9 어느 날, 강의를 위해 여행하는 동안, 그는 한 식당에 있었다. (while / a / traveling / for / lecture)

One day, _____, he was in a restaurant.

10 개 짖는 소리가 온통 그를 둘러싼 것 같았고, 심지어 점점 커져만 갔다. (getting / louder / even)

The sound of the dogs seemed to be all around him, _____.

CODE 27 분사구문 – 과거분사

$$p.p. \ldots , \quad S_{(주어)} + V_{(동사)}$$

Born in Heidelberg, / **he was the son of a gardener.**
하이델베르그에서 태어난 　　　　　그는 정원사의 아들이었다

해석 Tip 과거분사로 시작하는 분사구문은 수동의 의미!

과거분사는 주어와 의미상 수동의 관계!

과거분사로 시작하는 분사구문은 과거분사 형태인 동사와 문장의 주어의 관계가 수동의 관계라는 의미야. 수동태인 문장을 분사구문으로 바꿔서 p.p로 시작하는 분사구문이 만들어진 거야. 문법 문제로 자주 나오는 포인트이기도 해.

#분사구문 만들기

When the island was seen from the plane, the island was beautiful.
비행기에서 봤을 때, 그 섬은 아름다웠다.

→ the island was seen from the plane, (접속사 생략)

→ was seen from the plane, (주어 생략)

→ (Being) seen from the plane, (주절의 시제와 같을 때 V-ing 형태 사용, being은 생략 가능)

→ Seen from the plane, the island was beautiful.

과거분사로 시작하는 분사구문을 해석할 때는 주절의 주어가 분사구문의 동작을 수동적으로 당한다는 의미로 해석을 하면 돼.

The church, destroyed by a fire, was never rebuilt. 화재에 의해 파괴된 교회는 재건되지 않았다.

Packed with vitamin C, oranges are a popular fruit. 비타민 C가 가득한 오렌지는 대중적인 과일이다.

Confused by the assignment, the student raised his hand and asked a question.
과제가 혼란스러워서, 그 학생은 손을 들고 질문을 했다.

Defeated in the semifinals, he couldn't make it to the finals.
그는 준결승에서 패배해서, 결승전에 진출하지 못했다.

Stolen in the burglary, the victim's vehicle was found. 절도에서 도난당한 피해자의 차량이 발견되었다.

이것만은 **꼭!** 과거분사로 시작하는 분사구문은 시험 문제의 단골손님이야.

Q. 괄호 안에서 어법상 알맞은 것을 고르세요.

[Injuring / Injured] during the soccer match, the player had to leave the field.

축구 경기 동안에 부상을 입어서 그 선수는 경기장을 떠나야만 했다.

정답: Injured

Q 다음 문장을 분사구문에 주의해서 해석하세요.

0417 Disappointed, he went to Paderewski and explained his difficulty. | 2016 고1 6월 | 21638-0469

▶ 실망한 채, 그는 Paderewski에게 가서 자신의 어려움을 설명했다.

> **Tip** 문장의 주어인 he가 disappointed와 연결이 되고 있어. 실망한 감정을 느끼고 있기 때문에 disappointing이 아닌 과거분사인 disappointed의 형태를 사용했어.

0418 Educated by private tutors at home, she enjoyed reading and writing early on.

▶ | 2016 고1 9월 | 21638-0470

0419 When faced with a problem — a conflict — we instinctively seek to find a solution.

▶ | 2016 고1 9월 | 21638-0471

0420 Amazed at all the attention being paid to her, I asked if she worked with the airline.

▶ | 2016 고1 3월 | 21638-0472

0421 The passenger is a true partner in the ride, expected to mirror the rider's every move.

▶ | 2020 고1 9월 | 21638-0473

0422 Even smokers of relatively few cigarettes had withdrawal symptoms when deprived of nicotine. | 2012 고2 3월 | 21638-0474

▶

0423 However, faced with a loss of customers, the competition responded by opening on Saturdays as well. | 2017 고3 6월 | 21638-0475

▶

0424 When done well, when done by an expert, both reading and skiing are graceful, harmonious activities. | 2017 고1 9월 | 21638-0476

▶

---

417. difficulty 어려움   **418.** tutor 개인 지도 교사   **419.** conflict 갈등   instinctively 본능적으로   **420.** attention 관심
421. passenger 동승자   mirror 따라하다   **422.** withdrawal symptom 금단 증상   **423.** competition 경쟁 상대
424. expert 전문가   graceful 우아한

Q 다음 문장을 분사구문에 주의해서 해석하세요.

0425 Lying on the floor in the corner of the crowded shelter, surrounded by bad smells, I could not fall asleep. | 2017 고1 6월 | 21638-0477

▶ 불쾌한 냄새에 둘러싸인 채, 붐비는 대피소의 구석 바닥에 누워 나는 잠들 수 없었다.

Tip 문장의 주어인 I는 둘러싸여 있는 상황이야. 그래서 surrounded라는 과거분사로 시작하는 분사구문을 사용했어.

0426 Built out of misfortune, Venice eventually turned into one of the richest and most beautiful cities in the world. | 2015 고1 11월 | 21638-0478

▶

0427 Compared to respondents in their 30s, respondents in their 60s are more than twice as likely to prefer audio tours. | 2012 고2 11월 | 21638-0479

▶

0428 This process, called 'adaptation', is one of the organizing principles operating throughout the central nervous system. | 2020 고2 9월 | 21638-0480

▶

0429 Seen from your perspective, one hill appears to be three hundred feet high, and the other appears to be nine hundred feet. | 2019 고1 11월 | 21638-0481

▶

0430 Faced with the choice of walking down an empty or a lively street, most people would choose the street with life and activity. | 2017 고1 3월 | 21638-0482

▶

0431 Born in Heidelberg, Germany, he was the son of a gardener who taught him much about art and nature. | 2015 수능 | 21638-0483

▶

0432 When given these instructions, people are quite good at repeating the words that were spoken to that ear. | 2015 고1 9월 | 21638-0484

▶

---

425. shelter 대피소   **426**. misfortune 불행   **427**. respondent 응답자 prefer 선호하다
428. adaptation 순응 principle 원리 operate 작용하다   **429**. perspective 관점   **430**. be faced with ~에 직면하다
431. gardener 정원사   **432**. instruction 지시

A 어법에 맞게 괄호 안에서 알맞은 것을 고르세요.   21638-0485

1   Even smokers of relatively few cigarettes had withdrawal symptoms when
    depriving / deprived of nicotine.

    비교적 흡연량이 적은 사람들도 니코틴이 주어지지 않았을 때 금단 증상이 나타났다.

2   However, facing / faced with a loss of customers, the competition responded by
    opening on Saturdays as well.

    하지만 고객의 감소에 직면하자, 경쟁 상대도 역시 토요일에 영업함으로써 대응했다.

3   When doing / done well, when done by an expert, both reading and skiing are
    graceful, harmonious activities.

    잘되었을 때, 즉, 전문가에 의해서 행해졌을 때에는 읽는 것과 스키 타는 것 둘 다 우아하고 조화로운 활동들이다.

4   Bearing / Born in Heidelberg, Germany, he was the son of a gardener who taught
    him much about art and nature.

    독일의 Heidelberg에서 태어난 그는 미술과 자연에 대해서 그에게 많은 것을 가르쳐 준 정원사의 아들이었다.

5   When giving / given these instructions, people are quite good at repeating the
    words that were spoken to that ear.

    이런 지시를 받을 때, 사람들은 그 귀로 듣는 단어들을 상당히 잘 반복한다.

B 우리말 의미에 맞게 다음 단어들을 알맞게 배열해서 문장을 완성하세요.   21638-0486

6   불쾌한 냄새에 둘러싸인 채, 붐비는 대피소의 구석 바닥에 누워 나는 잠들 수 없었다. (smells / by /
    surrounded / bad)

    Lying on the floor in the corner of the crowded shelter, _____,
    I could not fall asleep.

7   가정에서 개인 교사들에 의해 교육을 받은 그녀는 일찍이 독서와 글쓰기를 즐겼다. (private / home / by / at
    / tutors / Educated)

    _____, she enjoyed reading and writing early on.

8   문제, 즉 갈등에 직면했을 때, 우리는 본능적으로 해결책을 찾으려고 한다. (a / problem / faced / When /
    with)

    _____ — a conflict — we instinctively seek to find a solution.

9   그녀에게 쏟아지고 있는 그 모든 관심에 놀라서 나는 그녀가 그 항공사에 근무하는지 물어보았다. (at /
    Amazed / all / attention / the)

    _____ being paid to her, I asked if she worked with the airline.

CHAPTER

04

길어지는 문장

짧은 문장은 누구나 쉽게 해석을 합니다. 문제는 긴 문장입니다. 길어진 문장을 해석하지 못하면 지문의 내용을 파악하지 못하고, 독해 문제를 틀립니다. 문장은 왜 길어지는 걸까요? 문장 안에 긴 덩어리들이 들어가 있기 때문입니다. 이번 장의 문법 항목들을 공부하면 문장 안의 긴 덩어리들을 파악할 수 있습니다. 단어 하나하나가 아닌 덩어리가 보이기 시작하면 문장은 더욱 정확하게 파악이 되고, 해석은 쉬워집니다. 이번 장의 내용을 익혀서 문장 안에서 긴 덩어리들을 찾아서 제대로 해석해 봅시다.

CHAPTER 04
PREVIEW

#관계대명사

#관계부사

#복합관계사

#명사절

#부사절

이번 장에서 집중할 것!

단어 하나하나를 따로 해석하는
것은 그만!
문장 안에서 긴 덩어리를 찾아서
덩어리째로 해석하세요!

주격 관계대명사

N
(명사)

who/which/that V...

I saw a house / which was old.
나는 집을 보았다   오래된

해석 Tip 주격 관계대명사는 선행사를 수식!

명사를 수식하는 관계대명사!

관계대명사는 문법 문제에서는 가장 어려운 파트야. 완전한 문장, 불완전한 문장의 개념을 바탕으로 해결을 해야 해. 하지만 해석을 할 때는 명사 뒤에 있는 덩어리가 명사를 수식하는 것으로 해석하면 되기 때문에 그렇게 어렵지 않아. 관계대명사 앞의 명사를 선행사라고 해. 선행사가 사람인지 여부와 관계대명사가 이어지는 절에서 어떤 역할을 하는지에 따라서 알맞은 관계대명사를 사용해야 해. 아래 표를 익히자.

선행사	주격	목적격	소유격
사람	who	who(m)	whose
사물 · 동물	which	which	of which / whose
사람 · 사물 · 동물	that	that	–

주격 관계대명사는 who, which, that으로서 뒤에 이어지는 관계대명사절에서 주어 역할을 하기 때문에 이어지는 절은 주어가 없고 동사부터 시작해.

Shyness / is a trait / that seems to be partially hereditary.
부끄러움은 / 특성이다 / 부분적으로 유전적인 것처럼 보이는

위 문장에서 that을 보고 that 다음에 이어지는 절을 선행사인 a trait에 연결해서 해석해야 해. that이 워낙 눈에 잘 보이기 때문에 관계대명사는 오히려 해석이 수월해.

The festival which lasted for one week ended with a banquet.
1주일간 지속된 축제는 연회로 끝났다.

I am looking for someone who can take care of my dog while I go on vacation.
나는 휴가 간 동안에 내 개를 돌봐줄 수 있는 사람을 찾는 중이다.

PRACTICE 다음 표현들을 해석해 볼까요?

1. **cakes** which taste sweet   달콤한 맛이 나는 케이크들
2. **a laptop** which had been broken   고장난 노트북
3. **a company** which produces soccer balls   축구공을 만드는 회사
4. **the cookie** which was on the table   테이블 위에 있던 쿠키
5. **the first Korean** who won a gold medal   금메달을 딴 최초의 한국인
6. **a plant** which must be watered   물을 주어야 하는 식물

Q 다음 문장을 주격 관계대명사에 주의해서 해석하세요.

0433 Foods that sit out on tables are even more critical. | 2020 고1 6월 | 21638-0487

▶ 식탁에 나와 있는 음식들은 훨씬 더 중요하다.

Tip 관계대명사 that이 이끄는 덩어리가 주어 Foods를 수식하고 있어. 이런 수식하는 덩어리를 정확하게 찾아내야 문장을 제대로 해석할 수 있어.

0434 Someone who is only clinically dead can often be brought back to life. | 2018 고1 9월 | 21638-0488

▶

0435 A person who can never take a risk can't learn anything. | 2020 고1 3월 | 21638-0489

▶

0436 They prefer practices that make our resources sustainable. | 2015 고1 6월 | 21638-0490

▶

0437 She tried everything that was available but had no success. | 2020 고1 11월 | 21638-0491

▶

0438 First, someone who is lonely might benefit from helping others. | 2019 고1 3월 | 21638-0492

▶

0439 I'm not one of those people who just "must" have the latest phone. | 2020 고1 9월 | 21638-0493

▶

0440 We are social animals who need to discuss our problems with others. | 2015 고1 3월 |

▶   21638-0494

---

433. critical 중요한   **434.** clinically 임상적으로   **435.** risk 위험   **436.** practice 관행 resource 자원 sustainable 지속 가능한
437. available 이용 가능한   **438.** benefit 혜택을 받다   **439.** latest 최신의   **440.** discuss 의논하다

Q 다음 문장을 주격 관계대명사에 주의해서 해석하세요.

0441 All of them agreed that success wasn't something that had just happened to them due to luck or special talents. | 2016 고1 3월 |　21638-0495

▶ 그들 모두는 성공이 운이나 특별한 재능 때문에 그들에게 그저 일어난 어떤 것이 아니라는 것에 동의했다.

Tip 관계대명사 that 이하의 덩어리가 선행사 something을 수식하고 있어.

0442 You cannot eliminate distractions, but you can learn to live with them in a way that ensures they do not limit you. | 2020 고1 11월 |　21638-0496

▶

0443 You might think that those who earned a lot of money would have been more positive than those who earned very little. | 2015 고1 3월 |　21638-0497

▶

0444 This example shows that much of the information that is available to your ears does not make it too far into your head. | 2015 고1 9월 |　21638-0498

▶

0445 Students who are made to feel happy before taking math achievement tests perform much better than their neutral peers. | 2016 고1 11월 |　21638-0499

▶

0446 New ideas, like mathematics, were shared between societies which allowed for all kinds of innovations and advancements. | 2020 고1 9월 |　21638-0500

▶

0447 In a lecture, Barrett shares the story of an airline that was dealing with many complaints about their customer service. | 2016 고1 9월 |　21638-0501

▶

0448 They wanted to do something that might revive their dying community. | 2017 고1 6월 |　21638-0502

▶

---

441. talent 재능　**442.** eliminate 제거하다　distraction 집중에 방해되는 것　ensure 보장하다　limit 제한하다
443. earn (돈을) 벌다　**444.** make it (장소에) 도달하다　**445.** achievement 성취　perform 수행하다　neutral 중립적인
446. innovation 혁신　advancement 진보　**447.** deal with 처리하다　**448.** revive 부흥시키다　community 지역 사회

A 어법에 맞게 괄호 안에서 알맞은 것을 고르세요.   `21638-0503`

1 First, someone who / which is lonely might benefit from helping others.

우선, 외로운 사람은 다른 사람을 도와주는 일로부터 혜택을 받을지도 모른다.

2 I'm not one of those people who / which just "must" have the latest phone.

나는 최신 휴대 전화를 '반드시' 가져야 하는 그런 사람들 중 한 명은 아니다.

3 We are social animals who / whom need to discuss our problems with others.

우리는 우리의 문제를 다른 사람들과 의논할 필요가 있는 사회적 동물이다.

4 They wanted to do something who / that might revive their dying community.

그들은 죽어가는 지역 사회를 부흥시킬지도 모를 무엇인가를 하고 싶었다.

5 All of them agreed that success wasn't something who / that had just happened to them due to luck or special talents.

그들 모두는 성공이 운이나 특별한 재능 때문에 그들에게 그저 일어난 어떤 것이 아니라는 것에 동의했다.

B 우리말 의미에 맞게 다음 단어들을 알맞게 배열해서 문장을 완성하세요.   `21638-0504`

6 식탁에 나와 있는 음식들은 훨씬 더 중요하다. (that / sit / out / on / Foods / tables)

_____ are even more critical.

7 단지 임상적으로 사망한 사람은 종종 소생될 수 있다. (is / who / dead / clinically / only)

Someone _____ can often be brought back to life.

8 결코 위험을 무릅쓰지 못하는 사람은 아무것도 배울 수 없다. (never / take / a / who / can / risk)

A person _____ can't learn anything.

9 그들은 우리의 자원을 지속 가능하게 만드는 관행을 선호한다. (make / that / our / resources / sustainable)

They prefer practices _____.

10 그녀는 이용 가능한 모든 것을 시도했지만 성공하지 못했다. (that / available / was)

She tried everything _____ but had no success.

목적격 관계대명사

N (명사) → who(m)/which S+V...

This is the song / which I like.
이것은 노래이다   내가 좋아하는

해석 Tip 목적격 관계대명사는 선행사를 수식!

목적격 관계대명사 덩어리를 찾아라!

목적격 관계대명사는 관계대명사가 이어지는 절에서 목적어 역할을 해. 그래서 관계대명사 who(m), which, that 다음에 주어, 동사가 이어져. 주어, 동사, 전치사까지 있는 경우도 있는데 이때는 전치사 다음에 위치하는 명사나 대명사(전치사의 목적어)가 없는 경우야. 정리하면, 목적격 관계대명사 뒤의 이어지는 절에는 목적어 또는 전치사의 목적어가 없어. 해석할 때는 관계대명사 덩어리가 어디까지인지를 잘 파악해야 해.

선행사	주격	목적격	소유격
사람	who	who(m)	whose
사물·동물	which	which	of which / whose
사람·사물·동물	that	that	–

Money is something / that you will have to deal with for the rest of your life.
돈은 무언가이다 / 네가 남은 생애 동안 다뤄야만 할

위 문장에서 that을 발견했다면 다음에 이어지는 절을 찾아서 선행사 something을 꾸며주면 돼. 해석을 할 때는 주격인지, 목적격인지가 크게 문제가 되지 않아. 이 부분은 나중에 문법 문제를 풀 때 중요해. 문장에서 해석을 할 때는 that을 발견하고 이어지는 절을 파악해서 선행사를 수식하면 돼.

PRACTICE 다음 표현들을 해석해 볼까요?

1. **the car** that she bought   그녀가 산 자동차
2. **a ring** which my mom gave me   엄마가 나에게 주신 반지
3. **an issue** that we deal with   우리가 다루는 문제
4. **a book** which my teacher recommended   선생님이 추천해 주신 책
5. **a man** who I work with   내가 함께 일하는 사람
6. **the new restaurant** that I went to   내가 갔던 새로운 식당
7. **the village** that we visited together 우리가 함께 방문했던 마을
8. **an important tool** that you can use   네가 사용할 수 있는 중요한 도구
9. **the document** that we are working on   우리가 작업하고 있는 문서
10. **a problem** which we should consider   우리가 고려해야 하는 문제

Q 다음 문장을 목적격 관계대명사에 주의해서 해석하세요.

0449 These early traumas made water the only thing that Princess truly feared. | 2018 고3 6월 |

▶ 이러한 어린 시절의 정신적 외상은 물을 Princess가 정말로 두려워하는 유일한 것으로 만들었다. `21638-0505`

Tip 관계대명사 that 덩어리가 선행사 the only thing을 수식하고 있는 문장이야.

0450 Your political preference determines the arguments that you find compelling. | 2015 고3 7월 |

▶ `21638-0506`

0451 The praise that he received from getting one story in print changed his whole life.

▶ | 2017 고1 6월 | `21638-0507`

0452 There is not a single, ideal level of blood pressure that our body tries to maintain.

▶ | 2015 고3 3월 | `21638-0508`

0453 Even the carbon dioxide that the squirrel breathes out is what that tree may breathe in. | 2016 고1 11월 | `21638-0509`

▶

0454 Our technological creations are great extrapolations of the bodies that our genes build. | 2019 고3 6월 | `21638-0510`

▶

0455 In a classic study, people were asked to assess the value of coffee cups which had been gifted to them. | 2014 고1 9월 | `21638-0511`

▶

0456 They experience moments that they have already seen at home in books, brochures and films. | 2018 고3 6월 | `21638-0512`

▶

---

449. trauma 외상, 트라우마　**450.** political 정치적인　preference 선호　determine 결정하다　compelling 설득력 있는
451. praise 칭찬　**452.** single 단 하나의　blood pressure 혈압　maintain 유지하다　**453.** carbon dioxide 이산화탄소
454. creation 창조물　extrapolation 연장　gene 유전자　**455.** classic 전형적인　assess 평가하다　value 가치
456. brochure 안내 책자

Q 다음 문장을 목적격 관계대명사에 주의해서 해석하세요.

0457 An old man whom society would consider a beggar was coming toward him from across the parking lot. | 2019 고1 6월 | 21638-0513

▶ 사회가 걸인이라고 여길 만한 한 노인이 주차장 건너편에서 그를 향해 오고 있었다.

Tip 선행사가 an old man이라서 사람에 대한 관계대명사 whom을 사용했네. 목적격 관계대명사는 뒤에 목적어가 없는 절이 따라와. whom 다음의 성분도 눈여겨보는 연습을 하자.

0458 The kind of intuition that we develop about marine life is, of course, influenced by the way we observe it. | 2019 고3 9월 | 21638-0514

▶

0459 Perhaps the biggest mistake that most investors make when they first begin investing is getting into a panic over losses. | 2016 고1 6월 | 21638-0515

▶

0460 Keeping a diary of things that they appreciate reminds them of the progress they made that day in any aspect of their lives. | 2017 고1 6월 | 21638-0516

▶

0461 This changed the evolutionary pressure that these food plants experienced, as they no longer had to survive in a natural environment. | 2014 수능 | 21638-0517

▶

0462 Countries import commodities which they make at comparatively higher production cost, and export commodities with comparative cost advantage. | 2012 고2 3월 | 21638-0518

▶

0463 A Greek historian Herodotus wrote of cinnamon which he had learned about from the Phoenicians. | 2015 고2 3월 | 21638-0519

▶

0464 Positive rights reflect the vital interests that human beings have in receiving certain benefits. | 2016 고3 10월 | 21638-0520

▶

---

457. beggar 걸인, 거지   **458.** intuition 직관(력) observe 관찰하다   **459.** investor 투자자 panic 공황(상태) loss 손실
460. appreciate 감사하다 remind 떠올리게 하다 progress 발전 aspect 측면   **461.** evolutionary 진화적인 survive 살아남다
462. import 수입하다 export 수출하다 advantage 우위   **463.** cinnamon 계피   **464.** reflect 반영하다 vital 중요한

A 어법에 맞게 괄호 안에서 알맞은 것을 고르세요. 21638-0521

1 Our technological creations are great extrapolations of the bodies when / that our
genes build.

우리의 기술적인 창조물들은 우리의 유전자가 형성하는 신체의 위대한 연장이다.

2 In a classic study, people were asked to assess the value of coffee cups
which / what had been gifted to them.

전형적인 연구에서 사람들은 그들에게 주어졌었던 커피 잔의 가치를 평가하도록 요청 받았다.

3 An old man whom / which society would consider a beggar was coming toward
him from across the parking lot.

사회가 걸인이라고 여길 만한 한 노인이 주차장 건너편에서 그를 향해 다가오고 있었다.

4 A Greek historian Herodotus wrote of cinnamon what / which he had learned
about from the Phoenicians.

그리스의 역사가인 Herodotus는 페니키아인들로부터 알게 된 계피에 관해 기술했다.

5 Positive rights reflect the vital interests whom / that human beings have in
receiving certain benefits.

적극적인 권리는 특정한 혜택을 받는 데 있어 인간이 갖는 매우 중요한 이익을 반영한다.

B 우리말 의미에 맞게 다음 단어들을 알맞게 배열해서 문장을 완성하세요. 21638-0522

6 이러한 어린 시절의 정신적 외상은 물을 Princess가 정말로 두려워하는 유일한 것으로 만들었다. (truly /
feared / Princess / that)

These early traumas made water the only thing _____.

7 여러분의 정치적 선호는 여러분이 설득력이 있다고 생각하는 논거를 결정한다. (that / compelling / you / find)

Your political preference determines the arguments _____.

8 한 이야기를 출판함으로써 그가 얻게 된 칭찬은 그의 일생을 바꾸어 놓았다. (received / from / he / getting
/ one story / that / in print)

The praise _____ changed his whole life.

9 우리 몸이 유지하려고 하는 단 하나의 이상적인 혈압 수치란 없다. (maintain / our / body / to / tries / that)

There is not a single, ideal level of blood pressure _____.

10 심지어 다람쥐가 내쉬는 이산화탄소는 그 나무가 들이쉴 수도 있는 것이다. (that / breathes / out / squirrel
/ the)

Even the carbon dioxide _____ is what that tree may breathe in.

CODE

30

목적격 관계대명사 생략

N (명사) S+V...

Everything / she told me / was a lie.
모든 것이   그녀가 나에게 말한   거짓말이었다

해석 Tip 생략된 목적격 관계대명사를 찾는다!

목적격 관계대명사는 생략된다!

목적격 관계대명사는 생략할 수 있으니까 해석에 유의하자. 목적격 관계대명사가 생략된 부분을 찾는 방법은 명사와 명사가 부딪치는 지점을 찾는 거야. 명사와 명사는 이어서 쓸 수 없거든. 그런 지점을 잘 보면 목적격 관계대명사가 생략되어 있을 거야. 생략된 관계대명사를 파악할 수 있어야 해석을 정확하게 할 수 있어.

(대)명사　　(that/which 생략)　　(대)명사

If we can't have everything (that) we want today, what do we do?
만약 우리가 오늘 원하는 모든 것을 가질 수 없다면, 우리는 무엇을 하는가?

위 문장에서는 everything과 we 사이에 that이 생략되어 있어. everything과 we는 연결해서 해석을 할 수 없다는 점 때문에 생략된 that을 파악할 수 있어. 이걸 파악해야 (that) we want today로 선행사인 everything을 수식할 수 있지.

That is the movie (which/that) I told you to watch! 그것이 내가 너한테 보라고 했던 영화야!

The place (which/that) I visited last year has changed a lot. 내가 작년에 방문했던 그 장소는 많이 변했다.

The train (which/that) we were going to take arrived late. 우리가 타려고 했던 기차는 늦게 도착했다.

The person (who(m)/that) we fall in love with sometimes disappoints us.
우리가 사랑에 빠지는 사람이 때로는 우리를 실망시킨다.

PRACTICE 다음 표현들을 해석해 볼까요?

1. **the pants** I bought yesterday　　내가 어제 산 바지
2. **spaghetti** we ate last weekend　　우리가 지난 주말에 먹은 스파게티
3. **the dress** you wore last week　　네가 지난주에 입은 드레스
4. **the person** you love　　네가 사랑하는 사람
5. **the song** I heard on the radio　　내가 라디오에서 들은 노래
6. **the thing** we decided to do　　우리가 하기로 결정한 일
7. **the image** you see in your head　　네가 머리 속에서 보는 이미지
8. **tasks** you have written down　　네가 적어 놓은 일들
9. **a skill** we need to train　　우리가 훈련할 필요가 있는 기술
10. **a life** everyone dreams about　　모두가 꿈꾸는 삶

Q 다음 문장을 목적격 관계대명사가 생략된 부분에 주의해서 해석하세요.

0465 Attaining the life a person wants is simple. | 2019 고1 9월 | 21638-0523

▶ 사람이 원하는 삶을 얻는 것은 간단하다.

> **Tip** the life 다음에 that이 생략된 문장이야. the life와 a person이 연결이 될 수 없고 wants의 목적어가 없다는 점 때문에 사이에 관계대명사 that이 생략된 걸 알 수 있어.

0466 There is little you can do to speed this process up. | 2020 고1 3월 | 21638-0524

▶

0467 Creativity is a skill we usually consider uniquely human. | 2019 고1 6월 | 21638-0525

▶

0468 Achievement is something you reach or attain, like a goal. | 2016 고2 3월 | 21638-0526

▶

0469 There was no way I could think of to get out of this risky situation. | 2017 고1 11월 | 21638-0527

▶

0470 The images you see in your head are images of you dropping the ball! | 2020 고1 6월 | 21638-0528

▶

0471 The part he gives away might seem to diminish the size of his fortune. | 2014 고2 3월 | 21638-0529

▶

0472 Furniture selection is one of the most cognitively demanding choices any consumer makes. | 2016 고1 9월 | 21638-0530

▶

CHAPTER **4**

---

465. attain 얻다   **466.** process 과정   **467.** creativity 창의력 skill 능력
468. achievement 성취 reach 도달하다 attain 달성하다   **469.** risky 위험한 situation 상황   **470.** drop 떨어뜨리다
471. fortune 재산   **472.** furniture 가구 cognitively 인지적으로 demanding 힘든

ADVANCED mission

정답과 해설 35쪽

Q 다음 문장을 목적격 관계대명사가 생략된 부분에 주의해서 해석하세요.

0473 This is the price we all must pay for achieving the greater rewards lying ahead of us.

▶ 이것은 우리 앞에 놓인 더 큰 보상을 성취하기 위해 우리 모두가 지불해야 하는 대가이다. | 2020 고1 3월 | 21638-0531

Tip the price와 we 사이에 관계대명사 that이 생략된 문장이야. 생략된 관계대명사 that 다음의 덩어리들이 the price를 수식하는 문장이네.

0474 The five of us sat around the cafeteria table and it was the best meal I'd had in a long time. | 2015 고1 3월 |

21638-0532

▶

0475 Scenes a child acts out may give us clues about their past experiences, or their wishes for the future. | 2015 고1 6월 |

21638-0533

▶

0476 Any goal you set is going to be difficult to achieve, and you will certainly be disappointed at some points along the way. | 2020 고1 9월 |

21638-0534

▶

0477 Instead, people provide you and other consumers with the goods and services they produce because they get something in return. | 2016 고1 9월 |

21638-0535

▶

0478 One component of marketing focuses on the "false expectation" the people's subconsciousness feels about love, the unchanging love. | 2012 고2 3월 |

21638-0536

▶

0479 One of the most essential decisions any of us can make is how we invest our time.

▶ | 2017 고1 6월 | 21638-0537

0480 Explicit memories are the tasks you have written down on your calendar or planner.

▶ | 2017 고1 11월 | 21638-0538

---

473. price 대가 pay 지불하다 reward 보상 **474.** meal 식사 **475.** scene 장면 clue 단서 wish 소망
476. achieve 달성하다 certainly 분명히 **477.** provide 제공하다 goods 제품 in return 보답으로
478. component 요소 focus 초점을 맞추다 expectation 기대 subconsciousness 잠재의식
479. essential 필수적인 decision 결정 invest 투자하다 **480.** explicit memory 명시적 기억

A 우리말 의미에 맞게 괄호 안에서 알맞은 것을 고르세요.   21638-0539

1 The images you see in your head are images of you dropping / throwing the ball!

당신이 머릿속에서 보게 되는 이미지는 당신이 공을 떨어뜨리는 이미지이다!

2 The part he gives away might seem to diminish / expand the size of his fortune.

그가 내어주는 그 일부 재산은 자기 재산의 규모를 감소시키는 것처럼 보일 수도 있다.

3 Furniture selection is one of the most cognitively / physically demanding choices any consumer makes.

가구 선택은 어떤 소비자라도 하는 가장 인지적으로 힘든 선택 중 하나이다.

4 One of the most essential decisions any of us can make is how we invest / control our time.

우리들 어느 누구든 내릴 수 있는 가장 필수적인 결정 중 하나는 시간을 어떻게 투자하느냐이다.

5 Explicit memories / directions are the tasks you have written down on your calendar or planner.

명시적 기억들은 여러분이 여러분의 달력이나 일정표에 적어 놓은 과업들이다.

B 우리말 의미에 맞게 다음 단어들을 알맞게 배열해서 문장을 완성하세요.   21638-0540

6 사람이 원하는 삶을 얻는 것은 간단하다. (wants / person / a / life / the)

Attaining _____ is simple.

7 이 과정을 빨라지게 하기 위해 여러분이 할 수 있는 것은 거의 없다. (There / is / you / little / do / can)

_____ to speed this process up.

8 창의력은 우리가 일반적으로 인간만이 유일하게 가지고 있다고 간주하는 능력이다. (we / usually / human / uniquely / consider)

Creativity is a skill _____.

9 성취는 목표처럼 여러분이 도달하거나 달성하는 어떤 것이다. (or / reach / attain / you)

Achievement is something _____, like a goal.

10 이 위험한 상황으로부터 벗어날 수 있는 내가 생각할 수 있는 방법은 없었다. (think / of / could / I)

There was no way _____ to get out of this risky situation.

CHAPTER 4

소유격 관계대명사

N (명사) ← whose N... (명사)

This is the book / whose title I didn't remember.
이것은 책이다 그것의 제목을 내가 기억하지 못했던

해석 Tip 소유격 관계대명사는 선행사의 소유를 나타낸다!

소유를 나타내는 whose!

소유격 관계대명사 whose는 '(선행사)의'라는 의미야. 선행사가 사람일 때는 whose를 쓰고, 사물일 때는 of which를 쓰거나 whose를 사용해.

선행사	주격	목적격	소유격
사람	who	who(m)	whose
사물 · 동물	which	which	of which/whose
사람 · 사물 · 동물	that	that	–

It was a meeting whose importance I did not comprehend.
그것은 그 중요성을 내가 이해하지 못한 회의였다.

위 문장에서 whose의 선행사는 a meeting이야. 그래서 whose는 '그 회의의'라고 해석을 하면 돼. 바로 뒤의 명사 importance와 의미를 연결하면 '그것의 중요성'이 되는 거야. 그리고 나서 나머지 부분을 해석하면 그 회의의 중요성을 내가 이해하지 못했다는 거지.

PRACTICE 다음 표현들을 해석해 볼까요?

1. **a woman** whose car was stolen 자동차를 도난당한 여성
2. **the dog** whose owner lives next door 주인이 옆집에 사는 개
3. **the little girl** whose doll was lost 인형을 잃어버린 소녀
4. **the house** whose roof is red 지붕이 빨간색인 집
5. **a girl** whose family doesn't like me 그녀의 가족이 나를 좋아하지 않는 소녀
6. **a boy** whose name I have forgotten 내가 이름을 잊어버린 소년
7. **the baby** whose smile is lovely 미소가 사랑스러운 아기
8. **a project** whose goal was huge 목표가 거창했던 프로젝트
9. **a problem** whose solution was hard to find 해결책을 찾기 어려웠던 문제
10. **a child** whose behavior is out of control 행동이 통제가 안 되는 아이

BASIC mission

정답과 해설 36쪽

Q 다음 문장을 소유격 관계대명사에 주의해서 해석하세요.

0481 But it was a profound moment, whose impact will always be with her. | 2015 고2 3월 |

▶ 그러나 그때는 뜻깊은 순간이었고, 그 영향은 그녀와 늘 함께 할 것이다. `21638-0541`

> **Tip** whose는 앞의 선행사를 찾아서 '~의'라고 해석을 해주면 돼. 여기서 선행사는 a profound moment야. 그래서 whose의 의미는 '그 뜻깊은 순간의' 이렇게 해석을 하면 돼.

0482 So a patient whose heart has stopped can no longer be regarded as dead. | 2018 고1 9월 |

▶ `21638-0542`

0483 The koala is the only known animal whose brain only fills half of its skull. | 2019 고2 3월 |

▶ `21638-0543`

0484 She was working for "The Hunger Project", whose goal was to bring an end to hunger around the world. | 2014 고1 9월 | `21638-0544`

▶

0485 Among the three platforms whose usage increased between the two years, cell phones showed the smallest increase. | 2015 고1 11월 | `21638-0545`

▶

0486 He was an economic historian whose work has centered on the study of business history and, in particular, administration. | 2015 고1 6월 | `21638-0546`

▶

0487 Kinzler and her team took a bunch of five-month-olds whose families only spoke English and showed the babies two videos. | 2020 고1 11월 | `21638-0547`

▶

0488 That is, the reader is the writer's "customer" and one whose business or approval is one we need to seek. | 2015 고3 9월 | `21638-0548`

▶

CHAPTER 4

---

481. profound 뜻깊은 impact 영향 **482.** regard 간주하다 **483.** skull 두개골 **484.** hunger 기아 **485.** usage 사용
486. center on ~에 집중하다 administration 경영, 관리, 운영 **487.** bunch (사람의) 무리, 떼
488. approval 인정 seek 추구하다

Ⓠ 다음 문장을 소유격 관계대명사에 주의해서 해석하세요.

0489 Tea, therefore, supplements the basic needs of the nomadic tribes, whose diet lacks vegetables. | 2016 고2 06월 | 21638-0549

▶ 그러므로, 차는 유목민들의 기본적인 필수 요소들을 보충하는데, 그들의 식단은 채소가 부족하다.

> **Tip** whose의 선행사는 the nomadic tribes야. 그래서 whose는 '그들의(유목민들의)'라고 해석을 해주면 돼. 뒤의 diet랑 연결을 하면 그 유목민들의 식단이라는 완전한 의미가 완성돼.

0490 This data is forwarded online to the manufacturer, whose production technologies ensure an exact fit. | 2015 고3 3월 | 21638-0550

▶

0491 When I climb into my car, I enter my destination into the GPS, whose spatial memory supplants my own. | 2015 고2 11월 | 21638-0551

▶

0492 A child whose behavior is out of control improves when clear limits on their behavior are set and enforced. | 2020 고2 6월 | 21638-0552

▶

0493 Obviously, self-esteem can be hurt when someone whose acceptance is important (like a parent or teacher) constantly puts you down. | 2013 고2 9월 | 21638-0553

▶

0494 Likewise, the person will tend to hold in esteem those whose conduct shows an abundance of the motivation required by the principle. | 2015 수능 | 21638-0554

▶

0495 An ambiguous term is one which has more than a single meaning and whose context does not clearly indicate which meaning is intended. | 2013 고2 11월 | 21638-0555

▶

0496 And people sometimes unintentionally model their inner voice after a critical parent or someone else whose opinion is important to them. | 2013 고2 9월 | 21638-0556

▶

---

489. supplement 보충하다 nomadic tribe 유목민 lack 부족하다   **490**. forward 전송하다 exact 정확한
491. spatial 공간의 supplant 대신하다   **492**. set 설정하다 enforce 시행하다   **493**. acceptance 인정 constantly 계속해서
494. hold in esteem 존경하다 conduct 행동 abundance 풍부함   **495**. ambiguous 모호한 context 문맥 indicate 보여주다
intended 의도된   **496**. unintentionally 의도치 않게 critical 비판적인

A 어법에 맞게 괄호 안에서 알맞은 것을 고르세요.   21638-0557

1 He was an economic historian who / whose work has centered on the study of business history and, in particular, administration.

그는 연구가 경영사 그리고 특히 관리 연구에 집중되어 온 경제사학자였다.

2 Kinzler and her team took a bunch of five-month-olds which / whose families only spoke English and showed the babies two videos.

Kinzler와 그녀의 팀은 가족들이 영어만을 말하는 한 무리의 5개월 된 아이들을 골라 두 개의 영상을 보여 주었다.

3 Tea, therefore, supplements the basic needs of the nomadic tribes, which / whose diet lacks vegetables.

그러므로, 차는 유목민들의 기본적인 필수 요소들을 보충하는데, 그들의 식단은 채소가 부족하다.

4 That is, the reader is the writer's "customer" and one which / whose business or approval is one we need to seek.

즉, 독자는 필자의 '고객'이며 그 고객의 관심사나 인정은 우리가 추구할 필요가 있는 것이다.

5 This data is forwarded online to the manufacturer, which / whose production technologies ensure an exact fit.

이 자료는 제조업자에게 온라인으로 전송되는데, 제조업자의 제조 기술이 몸에 꼭 들어맞게 보장해 준다.

CHAPTER 4

B 우리말 의미에 맞게 다음 단어들을 알맞게 배열해서 문장을 완성하세요.   21638-0558

6 그러나 그때는 뜻깊은 순간이었고, 그 영향은 그녀와 늘 함께 할 것이다. (with / will / be / always / whose / impact / her)

But it was a profound moment, _____.

7 그래서 심장이 멎은 환자는 더 이상 사망한 것으로 간주될 수 없다. (whose / heart / stopped / has)

So a patient _____ can no longer be regarded as dead.

8 코알라는 뇌가 겨우 두개골의 절반을 채운다고 알려진 유일한 동물이다. (half / brain / fills / whose / of / its / skull / only)

The koala is the only known animal _____.

9 그녀는 전 세계의 기아를 끝내는 것을 목표로 하는 'The Hunger Project'를 위해 일하는 중이었다. (bring / goal / to / was / whose)

She was working for "The Hunger Project", _____ an end to hunger around the world.

관계대명사 what

what... (관계대명사) = 명사 역할

You should know / what you want.
너는 알아야 한다   네가 원하는 것을

해석 Tip what 덩어리는 '~한 것'으로 해석!

what은 명사 덩어리!

what을 해석할 때는 2가지 해석이 있어. 1. 무엇 2. ~하는 것 둘 중에서 맥락상 적절한 것으로 해석을 하면 돼.
관계대명사 what은 '~하는 것'으로 해석해. what이 이끄는 덩어리는 문장에서 명사 덩어리가 되어 주어, 목적어,
보어, 전치사의 목적어 역할을 해.

1. 주어 역할

What I want to know is her name.
내가 알기를 원하는 것은 그녀의 이름이다.

2. 목적어 역할

I'll do what you want.
나는 네가 원하는 것을 할 것이다.

3. 보어 역할

That's what I was trying to say.
그것이 내가 말하려 노력했던 것이다.

4. 전치사의 목적어 역할

Thank you for what you did for us.
당신이 우리를 위해서 한 것에 대해서 감사합니다.

알.쓸.신.잡

영화 [Intern]에서 찾은 관계대명사 what이 들어간 대사를 해석해 보자. what 덩어리를 찾아서 '~하는 것'으로 해석하면
돼.

That's what people say about me.
그것이 사람들이 니에 대해서 말하는 것이야.
Let me see what I can do.
내가 할 수 있는 것을 알아볼게요.

Q 다음 문장을 관계대명사 what에 주의해서 해석하세요.

0497 What this tells us **is that words matter.** | 2014 고1 9월 | 21638-0559

▶ 이것이 우리에게 말해주는 것은 말이 중요하다는 것이다.

Tip what이 문장에서 보인다면 덩어리로 묶어야 해. what 덩어리가 이 문장에서 주어로 쓰이고 있어. 이걸 하나로 묶어야 정확하게 해석할 수 있어.

0498 What is needed is active engagement with children. | 2017 고1 11월 | 21638-0560

▶

0499 Curiosity is a way of adding value to what you see. | 2018 고1 6월 | 21638-0561

▶

0500 What you and your spouse need is quality time to talk. | 2015 고1 6월 | 21638-0562

▶

0501 What happened next was something that chilled my blood. | 2018 고1 6월 | 21638-0563

▶

0502 After more thought, he made what many considered an unbelievable decision.

▶ | 2016 고1 3월 | 21638-0564

0503 Give your whole focus to what you're doing at the moment no matter what it is.

▶ | 2015 고1 11월 | 21638-0565

0504 What is different today, though, is the speed and scope of these interactions.

▶ | 2015 고1 9월 | 21638-0566

CHAPTER **4**

---

497. matter 중요하다   **498.** active 적극적인 engagement 개입, 관여   **499.** curiosity 호기심   **500.** spouse 배우자
501. chill 서늘하게 하다   **502.** consider 여기다 unbelievable 믿을 수 없는   **503.** whole 온전한   **504.** scope 범위

Q 다음 문장을 관계대명사 what에 주의해서 해석하세요.

0505 What you have done there **is to create a form of electricity called static electricity.**

▶ 여러분이 거기서 한 것은 정전기라고 불리는 전기의 한 형태를 만든 것이다. | 2017 고1 9월 | 21638-0567

Tip what 덩어리가 문장에서 주어 역할을 하고 있지. '~하는 것'이라고 한 덩어리로 묶어서 해석하면 돼.

0506 Babies in the womb taste, remember, and form preferences for what Mom has been eating. | 2015 고1 11월 | 21638-0568

▶

0507 What you inherited and live with will become the inheritance of future generations.

▶ | 2015 고1 6월 | 21638-0569

0508 But what is unique is the quality of ideas that come out of the regular meetings.

▶ | 2018 고1 9월 | 21638-0570

0509 What happened was that the poster they were unable to keep was suddenly ranked as the most beautiful. | 2016 고1 6월 | 21638-0571

▶

0510 What kept all of these people going when things were going badly was their passion for their subject. | 2018 고1 3월 | 21638-0572

▶

0511 They are truly interested in what you are trying to achieve and support you in all of your goals and efforts. | 2016 고1 3월 | 21638-0573

▶

0512 When children turn four, they start to consider what other people are thinking.

▶ | 2015 고1 9월 | 21638-0574

---

505. form 형태 static electricity 정전기　**506.** womb 자궁 preference 선호　**507.** inherit 물려받다 inheritance 유산
508. unique 독특한　**509.** rank 순위 매기다　**510.** passion 열정 subject 주제
511. truly 진심으로 achieve 성취하다 support 지지하다 effort 노력　**512.** consider 고려하다

A 우리말 의미에 맞게 괄호 안에서 알맞은 것을 고르세요.   21638-0575

1 After more thought, he made what many considered an intelligent / unbelievable decision.

더 많이 생각한 후에 그는 많은 사람이 믿을 수 없다고 여기는 결정을 내렸다.

2 Give your whole livelihood / focus to what you're doing at the moment no matter what it is.

그것이 무엇이든 당신이 지금 하고 있는 일에 온전히 집중하라.

3 What is different today, though, is the speed and pattern / scope of these interactions.

하지만 오늘날 다른 것은 이러한 상호 작용의 속도와 범위이다.

4 When children turn four, they start to consider / accept what other people are thinking.

어린이가 네 살이 되면, 그들은 다른 사람들이 생각하고 있는 것을 고려하기 시작한다.

5 What you have done there is to create / waste a form of electricity called static electricity.

여러분이 거기서 한 것은 정전기라고 불리는 전기의 한 형태를 만든 것이다.

B 우리말 의미에 맞게 다음 단어들을 알맞게 배열해서 문장을 완성하세요.   21638-0576

6 이것이 우리에게 말해주는 것은 말이 중요하다는 것이다. (tells / us / What / this)

_____ is that words matter.

7 필요한 것은 자녀들에 대한 적극적인 관여이다. (needed / is / What)

_____ is active engagement with children.

8 호기심은 우리가 바라보는 것에 가치를 더하는 한 방법이다. (you / adding / what / see / to / value)

Curiosity is a way of _____ .

9 당신과 당신의 배우자가 필요로 하는 것은 대화를 나눌 수 있는 양질의 시간이다. (need / What / your / spouse / you / and)

_____ is quality time to talk.

10 다음에 일어난 일은 내 간담을 서늘하게 한 어떤 것이었다. (What / next / happened)

_____ was something that chilled my blood.

CODE 33 전치사 + 관계대명사

N (명사) ◁ 전치사+관계대명사…

It was the river / in which the children loved to swim.
그것은 강이었다 (그 강 속에서) 아이들이 수영하기를 좋아한

해석 Tip 선행사를 관계대명사 자리에 넣어서 해석!

 선행사를 관계대명사에 넣자!

〈전치사 + 관계대명사〉는 꽤 어려운 문법 포인트야. 문법 문제를 풀 때는 어렵지만, 해석을 할 때는 약간의 요령만 있으면 충분히 해석을 할 수 있어. 다음 문장을 아래 순서대로 해석해 보자.

They have their own gardens in which they can grow vegetables.
그들은 채소를 재배할 수 있는 그들 자신의 정원이 있다.

1. 선행사를 관계대명사에 넣자.

   선행사는 their own gardens이지. which에 집어넣자.

2. 전치사와 의미를 합치자.

   전치사 in과 합치면, in their own gardens(그들 자신의 정원에서)

3. 나머지 부분을 해석하자.

   in their own gardens / they can grow vegetables
   그들 자신의 정원에서 / 그들은 채소를 재배할 수 있었다

PRACTICE 다음 표현들을 해석해 볼까요?

1. the girl to whom Sam is talking   Sam이 이야기하고 있는 소녀
2. the person with whom he is negotiating   그가 협상을 하고 있는 사람
3. the people with whom he lived   그와 함께 살았던 사람들
4. the river in which the children used to swim   아이들이 수영하곤 했던 강
5. the jungle in which the tribe lived   그 부족이 살았던 정글

Q 다음 문장을 [전치사＋관계대명사]에 주의해서 해석하세요.

0513 All children need a safe space in which to grow and develop. | 2015 고2 11월 | 21638-0577

▶ 모든 아이들은 성장하고 발육할 안전한 공간을 필요로 한다.

Tip in which 이하가 a safe space를 수식하고 있는 문장이야. 다만, in which 다음에 주어인 children은 맥락상 당연해서 생략되면서 to동사로 압축이 되었어. 원래 문장은 in which they can grow and develop 정도였다고 보면 돼.

0514 The emotion itself is tied to the situation in which it originates. | 2016 고1 3월 | 21638-0578

▶

0515 I strongly believe that a home provides a canvas on which we can illustrate who we are. | 2015 고1 11월 | 21638-0579

▶

0516 Just think for a moment of all the people upon whom your participation in your class depends. | 2018 고1 3월 | 21638-0580

▶

0517 The land through which the proposed Pine Hill walking trail would cut is home to a variety of species. | 2020 고1 11월 | 21638-0581

▶

0518 This was to make library services available to people for whom evening was the only convenient time to visit. | 2015 고1 9월 | 21638-0582

▶

0519 The teacher wrote back a long reply in which he dealt with thirteen of the questions.

▶
| 2017 고1 3월 | 21638-0583

0520 All social interactions require some common ground upon which the involved parties can coordinate their behavior. | 2020 고2 9월 | 21638-0584

▶

---

513. space 공간 develop 성장하다   **514.** emotion 감정 tied 관련이 있는 originate 일어나다
515. provide 제공하다 illustrate 분명히 보여주다   **516.** depend upon ~에 의존하다
517. proposed 제안된 walking trail 산책로   **518.** convenient 편리한   **519.** reply 답장 deal with 다루다
520. require 필요로 하다, 요구하다 ground 기반 party 당사자 coordinate 조정하다

ADVANCED mission

정답과 해석 39쪽

Q 다음 문장을 [전치사＋관계대명사]에 주의해서 해석하세요.

0521 This effect has been demonstrated in politics, medicine, advertising, and all areas in which people make decisions. | 2015 고2 11월 |　21638-0585

▶ 이러한 효과는 정치, 의학, 광고 그리고 사람들이 결정을 내리는 모든 분야에서 입증되어 왔다.

Tip in which 다음에 이어지는 덩어리가 all areas를 수식하고 있어.

0522 On the other hand, Japanese tend to do little disclosing about themselves to others except to the few people with whom they are very close. | 2020 고1 3월 |　21638-0586

▶

0523 From its earliest beginnings in infancy, play is a way in which children learn about the world and their place in it. | 2020 고1 9월 |　21638-0587

▶

0524 These are just a few of the many ways in which insect bodies are structured and function completely differently from our own. | 2020 고2 11월 |　21638-0588

▶

0525 Most people would regard as unfair a market equilibrium in which some individuals are super-rich while others are dying of extreme poverty. | 2014 고2 9월 |　21638-0589

▶

0526 However, there is some evidence that early diet can at least change the circumstances in which children will seek out sweet and salty flavors. | 2015 고2 3월 |　21638-0590

▶

0527 Select clothing appropriate for the temperature and environmental conditions in which you will be doing exercise. | 2019 고1 3월 |　21638-0591

▶

0528 In his town, there was a tradition in which the leader of the town chose a day when James demonstrated his skills. | 2020 고1 11월 |　21638-0592

▶

---

521. effect 효과 politics 정치 advertising 광고 demonstrate 입증[실증]하다　**522**. disclose 공개하다, 밝히다　**523**. infancy 유아기
524. structure 구조화하다 function 기능하다　**525**. regard 간주하다 equilibrium 균형 상태 extreme 극도의
526. evidence 증거 diet 식단, 먹는 것 circumstance 상황 flavor 맛　**527**. environmental 환경의 condition 조건
528. demonstrate 보여 주다 skill 기술

148 수박구문

A 우리말 의미에 맞게 괄호 안에서 알맞은 것을 고르세요. `21638-0593`

1 This was to make library services available / unavailable to people for whom evening was the only convenient time to visit.

이것은 방문하기에 저녁 시간이 유일하게 편리한 사람들에게 도서관 서비스가 가능하도록 하기 위한 것이었다.

2 The teacher wrote back a long reply in which he dealt with / resolved thirteen of the questions.

교사는 그 질문들 중에서 13개를 다룬 긴 답장을 써서 보냈다.

3 All social interactions / interpretations require some common ground upon which the involved parties can coordinate their behavior.

모든 사회적 상호 작용은 관련된 당사자들이 그들의 행동을 조정할 수 있는 어떤 공통의 기반을 필요로 한다.

4 Select clothing appropriate / inappropriate for the temperature and environmental conditions in which you will be doing exercise.

여러분이 운동하게 될 기온과 환경 조건에 적절한 옷을 선택하라.

5 In his town, there was a tradition / taboo in which the leader of the town chose a day when James demonstrated his skills.

그의 마을에는 James가 자신의 기술을 보여 주는 날을 마을의 지도자가 선정하는 전통이 있었다.

B 우리말 의미에 맞게 다음 단어들을 알맞게 배열해서 문장을 완성하세요. `21638-0594`

6 모든 아이들은 자라나고 성장할 안전한 공간을 필요로 한다. (grow / to / in which / and / develop)

All children need a safe space _____.

7 그 감정 자체는 그것이 일어나는 상황과 관련이 있다. (originates / it / in which)

The emotion itself is tied to the situation _____.

8 나는 집이 우리가 어떤 사람인지 그 위에 분명히 보여줄 수 있는 캔버스를 제공해 준다고 굳게 믿는다. (we / can / who we are / on which / illustrate)

I strongly believe that a home provides a canvas _____.

9 여러분의 수업 참여를 좌우하는 모든 사람들을 잠시만 생각해 보라. (upon whom / your / depends / participation / class / your / in)

Just think for a moment of all the people _____.

CHAPTER
4

관계부사

N
(명사)

when/where/why/how...

This is the restaurant / where I met her.
여기는 식당이다   내가 그녀를 만난

[해석 Tip] 관계부사는 선행사를 수식!

관계부사는 4가지!

관계부사는 when, where, why, how의 4가지야. 해석할 때는 관계부사를 찾아 뒤에 이어지는 절을 파악하여 앞의 선행사를 수식하는 식으로 해석하면 돼. 선행사에 따라서 관계부사의 종류가 달라져.

1. when
선행사가 시간(the time, the year, the month, the day...)
Sunday is the day when I am least busy.
일요일은 내가 가장 덜 바쁜 날이다.

2. where
선행사가 장소(the place, the country, the city, the house...)
Sometimes I miss the town where I used to live.
때때로 나는 내가 살았던 마을을 그리워한다.

3. why
선행사가 이유(the reason)
That's the reason why I changed my mind.
그것이 내가 마음을 바꾼 이유이다.

4. how
선행사가 방법, 방식(the way)
I don't know how it happened.
나는 그 일이 일어난 방식을 모르겠다.

* 선행사 the way와 how 중 하나는 반드시 생략해야 해.

이것만은 꼭! 관계부사, 선행사 생략이 가능하다고?
특별한 의미를 갖지 않은 선행사와 관계부사가 쓰일 때는 선행사 또는 관계부사 중 하나를 생략할 수 있어.

I don't remember (the day) when we first met.
= I don't remember the day (when) we first met.
나는 우리가 처음 만난 날을 기억하지 못해.

Q 다음 문장을 관계부사에 주의해서 해석하세요.

0529 Memories of how we interacted seem funny to me today. | 2018 고1 9월 | `21638-0595`

▶ 우리가 소통했던 방식에 대한 기억들이 오늘 나에게는 우스워 보인다.

Tip 관계부사 how는 the way랑 함께 쓸 수가 없어서 선행사가 생략된 문장이야. how를 '～한 방식'이라고 해석을 하면 돼.

0530 The reason it looks that way is that the sun is on fire. | 2016 고1 3월 | `21638-0596`

▶

0531 This is why trying to stop an unwanted habit can be an extremely frustrating task.

▶ | 2018 고1 9월 | `21638-0597`

0532 One way that music could express emotion is simply through a learned association.

▶ | 2020 고1 9월 | `21638-0598`

0533 The way we communicate influences our ability to build strong and healthy communities. | 2018 고1 11월 | `21638-0599`

▶

0534 But there are situations where that compassion — even for ourselves — might cause problems. | 2014 고1 9월 | `21638-0600`

▶

0535 Events where we can watch people perform or play music attract many people to stay and watch. | 2017 고1 3월 | `21638-0601`

▶

0536 Or consider rival holiday parties where people compete to see who will attend *their* party. | 2020 고1 9월 | `21638-0602`

▶

CHAPTER **4**

---

529. funny 우스운   **530.** reason 이유   **531.** unwanted 원하지 않는 habit 습관 frustrating 좌절감을 주는
532. express 표현하다 learned 학습된 association 연관   **533.** influence 영향을 미치다   **534.** compassion 동정
535. attract 끌어들이다   **536.** compete 경쟁하다 attend 참석하다

Q 다음 문장을 관계부사에 주의해서 해석하세요.

0537 Here was a case where my client's language and most of his body revealed nothing but positive feelings. | 2020 고1 6월 | 21638-0603

▶ 내 의뢰인의 언어와 그의 몸의 대부분은 긍정적인 감정만을 드러내는 경우가 여기에 있었다.

> **Tip** 관계부사 where 이하가 선행사 a case를 수식하고 있어. 관계부사 where의 선행사는 반드시 장소가 아니더라도 공간이 느껴지는 명사라면 어느 것이나 사용할 수 있어.

0538 There are times when you feel generous but there are other times when you just don't want to be bothered. | 2019 고1 6월 | 21638-0604

▶

0539 The culture that we inhabit shapes how we think, feel, and act in the most pervasive ways. | 2019 고1 9월 | 21638-0605

▶

0540 Responsibility is when one takes on a task or burden and accepts the associated consequences. | 2015 고1 11월 | 21638-0606

▶

0541 However, we live in a society where gender roles and boundaries are not as strict as in prior generations. | 2020 고1 9월 | 21638-0607

▶

0542 One of the reasons I've collected a large library of books over the years is because books are a great go-to resource. | 2014 고1 11월 | 21638-0608

▶

0543 In other words, we are looking for a diversified team where members complement one another. | 2019 고1 3월 | 21638-0609

▶

0544 But there will be times in your life when there is no one around to stand up and cheer you on. | 2016 고1 3월 | 21638-0610

▶

---

537. client 의뢰인 reveal 드러내다   **538**. generous 관대한 bother 방해하다   **539**. inhabit 살다 shape 형성하다 pervasive 널리 퍼져 있는, 만연한   **540**. responsibility 책임 take on ~을 떠맡다 burden 부담   **541**. strict 엄격한 prior 이전의
542. collect 모으다 go-to 기댈 수 있는, 도움을 청할 수 있는   **543**. diversified 다양화된 complement 보완하다
544. cheer on ~을 응원하다

A 어법에 맞게 괄호 안에서 알맞은 것을 고르세요. `21638-0611`

1 But there are situations what / where that compassion — even for ourselves — might cause problems.

하지만 심지어 우리 자신에게조차도 그 동정이 문제를 야기할지도 모르는 상황이 있다.

2 Events why / where we can watch people perform or play music attract many people to stay and watch.

사람들이 공연을 하거나 음악을 연주하는 것을 볼 수 있는 행사는 많은 사람들을 끌어들여 머무르면서 구경하게 한다.

3 Or consider rival holiday parties which / where people compete to see who will attend *their* party.

또는 누가 '자신들의' 파티에 참석할 것인지를 알아보기 위해 경쟁하는 라이벌 관계의 휴일 파티를 생각해 보라.

4 In other words, we are looking for a diversified team how / where members complement one another.

달리 말하자면, 우리는 구성원들이 서로를 보완해 주는 다양화된 팀을 찾고 있다.

5 But there will be times in your life how / when there is no one around to stand up and cheer you on.

하지만 여러분의 인생에서 일어나 여러분을 응원할 사람이 주변에 아무도 없는 때가 있을 것이다.

B 우리말 의미에 맞게 다음 단어들을 알맞게 배열해서 문장을 완성하세요. `21638-0612`

6 우리가 소통했던 방식에 대한 기억들이 오늘 나에게는 우스워 보인다. (funny / seem / we / interacted / how)

Memories of _____ to me today.

7 태양이 그렇게 보이는 이유는 그것이 불타고 있기 때문이다. (reason / The / looks / that / way / it)

_____ is that the sun is on fire.

8 이러한 이유로 원하지 않는 습관을 멈추려 노력하는 것은 매우 좌절감을 주는 일이 될 수 있다. (is / why / to / trying / This / stop)

_____ an unwanted habit can be an extremely frustrating task.

9 음악이 감정을 표현할 수 있는 한 방법은 단지 학습된 연관을 통해서이다. (emotion / way / music / express / One / could / that)

_____ is simply through a learned association.

CODE 35 계속적 용법

, which/who(m)/when/where...

He passed the test, / which was surprising.
그는 시험에 합격했다   그것은 놀라웠다

해석 Tip 계속적 용법은 내용을 추가로 전달하는 거야!

콤마를 찍으면 계속적 용법!

관계사 앞에 콤마(,)를 찍으면, 계속적 용법에 해당돼. 콤마를 찍으면 선행사에 대한 추가 정보를 전달해. 다소 격식적인 상황에서 주로 사용하는 용법이야. 특히, which는 앞 문장의 일부 또는 전체까지도 선행사로 취하기 때문에 해석에 주의해야 해.

I met an old friend of mine, who didn't recognize me.
나는 옛 친구 중의 한 명을 만났는데, 그는 나를 알아보지 못했다.

We saw a fancy car, which was parked here.
우리는 멋진 차를 보았는데, 그것은 여기에 주차되어 있었다.

He loved a woman, who lived next door to him.
그는 한 여성을 사랑했는데, 그녀는 그의 옆집에 살았다.

관계부사 when, where도 계속적 용법으로 쓸 수 있어. 콤마 다음에 이어지는 내용은 앞에서 말한 시간, 장소에 대한 부가적인 정보를 전달해. how, why는 계속적 용법으로 사용하지 않는다는 점도 더불어 기억하자.

I can remember my ninth birthday, when I was alone in my room.
나는 내 9번째 생일을 기억하는데, 그날 나는 혼자 내 방에 있었다.

Writing is my pleasure and the play, where I find myself again and again.
글쓰기는 나의 기쁨이고 놀이인데, 그곳에서 나는 내 자신을 반복적으로 발견한다.

관계대명사 that, what은 콤마를 찍고 사용하는 계속적 용법으로는 사용하지 않는다는 점도 알아 두자.

I found the article, that I had been looking for. (**X**)
I found the article, which I had been looking for. (○)

이것만은 **꼭!** 관계사 앞에 each of, some of와 같은 (대)명사가 붙어 있다면, 선행사의 의미를 관계사에 집어 넣고, 앞의 말들과 연결해서 해석하자.

each of which ~의 각각	**some of which** ~의 몇몇
none of which ~은 아니다	**most of whom** ~의 대부분

BASIC mission

정답과 해석 41쪽

Q 다음 문장을 계속적 용법에 주의해서 해석하세요.

0545 Linda, who sat next to her, passed the sheet without signing it. | 2015 고1 6월 | `21638-0613`

▶ 그녀 옆에 앉아 있었던 Linda는 그 서류에 서명을 하지 않고 그것을 넘겼다.

Tip 콤마를 찍고 who를 사용하면서 선행사인 Linda에 대해서 추가 설명을 하고 있어.

0546 Written language is more complex, which makes it more work to read. | 2018 고1 6월 |

▶ `21638-0614`

0547 But we live in an in-between universe, where things change, but according to rules.

▶ | 2017 고1 6월 | `21638-0615`

0548 Germany, which spent 20 billion dollars less than the USA, took third place. | 2016 고1 3월 |

▶ `21638-0616`

0549 He projected the colors back into the prism, which resulted in pure white light.

▶ | 2014 고1 11월 | `21638-0617`

0550 We cannot predict the outcomes of sporting contests, which vary from week to week.

▶ | 2018 고1 11월 | `21638-0618`

0551 A career as a historian is a rare job, which is probably why you have never met one.

▶ | 2017 고1 9월 | `21638-0619`

0552 That same shelf is now filled with healthy snacks, which makes good decisions easy.

▶ | 2020 고1 6월 | `21638-0620`

CHAPTER **4**

---

545. pass 넘기다 sign 서명하다   **546.** complex 복잡한   **547.** in-between 중간의
548. spend 소비하다 take (순위를) 차지하다   **549.** project 투사시키다 pure 순수한
550. predict 예측하다 outcome 결과 vary 달라지다   **551.** career 직업   **552.** shelf 선반

Q 다음 문장을 계속적 용법에 주의해서 해석하세요.

0553 But the use of renewable sources also comes with its own consequences, which require consideration. | 2020 고1 11월 | `21638-0621`

▶ 그러나 재생 가능한 자원의 이용 또한 그 자체의 결과가 수반되는데, 이는 고려할 필요가 있다.

> **Tip** 콤마를 찍고 which가 보이면 선행사를 생각해 봐야 해. which는 앞 문장의 한 단어부터 문장 전체까지 선행사로 취할 수 있어. 해석을 해 보고 적절한 선행사의 범위를 잡아야 해.

0554 Korowai families have their own gardens nearby, in which they cultivate sweet potatoes and vegetables. | 2014 고1 11월 | `21638-0622`

▶

0555 Knowledge relies on judgements, which you discover and polish in conversation with other people or with yourself. | 2019 고1 11월 | `21638-0623`

▶

0556 You've written to our company complaining that your toaster, which you bought only three weeks earlier, doesn't work. | 2020 고1 3월 | `21638-0624`

▶

0557 Globalization has resulted in a global brain drain, which refers to the situation in which countries lose their best educated workers. | 2014 고1 11월 | `21638-0625`

▶

0558 Artificial light, which typically contains only a few wavelengths of light, does not seem to have the same effect on mood that sunlight has. | 2019 고1 6월 | `21638-0626`

▶

0559 These medicines are called "antibiotics," which means "against the life of bacteria."
▶ | 2019 고1 9월 | `21638-0627`

0560 Experiencing physical warmth promotes interpersonal warmth, which happens in an automatic way. | 2018 고1 6월 | `21638-0628`

▶

---

553. renewable 재생 가능한 source 자원 consideration 고려   **554**. nearby 가까이에 cultivate 재배하다
555. judgement 판단 discover 발견하다 polish 다듬다   **556**. complain 불평하다   **557**. brain drain 두뇌 유출 refer to ~을
일컫다 educated 교육받은   **558**. artificial 인공의 typically 보통 contain ~이 있다 wavelength 파장 mood 분위기
559. antibiotic 항생 물질   **560**. promote 증진시키다 interpersonal 대인 관계에 관련된 automatic 자동적인

A 어법에 맞게 괄호 안에서 알맞은 것을 고르세요.

`21638-0629`

1 Linda, who / which sat next to her, passed the sheet without signing it.

그녀 옆에 앉아 있었던 Linda는 그 서류에 서명을 하지 않고 그것을 넘겼다.

2 A career as a historian is a rare job, what / which is probably why you have never met one.

역사가로서의 직업은 드문 직업이고, 이것이 아마 여러분이 그런 사람을 만나본 적이 없는 이유일 것이다.

3 That same shelf is now filled with healthy snacks, whose / which makes good decisions easy.

그 동일한 선반은 이제 건강에 좋은 간식으로 가득 차 있어, 좋은 결정을 내리기 쉽게 해준다.

4 These medicines are called "antibiotics," that / which means "against the life of bacteria."

이런 약들은 "항생 물질"이라고 불리는데, 이는 "박테리아의 생명에 대항하는"이라는 의미이다.

5 Korowai families have their own gardens nearby, which / in which they cultivate sweet potatoes and vegetables.

Korowai 족 가정은 가까이에 그들 자신의 뜰을 가지고 있는데, 그곳에 고구마와 채소를 재배한다.

B 우리말 의미에 맞게 다음 단어들을 알맞게 배열해서 문장을 완성하세요.

`21638-0630`

6 문자 언어는 더 복잡한데 그로 인해 읽는 것이 더 힘든 일이 된다. (makes / to / which / work / read / it / more)

Written language is more complex, _____.

7 그러나 우리는 현상들이 변하지만, 법칙에 따라 변하는, 그 중간의 우주에 살고 있다. (things / change, / but / to / rules / according / where)

But we live in an in-between universe, _____.

8 미국보다 200억 달러 더 적게 돈을 소비한 독일은 3위를 차지했다. (spent / 20 / dollars / which / billion)

Germany, _____ less than the USA, took third place.

9 그는 색깔들을 다시 프리즘으로 투사시켰고, 그 결과 순수한 백색광이 나왔다. (resulted / pure / which / light / white / in)

He projected the colors back into the prism, _____.

36 복합관계사

who(m)ever/whatever+불완전한 문장
whenever/wherever+완전한 문장

Whoever comes first / takes it all.
누구라도 제일 먼저 오는 사람이 　　그것을 모두 갖는다

해석 Tip 복합관계사는 종류에 따라서 문장에서 명사 또는 부사의 역할!

-ever가 붙는 복합관계사!

복합관계사는 복합관계대명사와 복합관계부사를 합친 말이야. 복합관계대명사인 whoever, whichever, whatever는 명사절, 부사절의 2가지 해석을 가지고 있으니까 문장에 따라서 정확하게 해석하자.

1. whoever
명사절: ～하는 사람이면 누구든지
Whoever wins the race **will get the prize.** 경주에서 이기는 사람이면 누구든지 그 상을 받을 것이다.
부사절: 누가 ～하더라도 (= no matter who)
Whoever he is, **she will hate him.** 그가 어떤 사람이든, 그녀는 그를 싫어할 것이다.

2. whichever/whatever
명사절: ～하는 것이면 무엇이든
You can do whatever you like. 너는 네가 좋아하는 것이라면 무엇이든 할 수 있다.
부사절: 어떤 것이(을) ～라도 (= no matter which/what)
Whatever he says, **don't believe him.** 그가 어떤 말을 하더라도, 그를 믿지 마라.

3. whenever (=no matter when)
부사절: ～할 때는 언제나, 언제 ～하더라도
You may leave whenever you wish. 네가 원하는 때면 언제든지 너는 떠나도 된다.

4. wherever (=no matter where)
부사절: (～하는 곳은) 어디든지
You can sit wherever you like. 네가 좋아하는 곳은 어디든지 앉을 수 있다.

5. however (=no matter how): 어떤 방법으로 ～해도
however+형용사/부사: 아무리 ～해도
However you do it, **the result will be the same.** 네가 어떻게 그것을 해도, 결과는 같을 거야.
However cold it is, **he goes fishing.** 아무리 춥다 하더라도, 그는 낚시를 간다.

* whatever, whichever은 복합관계형용사로서 형용사 역할을 하면서 명사를 수식할 수 있어.
You can check out whatever book you want from the library.
너는 도서관에서 네가 원하는 무슨 책이라도 대출받을 수 있어.

Q 다음 문장을 복합관계사에 주의해서 해석하세요.

0561 We can contact people instantly, wherever they are. | 2015 고1 6월 | `21638-0631`

▶ 우리는 사람들이 어디에 있든지 그들과 즉각 연락할 수 있다.

Tip 복합관계부사는 부사 역할을 해. wherever they are은 '그들이 어디 있든지 간에' 정도로 해석을 하면 돼.

0562 Whatever their rank, possessors control the food flow. | 2020 고1 9월 | `21638-0632`

▶

0563 Whenever you say what you can't do, say what you can do. | 2019 고1 6월 | `21638-0633`

▶

0564 Wherever you go on this globe, you can get along with English. | 2015 고1 6월 | `21638-0634`

▶

0565 Openness is important no matter what your business or venture. | 2013 고2 9월 | `21638-0635`

▶

0566 Whenever I use this machine, my coffee does not get hot enough. | 2019 고2 6월 | `21638-0636`

▶

0567 Whenever the monkey gave the coin back to Chen, he got the treat. | 2015 고2 6월 | `21638-0637`

▶

0568 The monkey would exchange his coins for whichever food he preferred. | 2015 고2 6월 |

▶   `21638-0638`

CHAPTER
4

---

561. contact 연락하다 instantly 즉각   **562.** rank 서열 possessor 소유자 flow 흐름   **563.** whenever ~할 때마다
564. globe 지구   **565.** openness 개방성   **566.** machine 기계   **567.** treat 특별한 맛있는 것   **568.** prefer 선호하다

Q 다음 문장을 복합관계사에 주의해서 해석하세요.

0569 Whatever happens — good or bad — the proper attitude makes the difference.

▶ 좋든 나쁘든 무슨 일이 일어나더라도 적절한 태도는 차이를 가져온다. | 2019 고2 11월 | 21638-0639

Tip 복합관계대명사는 명사, 부사의 2가지 역할을 할 수 있기 때문에 우선 무슨 역할로 쓰였는지를 확인해야 해. 이 문장에서는 부사절로 쓰였기 때문에 '무슨 일이 일어나더라도' 정도로 해석하면 돼.

0570 Whatever technique is used, the students must know that you care about them.

▶ | 2020 고1 3월 | 21638-0640

0571 Whenever someone stops to listen to you, an element of unspoken trust exists.

▶ | 2019 고2 11월 | 21638-0641

0572 Whenever she felt down, her mom encouraged her by saying that working hard and never giving up is more important. | 2017 고1 11월 | 21638-0642

▶

0573 No matter what anyone asks of you, no matter how much of an inconvenience it poses for you, you do what they request. | 2019 고1 11월 | 21638-0643

▶

0574 No matter how little you have, no matter how loaded you are with problems, even without money or a place to sleep, you can give help. | 2019 고1 6월 | 21638-0644

▶

0575 No matter what you can afford, save great wine for special occasions. | 2018 고1 6월 |

▶   21638-0645

0576 They live off whatever nature provides in their immediate surroundings. | 2014 고1 11월 |

▶   21638-0646

---

569. proper 적절한 attitude 태도   **570.** technique 기법, 기술   **571.** element 소량, 약간 unspoken 무언의
572. encourage 격려하다 give up 포기하다   **573.** inconvenience 불편함 pose 주다, 제공하다 request 요구하다
574. loaded 가득한   **575.** afford (~할) 금전적, 시간적) 여유가 되다 occasion 경우
576. provide 제공하다 surroundings 환경

A 어법에 맞게 괄호 안에서 알맞은 것을 고르세요. `21638-0647`

1 Whenever / Whatever I use this machine, my coffee does not get hot enough.

내가 이 기계를 사용할 때마다 커피가 충분히 뜨거워지지 않는다.

2 Whatever / Whenever the monkey gave the coin back to Chen, he got the treat.

원숭이가 동전을 Chen에게 돌려줄 때마다 원숭이는 특별한 맛있는 먹이를 얻었다.

3 The monkey would exchange his coins for whoever / whichever food he preferred.

원숭이는 어떤 것이든 자신이 선호하는 먹이와 동전을 교환하고 했다.

4 No matter how / what you can afford, save great wine for special occasions.

여러분이 무엇을 살 여유가 있든 간에 특별한 경우를 위해 훌륭한 와인을 남겨 두라.

5 They live off however / whatever nature provides in their immediate surroundings.

그들은 바로 인접한 주변 환경에서 자연이 무엇을 제공하든 그것에 의존하여 살아간다.

B 우리말 의미에 맞게 다음 단어들을 알맞게 배열해서 문장을 완성하세요. `21638-0648`

6 우리는 사람들이 어디에 있든지 그들과 즉각 연락할 수 있다. (wherever / are / they)

We can contact people instantly, _____.

7 그들의 서열이 무엇이든 간에, 먹이 소유자가 먹이의 흐름을 제어한다. (rank / their / Whatever)

_____, possessors control the food flow.

8 여러분이 할 수 없는 것을 말할 때마다, 여러분이 할 수 있는 것을 말하라. (Whenever / say / you)

_____ what you can't do, say what you can do.

9 여러분이 이 지구상 어디를 가든지, 영어로 살아갈 수 있다. (Wherever / globe / on / this / go / you)

_____, you can get along with English.

10 여러분의 사업 혹은 벤처 사업이 무엇이든지 간에 개방성이 중요하다. (what / or / your / no / venture / matter / business)

Openness is important _____.

명사절 – that

that S+V = ~한 것
(접속사)

He knew / that he was wrong.
그는 알았다   자기가 틀렸다는 것을

해석 Tip that 덩어리는 '~한 것'으로 해석!

명사 역할을 하는 덩어리를 찾아라!

일단 단어, 구, 절의 개념을 익히자. 영어에서 단어는 우리말에서처럼, 독립적으로 쓸 수 있는, 기본이 되는 한 덩어리를 말해. 구는 2개 이상의 단어들이 모여서 하나의 의미 덩어리를 만든 거야. 단, 구에는 주어-동사 관계가 없어. 절은 2개 이상의 단어들이 모여서 하나의 덩어리를 만들었는데 그 덩어리 안에 주어-동사 관계가 있는 거야.

명사절이라는 것은 그 덩어리가 주어-동사 관계가 있으면서, 문장 안에서는 그 덩어리가 명사처럼 쓰이는 것을 말해. 쉽게 생각하면 커다란 명사 덩어리라고 생각하면 돼.

명사절의 종류	접속사 that절 : ~한 것(사실)	I know that she is pretty. 나는 그녀가 예쁘다는 것을 안다.
	whether/if 절 : ~인지 아닌지	I don't know if(whether) he will come. 나는 그가 올지 안 올지 모르겠다.
	관계대명사 what절 : ~한 것	I remember what you did to me. 나는 네가 나에게 했던 것을 기억한다.
	의문사절 : 의문사의 의미에 맞게 해석	She doesn't know what she should do. 그녀는 자기가 무엇을 해야 하는지를 모른다.
	복합관계대명사절 : ~라면 누구든지 / 뭐든지	Whoever comes first will win the prize. 누구든지 먼저 오는 사람이 상을 탈 것이다.

that이 이끄는 명사절은 '~하는 것'이라고 해석을 해. 문장에서 주어, 목적어, 보어 역할을 해.

1. 주어 역할

That you don't believe me is a great pity.
네가 나를 믿지 않는 것은 대단히 유감이다.

2. 보어 역할

The fact is that he lied to her.
사실은 그가 그녀에게 거짓말했다는 것이다.

3. 목적어 역할

that 절이 목적어 역할을 할 때는 that을 생략 가능

I think (that) she will eat dinner with him.
나는 그녀가 그와 함께 저녁을 먹을 것이라고 생각한다.

BASIC mission

정답과 해석 43쪽

Q 다음 문장을 명사절에 주의해서 해석하세요.

0577 They might ensure the conclusion is positive and benefits the drug company. | 2020 고1 6월 |

▶ 그들은 그 결론이 긍정적이고 제약 회사에 이익을 주도록 보장할지도 모른다. `21638-0649`

> **Tip** 이 문장에서는 ensure 다음에 that이 생략되었어. 목적어를 이끄는 접속사 that은 생략되는 경우가 많아.

0578 We all know that tempers are one of the first things lost in many arguments. | 2020 고1 3월 |

▶ `21638-0650`

0579 Others see that one restaurant is empty and the other has eight people in it. | 2019 고1 6월 |

▶ `21638-0651`

0580 They don't feel they have to support their opinions with any kind of evidence. | 2016 고1 6월 |

▶ `21638-0652`

0581 It seems that you had better walk to the shop to improve your health. | 2019 고1 6월 |

▶ `21638-0653`

0582 The reality is that most people will never have enough education in their lifetime.

▶ | 2020 고1 3월 | `21638-0654`

0583 In a new study, researchers found that using smiley faces makes you look incompetent. | 2018 고1 9월 | `21638-0655`

▶

0584 Some people believe that the social sciences are falling behind the natural sciences.

▶ | 2018 고1 11월 | `21638-0656`

CHAPTER **4**

---

577. ensure 보장하다 conclusion 결론 drug company 제약 회사 **578.** temper 침착함, 냉정, 평정 **579.** empty 비어있는
580. support 뒷받침하다 opinion 의견 evidence 증거 **581.** improve 향상시키다
582. reality 실상 education 교육 **583.** incompetent 무능력한 **584.** fall behind 뒤처지다

Q 다음 문장을 명사절에 주의해서 해석하세요.

0585 Experts suggest that young people stop wasting their money on unnecessary things and start saving it. | 2018 고1 3월 |
21638-0657

▶ 전문가들은 젊은 사람들이 불필요한 것에 돈을 낭비하는 것을 중단하고 저축을 시작해야 한다고 권한다.

Tip 동사 suggest에 대한 목적어로 that 절이 쓰였어. that 다음의 문장 전체가 목적어가 되는 거야.

0586 The problem with moving too quickly, however, is that it has a harmful impact on the creative process. | 2017 고1 6월 |
21638-0658

▶

0587 Even great scientists have reported that their creative breakthroughs came at a time of mental quietude. | 2019 고1 6월 |
21638-0659

▶

0588 Most adults think they know their exact foot size, so they don't measure their feet when buying new shoes. | 2016 고1 6월 |
21638-0660

▶

0589 These educators argue that children have become used to the sounds of the TV, video games, and loud music. | 2020 고1 3월 |
21638-0661

▶

0590 A study found that in the course of a workday, stress levels decreased for workers who brought in their dogs. | 2014 고1 11월 |
21638-0662

▶

0591 Recent research suggests that evolving humans' relationship with dogs changed the structure of both species' brains. | 2020 고1 11월 |
21638-0663

▶

0592 These findings illustrate that mere contact experiences of physical warmth activate feelings of interpersonal warmth. | 2018 고1 6월 |
21638-0664

▶

---

585. expert 전문가 unnecessary 불필요한 **586.** harmful 해로운 **587.** breakthrough (과학 등의) 큰 발전, 약진 quietude 정적
588. measure 재다, 측정하다 **589.** educator 교육자, 교육 전문가 **590.** decrease 감소하다
591. evolve 진화하다 structure 구조 **592.** illustrate 보여주다 activate 활성화하다

A 우리말 의미에 맞게 괄호 안에서 알맞은 것을 고르세요. 21638-0665

1 Experts suggest that young people [keep / stop] wasting their money on unnecessary things and start saving it.

전문가들은 젊은 사람들이 불필요한 것에 돈을 낭비하는 것을 중단하고 저축을 시작해야 한다고 권한다.

2 The problem with moving too quickly, however, is that it has a [beneficial / harmful] impact on the creative process.

그러나 지나치게 급한 행동의 문제점은 그것이 창의적 과정에 해로운 영향을 미친다는 것이다.

3 Even great scientists have [denied / reported] that their creative breakthroughs came at a time of mental quietude.

심지어 위대한 과학자들조차도 그들의 창의적인 큰 발전이 마음의 정적의 시간에 생겨났다고 보고했다.

4 Most adults think they know their [exact / approximate] foot size, so they don't measure their feet when buying new shoes.

대부분의 성인들은 자신의 정확한 발 크기를 알고 있다고 생각해서, 새 신발을 살 때 자신의 발 크기를 재지 않는다.

5 These educators [argue / confirm] that children have become used to the sounds of the TV, video games, and loud music.

이 교육 전문가들은 아이들이 TV, 비디오 게임, 그리고 시끄러운 음악 소리에 익숙해졌다고 주장한다.

B 우리말 의미에 맞게 다음 단어들을 알맞게 배열해서 문장을 완성하세요. 21638-0666

6 그들은 그 결론이 긍정적이고 제약 회사에 이익을 주도록 보장할지도 모른다. (benefits / positive / conclusion / the / company / is / and / drug / the)

They might ensure _____.

7 많은 논쟁에서 가장 먼저 잃게 되는 것 중의 하나가 침착함이라는 것을 우리 모두 안다. (the / tempers / one / first / of / things / are)

We all know that _____ lost in many arguments.

8 다른 사람들은 한 식당은 비어 있고 다른 식당은 여덟 명이 있는 것을 보게 된다. (one / restaurant / empty / is)

Others see that _____ and the other has eight people in it.

9 그들은 자신의 의견을 어떤 종류의 증거로도 뒷받침할 필요는 없다고 느낀다. (their / they / support / opinions / have / to)

They don't feel _____ with any kind of evidence.

CHAPTER 4

38 명사절 – if / whether

if/whether S+V = ～인지 (아닌지)
(접속사)

He asked me / whether I was tired.
그는 나에게 물었다   내가 지쳤는지를

해석 Tip if/whether 덩어리는 '～인지 (아닌지)'로 해석!

 ## if / whether는 '～인지 (아닌지)'!

if/whether가 이끄는 명사절은 that이 이끄는 명사절처럼 문장에서 주어, 목적어, 보어의 역할을 해. 다만, 의미가 '～인지 (아닌지)'이기 때문에 that이랑은 의미가 다르지. 특히 if는 여기서는 '만약 ～이라면'의 의미가 아니라는 점에 주목하자.

1. 주어 역할

주어 역할을 할 때에는 if를 쓸 수 없어.

Whether the fact is true is my concern.
그 사실이 진실인지가 나의 관심사이다.

2. 보어 역할

The problem is whether(if) this book positively affects teens.
문제는 이 책이 긍정적으로 십 대에 영향을 미칠지이다.

3. 목적어 역할

We want to know whether(if) they will come back safely.
우리는 그들이 안전하게 돌아올지 알고 싶다.

〈whether + to V〉의 형태도 가능해. whether 다음에 오는 문장에서 주어가 특별한 중요성이 없을 때 생략하면서 동사 부분을 〈to V〉형태로 압축한 거야.

I can't decide whether to go to the library or stay home.
나는 도서관에 갈지 집에 머무를지를 결정할 수 없어.

whether는 부사절 역할도 가능하기 때문에 해석에 주의해야 해.

Whether you do it alone or with others, I don't care.
네가 그것을 혼자 하든 다른 사람과 함께 하든, 나는 상관없다.

알.쓸.신.잡

1962년을 배경으로 흑인천재 뮤지션과 백인 보디가드의 이야기를 다룬 영화 [*Green Book*]에서 whether 표현을 찾아보자. 이 작품은 91회 아카데미 시상식에서 작품상을 받기도 했어. 참고로 92회 작품상은 우리나라 봉준호 감독님의 [기생충]이 수상했어.

They didn't have a choice whether to be inside or out.
그들은 안에 있을지 밖에 있을지의 선택권이 없었어.

Q 다음 문장을 명사절에 주의해서 해석하세요.

0593 Next, he asked if he could have Toby's shirt. | 2019 고1 3월 |　21638-0667

▶ 그 다음에 그는 자신이 Toby의 셔츠를 가질 수 있는지 물었다.

Tip if 덩어리가 ask의 목적어 역할을 하고 있어. 이 때는 '만약'이 아니라 '~인지 (아닌지)'로 해석을 해야 한다는 점에 주의하자.

0594 I was surprised and asked if she had ever done that. | 2015 고1 3월 |　21638-0668

▶

0595 He didn't even have time to figure out if he was alive or dead. | 2019 고2 09월 |　21638-0669

▶

0596 Today, I'm not sure if I know more than four phone numbers by heart. | 2015 고2 11월 |

21638-0670

▶

0597 Please reconsider whether the proposed trail is absolutely necessary. | 2020 고1 11월 |

21638-0671

▶

0598 But Amy wondered if Mina chose her because she had felt sorry for the new kid.

| 2018 고1 6월 |　21638-0672

▶

0599 For example, you may not care about whether you start your new job in June or July.

| 2017 고1 3월 |　21638-0673

▶

0600 The man even asked if he could do anything to make my son more relaxed during the test. | 2012 고2 03월 |　21638-0674

▶

---

594. surprise 놀라게 하다　**595.** figure out ~을 알아내다　**596.** know by heart 외우다
597. reconsider 재고하다　proposed 제안된　trail 오솔길　**598.** wonder 궁금해하다　**599.** care about ~에 대해 신경쓰다
600. relaxed 편안한

Q 다음 문장을 명사절에 주의해서 해석하세요.

0601 Some people may feel uncomfortable and might silently wonder whether to get involved. | 2016 고2 3월 | 21638-0675

▶ 몇몇 사람들은 불편하게 느꼈을 것이고, 관여해야 할 것인지에 대해 조용히 궁금해 했을지도 모른다.

Tip whether 다음에는 주어, 동사의 문장을 써야 해. 하지만 문장의 주어가 뻔히 파악이 가능하고 큰 의미가 없을 때에는 생략하고 to 부정사로 압축해서 쓰는 경우가 있어.

0602 Whether a woman was a slave or came from a wealthier class made a great deal of difference. | 2013 고2 6월 | 21638-0676

▶

0603 Whether the money spent on safety is seen as a wise decision or not will depend on the context of comparison. | 2013 고2 11월 | 21638-0677

▶

0604 Audience feedback often indicates whether listeners understand, have interest in, and are ready to accept the speaker's ideas. | 2019 고1 3월 | 21638-0678

▶

0605 There isn't a magic number for the amount of time you should stay in one role before evaluating whether it's right or not. | 2014 고1 9월 | 21638-0679

▶

0606 There is a critical factor that determines whether your choice will influence that of others: the visible consequences of the choice. | 2019 고1 11월 | 21638-0680

▶

0607 One might wonder whether there is any reason to be concerned about overconfidence in students. | 2016 고1 11월 | 21638-0681

▶

0608 We are asking if the route for bus 15 could be changed slightly to come up the hill to the complex. | 2016 고1 9월 | 21638-0682

▶

---

601. uncomfortable 불편한 silently 조용히   **602.** slave 노예   **603.** safety 안전 wise 현명한 decision 결정 comparison 비교
604. indicate 보여 주다   **605.** role 역할 evaluate 평가하다   **606.** critical 중요한 determine 결정하다 visible 보이는, 가시적인
consequence 결과   **607.** be concerned about ~에 대해 걱정하다 overconfidence 지나친 자신감
608. route 노선 slightly 약간 hill 언덕 complex 복합건물, (건물) 단지

A 어법에 맞게 괄호 안에서 알맞은 것을 고르세요. `21638-0683`

1 But Amy wondered if / that Mina chose her because she had felt sorry for the new kid.

그러나 Amy는 미나가 전학생을 안쓰럽게 여겨서 그녀를 선택한 것이 아닌지 궁금했다.

2 For example, you may not care about that / whether you start your new job in June or July.

예를 들어, 여러분은 새로운 직장 생활을 6월에 시작하든지 7월에 시작하든지 신경 쓰지 않을 수도 있다.

3 The man even asked that / if he could do anything to make my son more relaxed during the test.

그 남자는 내 아들이 시험을 치르는 동안 더 편하게 해 주기 위해 자기가 해 줄 것이 있는지 묻기까지 했다.

4 One might wonder that / whether there is any reason to be concerned about overconfidence in students.

어떤 사람은 학생들의 지나친 자신감에 대해 걱정할 이유라도 있는지 궁금해할지 모른다.

5 We are asking that / if the route for bus 15 could be changed slightly to come up the hill to the complex.

우리는 15번 버스 노선이 언덕을 따라 단지까지 올라오도록 약간 변경될 수 있을지 문의합니다.

B 우리말 의미에 맞게 다음 단어들을 알맞게 배열해서 문장을 완성하세요. `21638-0684`

6 그다음에 그는 자신이 Toby의 셔츠를 가질 수 있는지 물었다. (he / have / shirt / Toby's / if / could)

Next, he asked _____.

7 나는 놀라면서 그녀가 그렇게 한 적이 있었는지 물었다. (that / done / had / she / if / ever)

I was surprised and asked _____.

8 그는 심지어 그가 살았는지 죽었는지 알아낼 시간조차 없었다. (alive / was / or / he / dead / if)

He didn't even have time to figure out _____.

9 오늘날 나는 내가 네 개가 넘는 전화번호들을 외우고 있는지 확신할 수 없다. (more / know / numbers / phone / four / than / I / if)

Today, I'm not sure _____ by heart.

10 제안된 오솔길이 절대적으로 필요한지 재고해 주시기 바랍니다. (absolutely / trail / necessary / whether / proposed / the / is)

Please reconsider _____.

CHAPTER

4

CODE 39 명사절 – 의문사절

의문사+(S)+V = 명사 역할

I can't remember / **how he did it.**
나는 기억할 수 없어   그가 어떻게 그것을 했는지

해석 Tip 의문사 덩어리는 각각의 의문사 의미에 맞게 해석!

의문사는 육하원칙!

의문사는 육하원칙을 영어로 바꾼 거야.

who(누가), when(언제), where(어디서), what(무엇을), how(어떻게), why(왜)

초중등학교 때는 의문사를 질문할 때 사용해. 하지만 고등학교 이상 수준에서는 의문사가 절을 이끌 수 있어. 의문사 다음에 긴 문장이 온다면 이것을 하나의 덩어리로 처리하자. 해석을 할 때는 의문사의 원래 의미를 살려 주면서 뒤의 절과 내용을 연결하면 돼.

1. 의문사를 찾고 뒤에 이어지는 덩어리를 파악한다.

2. 의문사의 의미에 맞게 뒤의 내용과 연결해서 해석한다.

I don't know who you talked with.
나는 네가 누구랑 이야기했는지 몰라.

You didn't tell me where you'll spend your holiday.
너는 나에게 어디서 휴가를 보낼지 말하지 않았어.

I know where you take a taxi.
나는 네가 택시를 어디서 타는지 안다.

Do you know what happened next?
너는 다음에 무슨 일이 일어났는지 알아?

I understand why you made a mistake.
나는 네가 왜 실수를 했는지 이해한다.

She asked me how much I loved her.
그녀는 나에게 내가 그녀를 얼마나 사랑하는지 물었다.

이것만은 **꼭!** 의문사는 기본적으로 질문을 할 때 사용해. 이때의 어순과 문장 안에서 의문사절을 이끌 때의 어순이 다르기 때문에 주의해야 해!

Where are you **from?** 너는 어디서 왔니?
　의문사 + 동사 + 주어?

I don't know where he came from. 나는 그가 어디에서 왔는지 모른다.
　　　　　　의문사 + 주어 + 동사

BASIC mission

Q 다음 문장을 명사절에 주의해서 해석하세요.

0609 They recognize the need for giving serious thought to how they will deal with obstacles. | 2019 고1 9월 | 21638-0685

▶ 그들은 자신들이 어떻게 장애물을 다룰지에 대해 심각하게 고려할 필요가 있다는 것을 인식한다.

Tip 의문사 how가 이끄는 덩어리가 명사로서 to의 목적어 역할을 하고 있어. 의문사 다음에 문장의 형태가 보인다면 의문사 의미를 바탕으로 한 덩어리로 처리하자.

0610 We now ask both batters how much time has passed. | 2017 수능 | 21638-0686

▶

0611 But probably few of them had thoughts about how this custom might relate to other fields. | 2018 고1 6월 | 21638-0687

▶

0612 He didn't understand where the fiftieth coin had gone. | 2017 고3 4월 | 21638-0688

▶

0613 But do you really know what you are eating when you buy processed foods, canned foods, and packaged goods? | 2020 고1 3월 | 21638-0689

▶

0614 But a majority of people could not tell where the static was! | 2010 수능 | 21638-0690

▶

0615 Of course, how we invest time is not our decision alone to make. | 2017 고1 6월 | 21638-0691

▶

0616 Ideas about how much disclosure is appropriate vary among cultures. | 2020 고1 3월 | 21638-0692

▶

CHAPTER 4

---

609. recognize 인식하다 deal with ~을 다루다 obstacle 장애물 **610.** batter 타자 **611.** custom 관습 relate to ~와 연관되다
612. coin 동전, 주화 **613.** processed food 가공식품 canned food 통조림 식품 **614.** majority 대다수 static (수신기) 잡음
615. invest 투자하다 **616.** disclosure (비밀 등을) 털어놓기 appropriate 적절한 vary 다르다

Q 다음 문장을 명사절에 주의해서 해석하세요.

0617 How well an employee can focus **might now be more important than** how knowledgeable he is. | 2016 고3 7월 |

21638-0693

▶ 이제는 직원이 얼마나 잘 집중할 수 있는지가 그 사람이 얼마나 많이 아는가보다 더 중요할 수 있다.

Tip 의문사 how는 다음에 형용사, 부사를 연결해서 사용하는 경우도 많아. how well은 '얼마나 잘'이라고 해석을 하면 돼.

0618 In other words, the destiny of a community depends on how well it nourishes its members. | 2018 고3 9월 |

21638-0694

▶

0619 Researchers measured how fast and how many times dogs would give their paw if they were not rewarded. | 2015 고1 11월 |

21638-0695

▶

0620 But regardless of how badly their day went, successful people typically avoid that trap of negative self-talk. | 2017 고1 6월 |

21638-0696

▶

0621 Beginners to any art don't know what is important and what is irrelevant, so they try to absorb every detail. | 2011 수능 |

21638-0697

▶

0622 These rings can tell us how old the tree is, and what the weather was like during each year of the tree's life. | 2019 고1 6월 |

21638-0698

▶

0623 Denial of who animals are conveniently allows for maintaining false stereotypes about the cognitive and emotional capacities of animals. | 2018 고1 11월 |

21638-0699

▶

0624 They also had to estimate how many other students would do the task. | 2014 고1 11월 |

21638-0700

▶

---

617. focus 집중하다 knowledgeable 아는 것이 많은 **618.** destiny 운명 nourish 영양분을 공급하다
619. paw (동물의 발톱 달린) 발 reward 보상하다 **620.** regardless of ~에 상관없이 typically 대개 trap 덫
621. beginner 초보자 irrelevant 관련 없는 absorb 받아들이다 **622.** ring 반지, 고리, (나무의) 나이테
623. denial 부정 stereotype 고정 관념 cognitive 인지적인 capacity 능력 **624.** estimate 추정하다 task 일

A 우리말 의미에 맞게 괄호 안에서 알맞은 것을 고르세요. `21638-0701`

1 But a majority of people could not tell / hear where the static was!

하지만 대다수의 사람들은 잡음이 어디에서 들렸는지를 알 수 없었다!

2 Of course, how we invest / save time is not our decision alone to make.

물론 시간을 어떻게 투자하는지는 우리가 단독으로 내릴 결정이 아니다.

3 Ideas about how much disclosure / denial is appropriate vary among cultures.

얼마나 많은 비밀을 털어놓는 것이 적절한지에 관한 생각은 문화마다 다르다.

4 They also had to estimate / increase how many other students would do the task.

그들은 또한 얼마나 많은 다른 학생들이 그 일을 할 것인가를 추정해야 했다.

5 How well an employee can cooperate / focus might now be more important than how knowledgeable he is.

이제는 직원이 얼마나 잘 집중할 수 있는지가 그 사람이 얼마나 많이 아는지보다 더 중요할 수 있다.

B 우리말 의미에 맞게 다음 단어들을 알맞게 배열해서 문장을 완성하세요. `21638-0702`

6 그들은 자신들이 어떻게 장애물을 다룰지에 대해 심각하게 고려할 필요가 있다는 것을 인식한다. (obstacles / with / they / deal / how / will)

They recognize the need for giving serious thought to _____.

7 우리는 이제 두 명의 타자 모두에게 얼마나 많은 시간이 지나갔는지를 묻는다. (much / time / has / how / passed)

We now ask both batters _____.

8 하지만 아마 그들 중 이 관습이 다른 분야와 어떻게 연관될 수 있는지에 대해 생각한 사람들은 거의 없었을 것이다. (relate to / this / might / other fields / how / custom)

But probably few of them had thoughts about _____.

9 그는 그 50번째 동전이 어디 갔는지 이해할 수 없었다. (the / coin / where / had / fiftieth / gone)

He didn't understand _____.

10 다시 말하자면, 한 공동체의 운명은 그 공동체가 얼마나 잘 그 구성원들에게 영양분을 공급하는지에 달려 있다. (members / well / it / its / how / nourishes)

In other words, the destiny of a community depends on _____.

CHAPTER

4

CODE 40 부사절 접속사

부사절 접속사… = 문장에 의미 추가

I love you / **as long as you love me.**
나는 너를 사랑해   네가 나를 사랑하는 한

해석 Tip 부사절 접속사의 의미에 맞게 해석!

 ## 부사절은 접속사를 알면 끝!

부사의 역할을 하는 절들을 부사절이라고 해. 부사는 문장에서 시간, 이유, 조건, 양보 등 다양한 의미를 나타내. 부사절을 이끄는 접속사들은 그 의미만 정확하게 파악하면 쉽게 해석할 수 있어. 접속사의 의미들을 익히자.

1. 시간을 나타내는 접속사
when (~할 때, ~하면), while (~하는 동안에, ~하는 사이에), before (~하기 전에, ~보다 앞서서)
after (~한 후에), till/until (~할 때까지), since (~한 이후로, ~부터 계속해서),
as soon as (~하자마자)

2. 원인을 나타내는 접속사
because, as, since, for, now (that) (~때문에)

3. 조건을 나타내는 접속사
if (만약 ~이라면), unless (만약 ~이 아니라면)

4. 양보를 나타내는 접속사
although, though, even though, even if (~임에도 불구하고)

5. 그 외 알아야 할 접속사
as long as (~하는 한), once (일단 ~하면), so ~ that (너무 ~해서), so that (~하도록)
in order that (~하기 위해서), while (반면에), whereas (반면에)
every time (~할 때마다), whether or not (~든 아니든), in case (~한 경우에)

 이것만은 **꼭!**   시간과 조건의 부사절에서는 미래 시제 대신 현재 시제로 미래의 일을 나타내야 한다는 문법이 있어. 이를 이용한 문법 문제들이 출제되기 때문에 꼭 기억하자. 아래 문장처럼 그가 오는 것은 분명 미래지만 when이라는 부사절에서는 현재 시제인 comes를 사용해야만 해.

I'll tell her when he will come home. (X)
I'll tell her when he comes home. (○)
나는 그녀가 집에 올 때 그녀에게 말할 것이다.

BASIC mission

정답과 해석 46쪽

Q 다음 문장을 부사절에 주의해서 해석하세요.

0625 When the rich man saw the food, he became angry and punished the slave. | 2017 고1 3월 |

▶ 부자가 그 음식을 보았을 때 그는 화가 나서 그 노예에게 벌을 주었다.   21638-0703

Tip when이 부사절을 이끌고 있네. when의 의미에 맞게 부사절을 처리하면 돼. 접속사의 의미만 익히면 부사절은 수월하게 해석할 수 있어.

0626 The emotion begins to disappear as soon as you move away from the situation.

▶ | 2016 고1 3월 | 21638-0704

0627 Once chimpanzees enter reciprocity mode, their social rank no longer matters.

▶ | 2020 고1 9월 | 21638-0705

0628 As long as you remain in that emotional situation, you're likely to stay angry. | 2016 고1 3월 |

▶   21638-0706

0629 Once I realized something strange was happening, my heart started beating fast.

▶ | 2018 고1 6월 | 21638-0707

0630 Trade will not occur unless both parties want what the other party has to offer.

▶ | 2018 고1 9월 | 21638-0708

0631 When we compare human and animal desire we find many extraordinary differences.

▶ | 2020 고1 6월 | 21638-0709

0632 This effect is more noticeable when there is not much light in the environment.

▶ | 2020 고1 11월 | 21638-0710

CHAPTER 4

---

625. punish 벌하다   **626**. disappear 사라지다   situation 상황   **627**. reciprocity 호혜(서로 혜택을 주고 받음), 호혜주의   rank 서열
628. remain 남아 있다   **629**. realize 깨닫다   **630**. occur 발생하다   offer 제공하다
631. compare 비교하다   desire 욕망   extraordinary 기이한, 놀라운   **632**. noticeable 두드러진, 뚜렷한

Q 다음 문장을 부사절에 주의해서 해석하세요.

0633 As adults, we can lose flexibility rather rapidly unless we make a conscious effort to maintain it. | 2014 고1 11월 | `21638-0711`

▶ 어른이 되어, 만약 우리가 유연성을 유지하기 위한 의식적인 노력을 하지 않으면, 우리는 상당히 빠르게 유연성을 잃을 수 있다.

Tip 부사절 unless는 뒤에 부정의 표현이 없어도 부정으로 해석을 해야 해.

0634 However, when someone exhibits some difficult behavior, you might want to reserve judgement for later. | 2017 고1 9월 | `21638-0712`

▶

0635 As soon as the desk arrives, we will telephone you immediately and arrange a convenient delivery time. | 2018 고1 9월 | `21638-0713`

▶

0636 Stand a mirror upright on the table, so that a piece of paper on the table can be clearly seen in the mirror. | 2020 고1 9월 | `21638-0714`

▶

0637 The reality is that although you are free to choose, you can't choose the consequences of your choices. | 2018 고1 3월 | `21638-0715`

▶

0638 When your friend receives such a message he will be able to read it by holding the paper up to a mirror. | 2020 고1 9월 | `21638-0716`

▶

0639 Every time we learn, or remember, or make sense of something, we solve a problem.

▶ | 2020 고1 6월 | `21638-0717`

0640 If the sun sets in the west, it always rises again the next morning in the east. | 2017 고1 6월 |

▶ `21638-0718`

---

633. flexibility 유연성 rapidly 빠르게 conscious 의식적인   **634.** exhibit 보이다 reserve 유보하다, 보류하다
635. arrange 정하다 convenient 편리한 delivery 배송   **636.** upright 수직으로   **637.** consequence 결과
638. receive 받다   **639.** make sense of ~을 이해하다   **640.** set (해가) 지다 rise (해가) 뜨다

A 우리말 의미에 맞게 괄호 안에서 알맞은 것을 고르세요. 21638-0719

1 Trade will not occur if / unless both parties want what the other party has to offer.

양 당사자가 상대방이 제공하게 되는 것을 원하지 않으면 거래는 발생하지 않을 것이다.

2 Unless / When we compare human and animal desire we find many extraordinary differences.

인간과 동물의 욕망을 비교할 때 우리는 많은 놀라운 차이점을 발견한다.

3 This effect is more noticeable as long as / when there is not much light in the environment.

이 효과는 주위에 빛이 많지 않을 때 더 두드러진다.

4 If / Every time we learn, or remember, or make sense of something, we solve a problem.

우리가 무언가를 배우거나, 기억하거나, 이해할 때마다, 우리는 문제를 해결한다.

5 Unless / If the sun sets in the west, it always rises again the next morning in the east.

해가 서쪽으로 지면 그것은 언제나 다음 날 아침 다시 동쪽에서 떠오른다.

B 우리말 의미에 맞게 다음 단어들을 알맞게 배열해서 문장을 완성하세요. 21638-0720

6 부자가 그 음식을 보았을 때 화가 나서 그 노예에게 벌을 주었다. (the / the / When / rich / food / saw / man)

_____ , he became angry and punished the slave.

7 여러분이 그 상황에서 벗어나자마자 그 감정은 사라지기 시작한다. (situation / move / away / as / you / the / as / from / soon)

The emotion begins to disappear _____ .

8 침팬지들이 호혜주의 상태에 접어들게 되면, 그들의 사회적 서열은 더 이상 중요한 것이 아니다. (enter / reciprocity / mode / chimpanzees / Once)

_____ , their social rank no longer matters.

9 그 감정의 상황 속에 남아있는 한 여러분은 화가 난 상태에 머물기 쉽다. (emotional / situation / long / in / As / that / as / remain / you)

_____ , you're likely to stay angry.

10 일단 이상한 어떤 일이 일어나고 있다는 것을 깨닫자, 내 심장은 빠르게 뛰기 시작했다. (happening / I / was / strange / Once / realized / something)

_____ , my heart started beating fast.

CHAPTER
05

문법 마무리

이번 장은 영문법의 마무리입니다. 이제 문장의 뼈대도 알고, 문장 안에서 긴 덩어리들도 찾을 수 있습니다. 이번 장에서는 지금까지 배운 내용 외에 해석할 때 도움이 되는 문법들을 익힙니다. 이번 장까지의 내용을 모두 익히면 이제 웬만한 문장들은 자신감 있게 해석할 수 있을 겁니다.

CHAPTER 05
PREVIEW

#상관접속사

#비교구문

#도치

#동사 패턴

#강조

#가정법

이번 장에서 집중할 것!

문장 안에 들어 있는 독특한
문법들을 익혀 봅시다.
배운 내용을 바탕으로 정확하게
해석하세요!

상관접속사

not only A but also B

She is **not only** intelligent / **but also** beautiful.
그녀는 똑똑할 뿐만 아니라   또한 아름답다

해석 Tip 상관접속사의 의미를 익히자!

 ## 상관있게 연결하는 것이 상관접속사!

상관접속사는 A, B를 상관있도록 연결해 주는 접속사라고 생각하면 돼. 워낙 독특한 형태를 갖고 있어서 문장에서 쉽게 찾을 수 있어. 정확하게 의미를 익혀서 해석하면 돼.

1. both A and B: A와 B 둘 다

We'll have both the cheesecake and the chocolate cake.
우리는 치즈케이크와 초콜릿케이크를 둘 다 먹을 것이다.

2. either A or B: A, B 둘 중 하나

I will either go for a hike or stay home and watch TV.
나는 등산을 가거나 집에 머무르며 TV를 보거나 둘 중 하나를 할 것이다.

3. neither A nor B: A도 B도 아닌

Jerry is neither rich nor famous.
Jerry는 부자도 아니고 유명하지도 않다.

4. not only A but (also) B = B as well as A: A뿐만 아니라 B도

I'm not only going to the concert, but also meeting the band backstage!
나는 그 콘서트에 갈 뿐만 아니라 밴드를 무대 뒤에서 만날 것이다!

5. not A but B: A가 아니라 B

In sport, what counts is not winning but cooperating with teammates.
스포츠에서 중요한 것은 이기는 것이 아니라 팀원들과 협력하는 것이다.

알.쓸.신.잡

영화 [*Intern*]에서 상관접속사를 찾아보자. [not only A but also B] 패턴이 사용되었는데, 이 때는 but also에서 also 가 생략되는 경우가 많고, 경우에 따라서는 but also가 모두 사라지는 경우도 있어. not only만 보아도 의미가 통하기 때문에 생략이 되는 거야.

They're not only our investors, Jules, they're our partners.
Jules, 그들은 우리의 투자자일 뿐만 아니라 우리의 파트너야.

Q 다음 문장을 상관접속사에 주의해서 해석하세요.

0641 Animals as well as humans engage in play activities. | 2020 고1 9월 | `21638-0721`

▶ 인간뿐만 아니라 동물도 놀이 활동을 한다.

Tip 문장에서 상관접속사를 발견했다면 A, B를 찾아 연결해서 해석을 하자. animals와 humans를 상관접속사가 연결하고 있어.

0642 Antibiotics either kill bacteria or stop them from growing. | 2019 고1 9월 | `21638-0722`

▶

0643 People in today's fast-paced society engage in this either for necessity or for entertainment. | 2015 고1 11월 | `21638-0723`

▶

0644 These bosses influence the behavior of their team not by telling them what to do differently, but by caring. | 2017 고1 11월 | `21638-0724`

▶

0645 Either most people speak it anyhow, or there is at least somebody around who can communicate in this language. | 2015 고1 6월 | `21638-0725`

▶

0646 He felt sorry because he neither recognized him nor remembered his name.

▶ | 2016 고1 9월 | `21638-0726`

0647 Something similar happens with light waves as well as other electromagnetic radiation such as X-rays and microwaves. | 2014 고1 9월 | `21638-0727`

▶

0648 This simple realization is relevant not only to friends in real life, but also to followers on social media websites. | 2014 고1 9월 | `21638-0728`

▶

641. engage in ~을 하다 **642.** antibiotics 항생 물질
643. fast-paced 빨리 진행되는 necessity 필요 entertainment 즐거움 **644.** boss 상사 care 배려하다
645. anyhow 어떤 식으로든지 **646.** recognize 알아보다 **647.** light wave 광파 radiation 방사선 microwave 극초단파
648. realization 깨달음 relevant 관련 있는

CHAPTER 5

Q 다음 문장을 상관접속사에 주의해서 해석하세요.

0649 Material prosperity can help individuals, as well as society, attain higher levels of happiness. | 2016 수능 |

`21638-0729`

▶ 물질적 번영은 사회뿐만 아니라 개인이 더 높은 수준의 행복을 얻을 수 있도록 도와줄 수 있다.

Tip as well as가 문장에서 individuals와 society를 연결하고 있어.

0650 Food is neither good nor bad in the absolute, though we have been taught to recognize it as such. | 2015 고3 4월 |

`21638-0730`

▶

0651 There is significant variability in assertiveness and cooperation among women, as well as among men. | 2020 고1 9월 |

`21638-0731`

▶

0652 Neither prosecutor nor defender is obliged to consider anything that weakens their respective cases. | 2016 고3 6월 |

`21638-0732`

▶

0653 Repeated measurements with the same apparatus neither reveal nor do they eliminate a systematic error. | 2020 고3 3월 |

`21638-0733`

▶

0654 Both humans and rats have evolved taste preferences for *sweet* foods, which provide rich sources of calories. | 2018 수능 |

`21638-0734`

▶

0655 As it turns out, conflict is not only unavoidable but actually crucial for the long-term success of the relationship. | 2014 고1 9월 |

`21638-0735`

▶

0656 The houses protect families not only against a mass of mosquitoes below but also against annoying neighbors and evil spirits. | 2014 고1 11월 |

`21638-0736`

▶

---

649. prosperity 번영 attain 얻다　**650**. the absolute 절대적인 것 recognize 인식하다　**651**. variability 차이
assertiveness 단호함 cooperation 협조　**652**. prosecutor 검찰 defender 피고 respective 각자의　**653**. apparatus 도구
reveal 드러내다 eliminate 제거하다 systematic error 계통 오차(원인이 분명하고 교정 가능한 오차)　**654**. rich 풍부한 source 원천
calorie 열량　**655**. unavoidable 피할 수 없는　**656**. mass 다수, 다량 annoying 성가신 evil spirit 악령

A 우리말 의미에 맞게 괄호 안에서 알맞은 것을 고르세요.　　　　21638-0737

1 He felt sorry because he neither neglected / recognized him nor remembered his name.

그는 그를 알아보지도, 이름을 기억해 내지도 못했기 때문에 미안함을 느꼈다.

2 Something similar fails / happens with light waves as well as other electromagnetic radiation such as X-rays and microwaves.

유사한 것이 X-ray와 극초단파와 같은 다른 전자기 방사선뿐만 아니라 광파에서도 발생한다.

3 This simple realization is irrelevant / relevant not only to friends in real life, but also to followers on social media websites.

이런 단순한 깨달음은 실제 생활에서의 친구들뿐만 아니라, 소셜 미디어 웹사이트의 팔로어와도 관련이 있다.

4 As it turns out, conflict is not only avoidable / unavoidable but actually crucial for the long-term success of the relationship.

밝혀진 바와 같이, 갈등은 피할 수 없을 뿐만 아니라, 실제로 관계의 장기적인 성공에 중요하다.

5 The houses protect families not only against a mass of mosquitoes below but also against friendly / annoying neighbors and evil spirits.

그 집들은 가족들을 그 아래의 수많은 모기들로부터 뿐만 아니라, 성가신 이웃들과 악령으로부터도 보호해 준다.

B 우리말 의미에 맞게 다음 단어들을 알맞게 배열해서 문장을 완성하세요.　　　　21638-0738

6 인간뿐만 아니라 동물도 놀이 활동을 한다. (as / Animals / humans / well / as)

_____ engage in play activities.

7 항생 물질은 박테리아를 죽이거나 또는 그것이 증식하는 것을 막는다. (or / stop / bacteria / kill / either)

Antibiotics _____ them from growing.

8 오늘날의 빠르게 진행되는 사회의 사람들은 필요에 의해서든 즐거움에 의해서든 이것을 한다. (for / entertainment / either / necessity / for / or)

People in today's fast-paced society engage in this _____.

9 이런 상사들은 그들에게 무엇을 다르게 해야 할지를 말함으로써가 아니라, 배려함으로써 자신들의 팀원의 행동에 영향을 미친다. (differently / telling / what / by / do / not / to / them)

These bosses influence the behavior of their team _____, but by caring.

비교구문

as 원급 as / 비교급 than / the 최상급

I'll tell you / the most important **thing.**
내가 너희에게 말해 줄게 　　　　　　제일 중요한 **것을**

해석 Tip 비교구문의 형태를 익히자!

비교, 최상급을 익히자!

문장 내에서 두 대상을 비교하거나 '가장 ~한'이라는 최상급을 나타낼 때가 있어. 다양한 비교와 최상급의 표현을 익히자.

1. as 형용사/부사 as

This box is as small as the one that I lost. 이 상자는 내가 잃어버린 것만큼 작다.

2. 형용사/부사의 비교급 + than

The Earth is larger than the Moon. 지구는 달보다 더 크다.

3. 배수사 as 원급 as: ~보다 몇 배 더 ~한

My house is twice as big as his house. 내 집은 그의 집의 2배 크기이다.

*배수사는 두 배, 세 배 등을 나타내는 표현이야. (2배 twice, 3배 three times, 4배 four times, …)

4. 배수사 + 비교급 than

I eat twice more than my sister. 나는 내 여동생보다 2배 더 먹는다.

5. the 형용사/부사의 최상급

Jupiter is the biggest planet in our solar system. 목성은 우리의 태양계에서 제일 큰 행성이다.

6. The 비교급 (S + V), the 비교급 (S + V): 더 ~할수록, 더 ~하다

The older we grow, the wiser we become. 우리는 더 나이가 들수록, 더 현명해진다.

7. 비교급 강조: much, far, even, still, a lot으로 비교급의 의미를 강조

Mice can learn much faster than previously thought.
생쥐들은 이전에 생각되었던 것보다 훨씬 더 빠르게 학습할 수 있다.

이것만은 **꼭!** 비교 구문은 수능 영어의 도표 문제에 활용되지. 도표 문제에 자주 등장하는 표현을 함께 기억하도록 해.

> 증가: increase, rise, add to, go up, grow, multiply, soar, skyrocket
>
> 감소: decrease, diminish, decline, reduce, go down, drop, fall, plunge, plummet
>
> 분수: (a)one half($\frac{1}{2}$), (a)one third($\frac{1}{3}$), two-thirds($\frac{2}{3}$), a quarter($\frac{1}{4}$), three-quarters($\frac{3}{4}$), one and a half($1\frac{1}{2}$)

BASIC mission

정답과 해석 49쪽

Q 다음 문장을 비교구문에 주의해서 해석하세요.

0657 Males are slightly taller than females. | 2015 고1 3월 | `21638-0739`

▶ 수컷은 암컷보다 키가 약간 더 크다.

Tip 비교구문은 두 대상을 비교하고 있어.

0658 And they need me a lot more than baseball does. | 2016 고1 3월 | `21638-0740`

▶

0659 The uniforms were a lot fancier than in middle school. | 2019 고1 3월 | `21638-0741`

▶

0660 No other country exported more rice than India in 2012. | 2015 고1 3월 | `21638-0742`

▶

0661 He ran as fast as he could and launched himself into the air. | 2019 고1 9월 | `21638-0743`

▶

0662 The bigger the team, the more possibilities exist for diversity. | 2019 고1 3월 | `21638-0744`

▶

0663 Nothing is more important to us than the satisfaction of our customers. | 2020 고1 3월 |

▶   `21638-0745`

0664 The influence of peers, she argues, is much stronger than that of parents. | 2020 고1 6월 |

▶   `21638-0746`

CHAPTER
5

---

657. slightly 약간   **658.** need 필요로 하다   **659.** uniform 교복 fancy 멋진   **660.** export 수출하다
661. launch 날려 보내다, 내던지다   **662.** possibility 가능성 exist 존재하다 diversity 다양성
663. satisfaction 만족 customer 고객   **664.** peer 또래

ADVANCED mission

정답과 해설 49쪽

Q 다음 문장을 비교구문에 주의해서 해석하세요.

0665 On stage, focus is much more difficult because the audience is free to look wherever
they like. | 2019 고1 11월 |

21638-0747

▶ 관객이 자신이 원하는 어느 곳이든 자유롭게 볼 수 있기 때문에 무대 위에서는 집중이 훨씬 더 어려운 일이다.

Tip 비교급을 수식하는 much가 쓰인 문장이네. '훨씬'이라는 강조를 추가해서 해석하자.

0666 These early instruments were not much more than toys because their lenses were not
very strong. | 2015 고1 9월 |

21638-0748

▶

0667 The percentage gap between Monday and Tuesday was less than the one between
Saturday and Sunday. | 2015 고1 6월 |

21638-0749

▶

0668 What's more, they are far less likely to seek or accept critical feedback from their
employees. | 2016 고1 9월 |

21638-0750

▶

0669 Accessibility to mass transportation is not as popular as free breakfast for business
travelers. | 2016 고1 9월 |

21638-0751

▶

0670 The day when the percentage of the population was the least, however, was Monday
with 5.6 percent. | 2015 고1 6월 |

21638-0752

▶

0671 The number of cruise ship visitors in May of 2013 was lower than the same month the
previous year. | 2014 고1 9월 |

21638-0753

▶

0672 The more people you know of different backgrounds, the more colorful your life
becomes. | 2020 고1 3월 |

21638-0754

▶

---

665. stage 무대 audience 관객   **666.** instrument 도구, 악기   **667.** percentage 비율
668. accept 받아들이다 critical 비판적인   **669.** accessibility 이용 가능성, 접근성 mass transportation 대중교통
670. population 인구, 주민   **671.** visitor 방문객 previous 이전의   **672.** background 배경 colorful 다채로운

A 우리말 의미에 맞게 괄호 안에서 알맞은 것을 고르세요. 21638-0755

1 On stage, focus is much more difficult because the audience is free to look / search wherever they like.

관객이 자신이 원하는 어느 곳이든 자유롭게 볼 수 있기 때문에 무대 위에서는 집중이 훨씬 더 어려운 일이다.

2 These early instruments / insights were not much more than toys because their lenses were not very strong.

그 렌즈들은 도수가 그다지 강한 것이 아니었기 때문에 이런 초기 도구들은 장난감에 지나지 않았다.

3 The percentage gap between Monday and Tuesday was more / less than the one between Saturday and Sunday.

월요일과 화요일 사이의 비율 격차는 토요일과 일요일 사이의 격차보다 더 적었다.

4 What's more, they are far more / less likely to seek or accept critical feedback from their employees.

게다가 그들이 직원으로부터 비판적인 피드백을 구하거나 받아들일 가능성은 훨씬 더 적다.

5 Accessibility to mass transportation is not as unknown / popular as free breakfast for business travelers.

출장 여행자들에게 대중교통 이용 가능성은 무료 조식만큼 인기 있지 않다.

B 우리말 의미에 맞게 다음 단어들을 알맞게 배열해서 문장을 완성하세요. 21638-0756

6 수컷은 암컷보다 키가 약간 더 크다. (females / taller / than)

Males are slightly _____.

7 그리고 그들은 야구가 나를 필요로 하는 것보다 나를 훨씬 더 필요로 한다. (a lot / more / does / baseball / than)

And they need me _____.

8 교복은 중학교 때보다 훨씬 더 멋졌다. (fancier / middle / than / a lot / school / in)

The uniforms were _____.

9 2012년에는 어떤 다른 나라도 인도보다 더 많은 쌀을 수출하지 않았다. (rice / than / more / India)

No other country exported _____ in 2012.

10 그는 가능한 한 빨리 달렸고 자신을 공중으로 내던졌다. (fast / he / as / could / as)

He ran _____ and launched himself into the air.

CHAPTER 5

도치

부정어구 Only... 부사구 보어 as/than	be동사+주어
	조동사+주어+동사원형
	do/does/did+주어+동사원형
	have/has+주어+p.p.

Not a word did she say.
한마디도 그녀는 말하지 **않았다**

해석 Tip 주어와 동사의 위치가 바뀌었다면 도치!

도치는 주어와 동사 자리가 바뀌는 거야!

강조하고자 하는 어구를 문장 처음으로 보내면, 주어와 조동사(또는 be동사)의 순서가 바뀌는 도치 현상이 발생해.
문장의 제일 앞에 있는 것이 주어가 아닐 때는 진짜 주어, 동사를 찾아서 해석하자.

1. 부정어구나 부정의 부사에 의한 도치

(no, not, never, only, little, hardly, seldom, scarcely, not only, not until, no sooner)
Never a day **had she missed** her lessons. 하루도 그녀는 수업을 빠지지 않았다.

2. **Only**에 의한 도치

Only for the love of his family **does he do** such hard work.
오직 그의 가족에 대한 사랑 때문에 그는 그렇게 힘든 일을 한다.

3. 장소, 방향의 부사구에 의한 도치

Behind me **cries** a child. 내 뒤에서 한 아이가 운다.

4. 주격보어, 목적어에 의한 도치

So beautiful **was the girl** that everyone loved her. 그 소녀는 너무 아름다워서 모두가 그녀를 좋아했다.
What he said I **cannot believe**. *목적어 도치는 주어-동사 순서 그대로
그가 말한 것을 나는 믿을 수 없다.

5. **as, than**에 의한 도치

Sam is very quiet, as **is his mother**. 그의 어머니도 그렇듯이, Sam은 매우 조용하다.
I spend more time working on my report than **does my friend**.
나는 내 친구가 그러는 것보다 더 많은 시간을 보고서를 작성하는 데에 보낸다.

6. **so, neither, nor**에 의한 도치

I had a mustache and so **did he**. 나는 콧수염이 있었는데, 그도 그랬다.

Q 다음 문장을 도치된 구조에 주의해서 해석하세요.

0673 Rarely are phone calls urgent. | 2016 고1 11월 | 21638-0757

▶ 긴급한 전화는 거의 없다.

Tip rarely는 문장의 주어가 될 수 없어. 그리고 주어와 동사의 순서가 바뀌었다는 것을 알 수 있어. 이것이 도치 구문이야.

0674 Next door to the shoemaker lived a rich man. | 2021 고2 3월 | 21638-0758

▶

0675 Beyond the learning zone lies the courage zone. | 2015 고1 6월 | 21638-0759

▶

0676 Nor, for that matter, could she wait to try it on. | 2015 고2 09월 | 21638-0760

▶

0677 Only then did she turn and retrace her steps to the shore. | 2013 고2 11월 | 21638-0761

▶

0678 Nor is some government agency directing them to satisfy your desires. | 2016 고1 9월 |

▶ 21638-0762

0679 Never before had these subjects been considered appropriate for artists. | 2017 고1 11월 |

▶ 21638-0763

0680 No longer were there any controlled communications or even business systems.

▶ | 2020 고1 11월 | 21638-0764

---

673. urgent 긴급한 **674**. shoemaker 구두 만드는 사람 **675**. zone 영역 **676**. for that matter 그 문제라면, 그 점에 대해서는
677. retrace 발자취를 따라가다 shore 해변 **678**. agency 기관 direct 지시하다 desire 욕구
679. subject 주제 appropriate 적절한 **680**. controlled 통제된 system 체계

Q 다음 문장을 도치된 구조에 주의해서 해석하세요.

0681 Only in terms of the physics of image formation **do the eye and camera have anything in common.** | 2013 수능 |

21638-0765

▶ 단지 상 형성에 대한 물리학의 관점에서만 눈과 카메라는 공통점이 있다.

Tip 도치구문을 해석할 때는 주어, 동사를 적절하게 찾아서 해석하자. 이 문장의 주어는 the eye and camera야. 도치된 주어와 동사를 찾으면 쉽게 해석을 할 수 있어.

0682 Right in front of his eyes were rows of delicious-looking chocolate bars waiting to be touched. | 2017 수능 |

21638-0766

▶

0683 However, with tolerance comes intolerance, which means that tolerance must imply some sort of ultimate good. | 2018 고1 11월 |

21638-0767

▶

0684 Totally opposed to this view is the position that the link between music and emotion is one of resemblance. | 2020 고1 9월 |

21638-0768

▶

0685 Not only did she sell, she also recruited and trained lots of women as sales agents for a share of the profits. | 2020 고1 11월 |

21638-0769

▶

0686 Not only can some types of plants reduce air pollutants, but they can also convert carbon dioxide back into oxygen. | 2014 고2 3월 |

21638-0770

▶

0687 On the table in the rooms were two bowls, one was of fresh chocolate chip cookies and the other contained radishes. | 2014 고2 9월 |

21638-0771

▶

0688 Not until I got home and reached for the house key did I realize that I had left my purse on the bench at the bus stop. | 2015 고1 11월 |

21638-0772

▶

---

681. term 관점 formation 형성 **682.** row 줄 **683.** tolerance 관용 ultimate 궁극적인 **684.** opposed 반대되는 resemblance 유사함 **685.** recruit 모집하다 sales agent 판매 대리인 **686.** pollutant 오염 물질 convert 전환하다 **687.** contain ~이 들어 있다 **688.** reach for ~을 잡으려고 손을 뻗다 realize 깨닫다 purse 지갑

A 어법에 맞게 괄호 안에서 알맞은 것을 고르세요. `21638-0773`

1 Totally opposed to this view is the position that the link between music and emotion is / are one of resemblance.

이 관점과 완전히 반대되는 입장은 음악과 감정 사이의 연결 고리는 유사함이라는 연결 고리라는 것이다.

2 Not only did she sell / sells , she also recruited and trained lots of women as sales agents for a share of the profits.

그녀는 판매를 했을 뿐만 아니라, 수익금의 할당을 위해 많은 여성을 판매 대리인으로 모집하여 교육하기도 했다.

3 Not only can some types of plants reduce / reduced air pollutants, but they can also convert carbon dioxide back into oxygen.

어떤 종류의 식물은 공기 오염 물질을 줄일 수 있을 뿐만 아니라, 이산화탄소를 다시 산소로 전환할 수도 있다.

4 On the table in the rooms was / were two bowls, one was of fresh chocolate chip cookies and the other contained radishes.

방 안 테이블 위에는 그릇이 두 개 있었는데, 하나의 그릇에는 갓 구운 초콜릿칩 쿠키가 있었고 다른 그릇에는 무가 담겨 있었다.

5 Not until I got home and reached for the house key did I realize / realized that I had left my purse on the bench at the bus stop.

집에 도착해서 집 열쇠를 잡으려고 손을 뻗쳤을 때에야 비로소 나는 내 지갑을 버스 정류장의 벤치에 두고 왔다는 것을 깨달았다.

B 우리말 의미에 맞게 다음 단어들을 알맞게 배열해서 문장을 완성하세요. `21638-0774`

6 긴급한 전화는 거의 없다. (Rarely / phone / are / calls)

_____ urgent.

7 구두 만드는 사람 옆집에는 부자가 살았다. (rich / man / lived / a)

Next door to the shoemaker _____ .

8 학습 영역 너머에 용기 영역이 놓여 있다. (zone / lies / the / courage)

Beyond the learning zone _____ .

9 그 문제라면 그녀는 그것을 입어보는 것 또한 기다릴 수도 없었다. (she / could / it / on / try / to / wait)

Nor, for that matter, _____ .

10 그제야 그녀는 뒤돌아서 자신의 발자국을 따라가 해변으로 갔다. (retrace / and / turn / did / she)

Only then _____ her steps to the shore.

이것만은 꼭! 수능에 자주 출제되는 동사와 관련된 패턴들을 익히자!

account for ~를 설명하다, (부분, 비율을) 차지하다

adapt to ~에 적응하다

advise A to B A에게 B하라고 충고하다

afford to ~할 여유가 되다

agree with ~의 의견에 동의하다

aim to ~하는 것을 목표로 하다

allow A to B A가 B하도록 허용하다

associate A with B A와 B를 연관 짓다

assume that ~라고 가정[추정]하다

assure that ~를 장담하다

attempt to ~를 시도하다

attribute A to B A를 B의 탓으로 돌리다

be about to 막 ~하려고 하다

be accustomed to ~에 익숙하다

be bound to 반드시 ~하다

be capable of ~할 수 있다

be concerned with ~에 관계가 있다

be eager to ~하기를 갈망하다

be engaged in ~에 종사하다

be entitled to ~할 자격이 있다

be involved in ~에 개입되다, ~에 관련되다

be supposed to ~하기로 되어 있다

be concerned about ~에 대해서 걱정하다

belong to ~에 속하다

benefit from ~로부터 이익을 얻다

blame A for B B에 대해서 A를 비난하다

carry on 계속하다

carry out ~를 수행하다

catch up with ~를 따라잡다

cause A to B A가 B하도록 야기하다

combine A with B A를 B와 결합하다

come up with ~를 생각해 내다

compare A with B A를 B와 비교하다

compel A to B A가 B하도록 강요하다

compensate for ~에 대해 보상하다

complain about ~에 대해 불평하다

concentrate on ~에 집중하다

consist of ~로 구성되다

contradict with ~와 모순되다

contribute to ~에 기여하다

Q 다음 문장을 동사 패턴에 주의해서 해석하세요.

0689 For reasons unknown, most people feel compelled to answer a ringing phone.

▶ 무슨 영문인지, 대부분 사람들은 울리는 전화를 받아야 한다고 느낀다. | 2016 고1 11월 | 21638-0775

Tip 동사 패턴을 익혀 두면 문장을 보다 더 빠르게 해석할 수 있어.

0690 Instead, we behave like this because the culture we belong to compels us to. | 2019 고1 9월 |

▶ 21638-0776

0691 She was also actively engaged in politics and worked for women's voting rights.

▶ | 2017 고1 11월 | 21638-0777

0692 Today's music business has allowed musicians to take matters into their own hands.

▶ | 2021 고1 3월 | 21638-0778

0693 Those who were willing to wear the sign assumed that the majority would also agree to it. | 2014 고1 11월 | 21638-0779

▶

0694 How can an injured fish benefit from helping others of its species to escape from a predator? | 2016 고1 9월 | 21638-0780

▶

0695 In everyday life we often blame people for "creating" their own problems.

▶ | 2018 고1 9월 | 21638-0781

0696 He then went on to list his experiences of road rage and advised me to drive very cautiously. | 2017 고1 6월 | 21638-0782

▶

689. compel 하게 만들다　**690.** belong 속하다　**691.** actively 적극적으로　voting right 투표권
692. business 사업　matter 일　**693.** assume 가정하다　agree 동의하다
694. species 종(種: 생물 분류의 기초 단위)　escape 도망가다　**695.** blame 비난하다
696. road rage (도로에서 운전 중) 분통 터뜨리기, 운전자들끼리 주고받는 폭행　advise 조언하다　cautiously 조심스럽게

Q 다음 문장을 동사 패턴에 주의해서 해석하세요.

0697 You must never assume that what people say or do in a particular moment is a statement of their permanent desires. | 2017 고1 11월 | 21638-0783

▶ 여러분은 사람들이 특정한 순간에 말하거나 행동하는 것이 그들의 영구적인 바람에 대한 진술이라고 가정해서는 안 된다.

Tip assume that을 보는 순간, 다음에 이어지는 내용을 가정하다라는 해석을 할 수 있어. 동사 패턴을 바탕으로 문장의 구조를 빠르게 파악하자.

0698 That would not, however, increase their *effective* freedom, because, although allowed to do so, they are physically incapable of it. | 2021 고1 3월 | 21638-0784

▶

0699 We attribute causes to events, and as long as these cause-and-effect pairings make sense, we use them for understanding future events. | 2018 고1 9월 | 21638-0785

▶

0700 We set resolutions based on what we're supposed to do, or what others think we're supposed to do, rather than what really matters to us. | 2017 고1 9월 | 21638-0786

▶

0701 We associate the educated life, the life of the mind, too narrowly with subjects and texts that we consider inherently weighty and academic. | 2017 고1 11월 | 21638-0787

▶

0702 Most young people like to combine a bit of homework with quite a lot of instant messaging, chatting on the phone, updating profiles on social networking sites, and checking emails.

▶ | 2019 고1 3월 | 21638-0788

0703 Late in the night, Garnet had a feeling that something she had been waiting for was about to happen. | 2018 고1 9월 | 21638-0789

▶

0704 Take out a piece of paper and record everything you'd love to do someday — aim to hit one hundred dreams. | 2020 고1 3월 | 21638-0790

▶

---

697. particular 특정한 statement 진술 permanent 영구적인   **698.** effective 실질적인 incapable 할 수 없는
699. attribute (…의 원인을) ~에 귀착시키다 event 사건   **700.** resolution 결심 be supposed to ~하기로 되어 있다
701. associate 연관시키다 inherently 본질적으로 weighty 중요한 academic 학문적인   **702.** profile 신상 정보
703. happen 일어나다   **704.** record 기록하다 someday 언젠가 aim 목표로 하다

A 우리말 의미에 맞게 괄호 안에서 알맞은 것을 고르세요. 21638-0791

1 How can an injured fish benefit / suffer from helping others of its species to escape from a predator?

어떻게 부상당한 물고기가 같은 종의 다른 물고기들이 포식자로부터 도망가도록 돕는 것에서 이익을 얻을 수 있는가?

2 In everyday life we often blame / praise people for "creating" their own problems.

매일의 삶에서 우리는 사람들이 그들 자신의 문제를 "만들어 낸 것"에 대해 비난한다.

3 He then went on to list his experiences of road rage and advised / allowed me to drive very cautiously.

그러고 나서 이어서 그는 운전자의 난폭 행동에 대한 그의 경험을 열거했고, 나에게 매우 조심스럽게 운전하라고 조언했다.

4 Late in the night, Garnet had a feeling that something she had been waiting for was about to happen / disappear.

그날 밤늦게, Garnet은 그녀가 기다려 온 무언가가 곧 일어날 것 같은 기분이 들었다.

5 Take out a piece of paper and record / draw everything you'd love to do someday — aim to hit one hundred dreams.

종이 한 장을 꺼내 언젠가 하고 싶은 모든 것을 기록하고, 꿈이 100개에 이르는 것을 목표로 해라.

B 우리말 의미에 맞게 다음 단어들을 알맞게 배열해서 문장을 완성하세요. 21638-0792

6 무슨 영문인지, 대부분의 사람들은 울리는 전화를 받아야 한다고 느낀다. (phone / a / to / ringing / answer / feel / compelled)

For reasons unknown, most people _____.

7 대신에, 우리는 우리가 속해 있는 문화가 우리에게 그렇게 하도록 강요하기 때문에 이와 같이 행동한다. (belong / to / to / us / compels / we)

Instead, we behave like this because the culture _____.

8 또한 그녀는 정치에 적극적으로 참여했고 여성의 투표권을 위해 일했다. (engaged / and / in / worked / politics)

She was also actively _____ for women's voting rights.

9 오늘날의 음악 사업은 뮤지션들이 일을 직접 할 수 있게 해 주었다. (own / to / hands / their / take / into / matters)

Today's music business has allowed musicians _____.

이것만은 **꾸!** 수능에 자주 출제되는 동사와 관련된 패턴들을 익히자!

convince A that A에게 ~를 납득시키다	**look forward to** ~를 고대하다
cope with ~에 대처하다	**make an effort** 노력하다
correspond with ~와 서신을 교환하다	**motivate A to B** A가 B하도록 자극하다
criticize A for B B에 대해서 A를 비난하다	**oblige A to B** A가 B하도록 강요하다
deal with ~를 처리하다	**order A to B** A가 B하도록 명령하다
demonstrate that ~라고 입증하다, ~라고 보여주다	**persuade A to B** A가 B하도록 설득하다
depend on ~에 의존하다	**present A with B** A에게 B를 제공하다
deprive A of B A에게서 B를 빼앗다	**prevent A from B** A가 B하는 것을 막다
encourage A to B A가 B하도록 권장하다	**refer to** ~를 가리키다
end up ~로 끝이 나다	**refer to A as B** A를 B라고 부르다
engage in ~에 관여하다	**refrain from** ~를 삼가다
figure out ~을 알아내다	**regard A as B** A를 B로 여기다
force A to B A가 B하도록 강요하다	**rely on** ~에 의존하다
get rid of ~를 없애다	**resort to** ~에 의존하다
happen to 우연히 ~하다	**responsible for** ~에 대해 책임이 있는
identify with ~와 동일시하다	**result in** ~의 결과가 나오다
indicate that ~라는 것을 나타내다	**run into** ~와 우연히 만나다
insist on ~라고 주장하다	**struggle to** ~하려고 애쓰다
integrate into ~에 통합시키다	**suffer from** ~로 고통 받다
interfere with ~를 방해하다	**take advantage of** ~를 이용하다

Q 다음 문장을 동사 패턴에 주의해서 해석하세요.

0705 Unfortunately, a car accident injury forced her to end her career after only eighteen months. | 2020 고1 3월 | `21638-0793`

▶ 불행하게도, 자동차 사고로 인한 부상은 그녀가 겨우 18개월 후에 직장 생활을 그만두게 만들었다.

Tip force는 '강요하다'라는 의미야. 동사 패턴을 파악해서, 뒤에 to end를 찾아서 정확하게 해석할 수 있어.

0706 To deal with this inconsistency, cultural relativism creates "tolerance." | 2018 고1 11월 | `21638-0794`

▶

0707 There would be nothing to figure out and there would be no reason for science. | 2017 고1 6월 | `21638-0795`

▶

0708 The way to modify people's behavior depends on their perception. | 2017 고1 11월 | `21638-0796`

▶

0709 As a result, they are usually motivated to use a lot of strategies to reduce risk. | 2017 고1 3월 | `21638-0797`

▶

0710 Above all, get rid of distractions: the TV, the Internet, and e-mail. | 2015 고1 6월 | `21638-0798`

▶

0711 Maybe you'll run into people there that you've never met before. | 2020 고1 3월 | `21638-0799`

▶

0712 They make such purchases because the salesperson takes advantage of a human tendency to be consistent in their words and actions. | 2019 고1 11월 | `21638-0800`

▶

---

705. injury 부상   **706**. inconsistency 불일치, 모순 relativism 상대주의   **707**. figure out ~을 이해하다
708. modify 수정하다 perception 인식   **709**. motivate 동기를 부여하다 strategy 전략
710. get rid of ~을 제거하다 distraction 방해 요소   **711**. run into ~을 우연히 만나다
712. purchase 구매 tendency 경향 consistent 일관된

CHAPTER **5**

Q 다음 문장을 동사 패턴에 주의해서 해석하세요.

0713 Every aspect of human language has evolved, as have components of the human brain and body, to engage in conversation and social life. | 2020 고1 11월 | `21638-0801`

▶ 인간의 뇌와 신체의 구성 요소들이 그래 왔듯이, 인간 언어의 모든 측면은 대화와 사회 생활에 참여하도록 진화해 왔다.

Tip engage in은 정말 많이 사용되는 동사 패턴이야. 꼭 익혀두자.

0714 The quolls were saved via minimal human interference because ecologists were able to take advantage of quolls' natural imitative instincts. | 2019 고1 11월 | `21638-0802`

▶

0715 Many teachers and learning experts are convinced by their own experiences that students who study in a noisy environment often learn inefficiently. | 2020 고1 3월 | `21638-0803`

▶

0716 Without the formation and maintenance of social bonds, early human beings probably would not have been able to cope with or adapt to their physical environments. | 2018 고1 6월 | `21638-0804`

▶

0717 The day after Daylight Saving Time begins, thousands of drivers suffer from a regional case of jet lag, and accident rates rise by 7% on that day. | 2014 고1 11월 | `21638-0805`

▶

0718 The study indicates that the material presented by the storytellers has much more interest and personal impact than that gained via the traditional method.

| 2018 고1 3월 | `21638-0806`

▶

0719 You are responsible for the success or failure of the conference, but you may not be morally responsible for its failure. | 2015 고1 11월 | `21638-0807`

▶

0720 Since you can't use gestures, make faces, or present an object to readers in writing, you must rely on words to do both the telling and the showing. | 2016 고1 3월 | `21638-0808`

▶

713. evolve 진화하다 component 구성 요소 engage in ~에 참여하다 **714.** quoll 주머니고양이 via ~에 의해, ~을 사용하여 interference 간섭 **715.** convince 설득하다, 확신시키다 **716.** maintenance 유지 social bond 사회적 유대 adapt 적응하다 **717.** regional 지역의 jet lag 시차로 인한 피로 증상 **718.** material 자료 present 제시하다 impact 영향 gain 얻다 via ~를 통하여 **719.** conference 회의 **720.** rely on ~에 의존하다

A 우리말 의미에 맞게 괄호 안에서 알맞은 것을 고르세요. `21638-0809`

1 Every aspect of human language has evolved, as have components of the human brain and body, to engage in / get rid of conversation and social life.

인간의 뇌와 신체의 구성 요소들이 그래 왔듯이, 인간 언어의 모든 측면은 대화와 사회 생활에 참여하도록 진화해 왔다.

2 Above all, get rid of / look for distractions: the TV, the Internet, and e-mail.

무엇보다도 우선, 텔레비전, 인터넷, 그리고 이메일과 같은 방해 요소들을 제거하라.

3 Maybe you'll run into / care for people there that you've never met before.

아마도 여러분은 거기서 전에 만난 적이 없는 사람들을 만날 것이다.

4 Without the formation and maintenance of social bonds, early human beings probably would not have been able to cope with / identify with or adapt to their physical environments.

사회적 유대의 형성과 유지가 없었다면, 초기 인간들은 아마도 그들의 물리적 환경에 대처하거나 적응하지 못했을 것이다.

5 The quolls were saved via minimal human interference because ecologists were able to deal with / take advantage of quolls' natural imitative instincts.

주머니고양이는 최소한의 인간의 개입에 의해 구해졌는데, 왜냐하면 생태학자들이 주머니고양이의 타고난 모방 본능을 이용할 수 있었기 때문이었다.

B 우리말 의미에 맞게 다음 단어들을 알맞게 배열해서 문장을 완성하세요. `21638-0810`

6 불행하게도, 자동차 사고로 인한 부상은 그녀가 겨우 18개월 후에 직장 생활을 그만두게 만들었다. (career / end / her / to / her / forced)

Unfortunately, a car accident injury _____ after only eighteen months.

7 이 불일치를 처리하기 위해 문화 상대주의는 '톨레랑스(용인)'을 만들어 낸다. (with / deal / To / inconsistency / this)

_____ _____, cultural relativism creates "tolerance."

8 이해해야 할 것도 없을 것이고 과학을 해야 할 이유도 없을 것이다. (out / figure / to / nothing)

There would be _____ and there would be no reason for science.

9 사람들의 행동을 수정하는 방식은 그들의 인식에 달려 있다. (their / depends / perception / on)

The way to modify people's behavior _____.

CHAPTER 5

강조

do/does/did + 동사원형

it is ··· that

I did listen to you.
나는 네 말을 정말로 들었어

해석 Tip 다양한 강조 구문을 익히자!

 ## 문장에서 강조하고 싶은 부분이 있을 때!

강조는 문장에서 강조하고 싶은 부분이 있을 때 사용하는 문법이야. 2가지 강조를 알아보자.

1. 동사 강조
동사를 강조할 때는 동사 앞에 do/does/did 중에서 알맞은 것을 한 개 골라서 쓰면 돼. 주어, 시제를 고려해서 골라야 해. do/does/did를 썼으면 다음에는 동사원형을 써야 해.

I do love you.
He does love her.
I did love her.

2. it is ~ that 강조
It ~ that 강조구문은 문장의 특정 부분을 강조하고자 할 때 쓰는 구문이야. 문장에서 강조하려는 부분을
it ~ that 사이에 적고, 나머지 부분은 that 다음에 적으면 돼.

The Internet has revolutionized our way of life.
→ It is the Internet that has revolutionized our way of life.
   우리의 삶의 방식에 대변혁을 일으킨 것은 바로 인터넷이다.

알.쓸.신.잡

동사의 강조는 일상에서도 흔히 쓰여. 영화 [*Aladdin*]에서 동사가 강조된 부분을 찾아보자.

Aladdin: If you don't have anything, you have to act like you own everything.
   네가 아무것도 없으면, 너는 모든 것을 가진 것처럼 행동해야 해.
   So, what do you say? I did find your bracelet.
   그래서, 어떻게 생각해? 내가 네 팔찌를 정말로 찾았잖아.

Jasmine: You did not find it, you stole it.
   너는 그것을 찾은 게 아니고, 훔친 거지.

Q 다음 문장을 강조된 구조에 주의해서 해석하세요.

0721 And it's not just our efficiency that is reduced. | 2015 고3 6월 |　21638-0811

▶ 그리고 줄어드는 것은 비단 우리의 효율성만이 아니다.

Tip 강조구문은 문장 해석을 위해서 반드시 파악을 해야 해. 문장 초반부의 it이 가주어가 아니라면 강조구문을 의심해 보자.

0722 It's what's *invisible* that creates what's *visible*. | 2016 고1 11월 |　21638-0812

▶

0723 It was his newfound self-confidence that enabled him to achieve anything he went after. | 2018 고1 6월 |　21638-0813

▶

0724 It's not companies that primarily degrade the world. | 2019 고3 7월 |　21638-0814

▶

0725 But it is not the cosmetics that make these women model-like. | 2016 고3 7월 |　21638-0815

▶

0726 It is the second train that is moving in the opposite direction. | 2019 고2 6월 |　21638-0816

▶

0727 It is in this sense that we should draw attention to fig trees. | 2015 고3 9월 |　21638-0817

▶

0728 It is not only beliefs, attitudes, and values that are subjective. | 2019 고2 9월 |　21638-0818

▶

721. efficiency 효율성　**722.** invisible 보이지 않는　**723.** self-confidence 자신감　achieve 성취하다
724. primarily 주로　degrade 타락시키다　**725.** cosmetics 화장품　**726.** direction 방향
727. draw 기울이다　attention 주의　fig 무화과　**728.** belief 신념　subjective 주관적인

Q 다음 문장을 강조된 구조에 주의해서 해석하세요.

0729 The few times that they do occur, it is the possessor who tries to make someone leave the circle. | 2020 고1 9월 | `21638-0819`

▶ 간혹 그러한 일이 정말로 일어날 때, 누군가를 무리에서 떠나게 하려는 것은 바로 그 소유자다.

> **Tip** 이 문장에는 동사의 강조와 it is ~ that 강조구문이 모두 사용되었어. 강조된 부분인 동사 occur와 the possessor의 의미를 강조하면서 해석하자.

0730 It is through selective inclusion *and exclusion* that they produce loyalty and lasting social bonds. | 2020 고1 9월 | `21638-0820`

▶

0731 It's an affliction of abundance that drives you to keep all of your options open and to avoid risks. | 2020 고1 11월 | `21638-0821`

▶

0732 It was only when Newton placed a second prism in the path of the spectrum that he found something new. | 2018 고1 6월 | `21638-0822`

▶

0733 It is the intuitive force that sparks our imaginations and opens pathways to life-changing opportunities. | 2020 고1 11월 | `21638-0823`

▶

0734 It is these differences from place to place that generate the demand for transportation. | 2016 고3 3월 | `21638-0824`

▶

0735 It's what's *under the ground* that creates what's above the ground. | 2016 고1 11월 | `21638-0825`

▶

0736 But they did uncover one thing that was very much in their control. | 2017 고1 6월 | `21638-0826`

▶

---

729. occur 일어나다 circle 무리   **730.** selective 선택적인 inclusion 포함 exclusion 배제 loyalty 충성 lasting 지속적인
731. affliction 병, 재해 abundance 풍요, 풍족함   **732.** path 경로   **733.** intuitive 직관적인 force 힘 spark 자극하다
734. generate 발생시키다   **735.** create 만들다   **736.** uncover 발견하다

REVIEW mission

A 우리말 의미에 맞게 괄호 안에서 알맞은 것을 고르세요. `21638-0827`

1 It is the second train that is moving in the straight / opposite direction.

반대 방향으로 움직이고 있는 것은 바로 그 두 번째 기차이다.

2 It is in this sense that we should draw / confine attention to fig trees.

바로 이런 의미에서 우리는 무화과나무에 주의를 기울여야 한다.

3 It is not only beliefs, attitudes, and values that are objective / subjective.

주관적인 것은 신념, 태도, 가치관만이 아니다.

4 It's what's *under the ground* that destroys / creates what's above the ground.

땅 위에 있는 것을 만드는 것은 바로 '땅 아래에' 있는 것이다.

5 But they did uncover / hide one thing that was very much in their control.

하지만 그들은 자신들이 매우 잘 통제 할 수 있는 한 가지는 진정 발견했다.

B 우리말 의미에 맞게 다음 단어들을 알맞게 배열해서 문장을 완성하세요. `21638-0828`

6 그리고 줄어드는 것은 비단 우리의 효율성만이 아니다. (that / reduced / is / efficiency / our)

And it's not just _____.

7 그가 추구하는 것이 무엇이든 그것을 성취할 수 있게 해 준 것은 바로 새로 발견한 그의 자신감이었다.
(self-confidence / It / newfound / his / that / was)

_____ enabled him to achieve

anything he went after.

8 그들이 충성과 지속적인 사회적 유대를 형성하는 것은 바로 선택적인 포함과 '배제'를 통해서이다. (inclusion
/ *exclusion* / is / selective / through / and / that / It)

_____ they produce loyalty and

lasting social bonds.

9 주로 이 세상을 격하시키는 것은 기업이 아니다. (that / the / primarily / world / degrade)

It's not companies _____.

10 그러나 이 여성들을 모델처럼 만들어주는 것은 화장품이 아니다. (model-like / these / that / women /
make)

But it is not the cosmetics _____.

CHAPTER

5

가정법

$$\textbf{If} \quad \underset{\text{(주어)}}{\textbf{S}} + \text{동사의 과거형} \cdots ,$$

$$\underset{\text{(주어)}}{\textbf{S}} \quad \textbf{would/should/could/might} + \text{동사원형}$$

If I were you, / I wouldn't do it.
내가 너라면,   나는 그것을 안 할 텐데

해석 Tip 가정법은 현실의 반대를 가정하는 거야!

가정법은 현실의 반대를 가정!

가정법은 현실에서 일어날 수 없는 일을 가정할 때 사용해. 공식을 딱 맞게 사용해야만 가정법의 의미가 되기 때문에 공식을 꼭 기억하자. 현재 사실의 반대를 가정할 때 if절에 동사의 과거형을 사용하고, 과거 사실의 반대를 가정할 때 과거완료 시제를 사용해. 현실이 아닌 가정한 내용이라는 것을 강조하기 위해서 다소 특별한 시제를 사용하는 거야.

1. 가정법 과거: 현재 사실의 반대를 가정

If + 주어 + 동사의 과거형, 주어 + would/should/could/might + 동사원형

If I were in your place, I would not do it. 내가 네 입장이라면, 나는 그것을 하지 않을 텐데.

2. 가정법 과거완료: 과거 사실의 반대를 가정

If + 주어 + had p.p., 주어 + would/should/could/might + have p.p.

If he had been rich, he could have bought the house. 그가 부자였더라면, 그는 집을 살 수 있었을 텐데.

3. as if: 마치 ~인 것처럼

as if 가정법 과거: 문장의 동사와 같은 시점을 가정

as if 가정법 과거완료: 문장의 동사보다 하나 더 앞선 과거 시점을 가정

She looks as if she were ill. 그녀는 마치 아픈 것처럼 보인다.

She acted as if she had never met me before.
그녀는 마치 나를 전에 만난 적이 없었던 것처럼 행동했다.

4. I wish: ~라면 좋을 텐데

I wish + 가정법 과거: ~라면 좋을 텐데

I wish + 가정법 과거완료: ~였다면 좋을 텐데

알.쓸.신.잡

if only는 '오직 ~한다면'이라는 간절한 소망을 나타내. 영화 [If Only]에는 주인공들의 간절한 소망을 담은 대사들이 등장해.

If only I could come to him and tell him how I feel.

내가 그에게 가서 그에게 내가 어떤 감정인지를 말할 수만 있다면 좋을 텐데.

Q 다음 문장을 가정법에 주의해서 해석하세요.

0737 That day was unusually foggy as if something mysterious were ahead. | 2016 수능 | `21638-0829`

▶ 그날은 마치 불가사의한 뭔가가 앞에 있는 것처럼 평소와 달리 안개가 자욱했다.

Tip 가정법은 철저하게 공식대로 사용돼. 가정법 공식이 쓰였다면 현실과 반대라고 생각을 하면서 문장을 해석하자.

0738 If I hadn't come along he would have eventually died of starvation. | 2013 수능 | `21638-0830`

▶

0739 If the check had been enclosed, would they have responded so quickly? | 2017 고1 3월 | `21638-0831`

▶

0740 Everything would be fine if it were not fishing, he thought to himself. | 2017 고3 9월 | `21638-0832`

▶

0741 If I asked you to tell me where the eggs were, would you be able to do so? | 2018 고1 3월 | `21638-0833`

▶

0742 Moreover, the experience would be ruined if people were to behave in such a way. | 2018 고1 3월 | `21638-0834`

▶

0743 If that were the case, there would be no cultural differences in the world today. | 2016 수능 | `21638-0835`

▶

0744 If we didn't doubt our ability to perform the task at hand, we wouldn't need to try. | 2017 고3 3월 | `21638-0836`

▶

---

737. unusually 평소와 달리 mysterious 불가사의한   **738.** starvation 굶주림
739. check 수표 enclose 동봉하다 respond 답장하다   **740.** fishing 고기잡이, 낚시   **742.** ruin 망치다 behave 행동하다
743. be the case 사실이다 cultural 문화적인   **744.** doubt 의심하다 ability 능력 perform 수행하다

Q 다음 문장을 가정법에 주의해서 해석하세요.

0745 If Dante and Shakespeare had died before they wrote those works, nobody ever would have written them. | 2016 고3 9월 |

21638-0837

▶ 단테와 셰익스피어가 그 작품들을 쓰기 전에 사망했더라면 결코 아무도 그것들을 쓰지 않았을 것이다.

Tip 가정법의 공식이 쓰인 문장은 현실과 반대인 것으로 이해하면서 해석하면 돼.

0746 Students who remembered their own unethical behavior were more likely to act as if they felt unclean. | 2018 고3 7월 |

21638-0838

▶

0747 If the people knew they were being tested, every one would instantly come to the aid of the stranger. | 2016 고2 3월 |

21638-0839

▶

0748 Had the woman lawyer insisted on participating, she would have spoiled the deal and destroyed her credibility. | 2016 고3 3월 |

21638-0840

▶

0749 We are asked to watch the actions as if they were taking place at a distance, and we are not asked to participate. | 2021 고2 3월 |

21638-0841

▶

0750 When I was young, my parents worshipped medical doctors as if they were exceptional beings possessing godlike qualities. | 2016 고2 3월 |

21638-0842

▶

0751 But the real map of any given industry looks nothing like that; it looks more as if someone had thrown all the darts in the same place. | 2020 고2 9월 |

21638-0843

▶

0752 Too many companies advertise their new products as if their competitors did not exist. | 2018 고1 6월 |

21638-0844

▶

---

745. work 작품 **746.** unethical 비윤리적인 unclean 깨끗하지 않은 **747.** instantly 즉시 come to the aid of ~을 도우러 오다
748. lawyer 변호사 deal 거래 destroy 해치다 credibility 신뢰도 **749.** participate 참여하다
750. worship 우러러보다 exceptional 뛰어난 being 존재 possess 지니다 **751.** industry 산업
752. advertise 광고하다 competitor 경쟁자

A 우리말 의미에 맞게 괄호 안에서 알맞은 것을 고르세요. `21638-0845`

1 Moreover, the experience would be gained / ruined if people were to behave in such a way.

게다가 사람들이 그런 식으로 행동한다면 그 경험은 망쳐질 것이다.

2 If that were the case, there would be no racial / cultural differences in the world today.

만약 그것이 사실이라면, 오늘날 세계에는 문화적 차이가 없을 것이다.

3 If we didn't doubt / trust our ability to perform the task at hand, we wouldn't need to try.

당면한 일을 수행할 수 있는 자신의 능력을 의심하지 않는다면, 우리는 애쓸 필요가 없을 것이다.

4 If Dante and Shakespeare had died before they wrote those works, nobody ever would have written / read them.

단테와 셰익스피어가 그 작품을 쓰기 전에 사망했더라면 결코 아무도 그것을 쓰지 않았을 것이다.

5 Students who remembered their own ethical / unethical behavior were more likely to act as if they felt unclean.

자신의 비윤리적인 행동을 기억했던 학생들은 마치 자신들이 깨끗하지 않다고 느낀 듯 행동할 가능성이 더 있었다.

B 우리말 의미에 맞게 다음 단어들을 알맞게 배열해서 문장을 완성하세요. `21638-0846`

6 그날은 마치 불가사의한 뭔가가 앞에 있는 것처럼 평소와 달리 안개가 자욱했다. (were / as / if / something / ahead / mysterious)

That day was unusually foggy _____.

7 내가 나타나지 않았다면, 그는 결국 굶주려 죽었을 것이다. (If / I / come / along / hadn't)

_____, he would have eventually died of starvation.

8 그 수표가 동봉되었다면, 그들은 그렇게 빨리 답장을 보냈을까? (had / the / enclosed / If / check / been)

_____, would they have responded so quickly?

9 '고기잡이만 아니라면 무엇이든 좋겠어.' 하고 그는 혼자 생각했다. (fine / Everything / would / be)

_____ if it were not fishing, he thought to himself.

10 내가 여러분에게 달걀이 어디 있는지 말해 달라고 한다면, 여러분은 그렇게 할 수 있겠는가? (you / If / me / tell / to / asked / I)

_____ where the eggs were, would you be able to do so?

CHAPTER
5

CHAPTER

06

실전 연습

영어 문장 해석은 많은 경험이 필요합니다. 그 이유는 세상에는 무수히 많은 다른 종류의 문장들이 있기 때문입니다. 내가 기존에 공부한 문장과 비슷한 문장도 있을 수 있지만, 완전히 똑같은 문장은 없습니다. 따라서 다양한 구조의 문장들을 해석하는 경험을 쌓아야 제대로 문장들을 해석할 수 있습니다. 이번 장에서는 다양한 문장들을 해석하는 실전 연습을 합니다. 다소 긴 문장들을 준비했습니다. 긴 문장이 결국 승부처인만큼 지금까지 배운 내용을 바탕으로 힘껏 해석해 주시기 바랍니다. 긴 문장에는 크게 명사절, 형용사절, 부사절이 포함되어 있습니다. 문장 속에서 긴 덩어리를 찾아서 하나로 묶어 주면서 해석해 주면 됩니다.

CHAPTER 06
PREVIEW

#명사절

#형용사절

#부사절

이번 장에서 집중할 것!

긴 문장 속에서 덩어리를 찾으세요.
명사절, 형용사절, 부사절을 찾아서
문장을 제대로 해석하세요!

실전연습 1 – 명사절

I believe / that he is innocent .
나는 믿는다   그가 무죄라고

해석 Tip 문장 안에서 명사 역할을 하는 명사절을 찾아보자!

문장 안에서 명사 덩어리를 찾자!

긴 문장에는 반드시 긴 덩어리가 들어 있어. 절이라고 부르지. 명사절은 명사 역할을 하면서 문장의 중요한 자리에 위치해 있어. 주어, 목적어, 보어 자리에 위치한 명사절을 찾아서 긴 문장을 잡아 보자. 아래 명사절들을 해석해 보자.

Q. 1~10번까지의 명사절을 해석하세요.

1. that he is a father   → _____
2. that people need water to survive → _____
3. if he is okay   → _____
4. whether she'll buy it or not → _____
5. whoever smelt it   → _____
6. whatever you wish   → _____
7. what you said yesterday → _____
8. when you are looking at it → _____
9. what he wants for dinner → _____
10. how much you love me → _____

1. 그가 아버지라는 것
2. 사람들은 생존하기 위해서 물이 필요하다는 것
3. 그가 괜찮은지
4. 그녀가 그것을 살 건지 아닌지
5. 그것을 냄새 맡은 사람은 누구든지
6. 네가 바라는 것이라면 뭐든지
7. 어제 네가 말한 것
8 네가 그것을 언제 바라보고 있는지
9. 그가 저녁 식사로 원하는 것
10. 얼마나 네가 나를 사랑하는지

이것만은 꼭! 동격의 that을 익히자!

명사 fact, idea, belief, opinion, thought, suggestion, evidence 다음에 that을 쓰고 완전한 문장이 이어지는 구조에서 사용하는 that을 동격의 that이라고 해. that 앞의 명사를 that 다음의 문장이 설명한다고 보면 돼.

I can't deny the fact that I miss you. 내가 너를 그리워한다는 사실을 부인할 수 없어.

Q 다음 문장을 명사절에 주의해서 해석하세요.

0753 The question of *how its design affects human beings* is rarely asked. | 2020 고2 11월 | 21638-0847

▶ 어떻게 그것의 디자인이 인간에게 '영향을 미치는지'에 대한 질문은 거의 하지 않는다.

Tip 문장 안에 또 다른 문장이 보일 때는 그것들을 하나의 덩어리로 잘 묶어 주는 것이 중요해. 이 문장에서는 의문사 how가 명사절을 만들고 있네.

0754 She wondered how the candies and cookies had become toys overnight. | 2020 고2 11월 |
▶   21638-0848

0755 It is not a new idea that cooking is an activity that defines humans. | 2013 고2 11월 | 21638-0849
▶

0756 So, as soon as harmony is disrupted, we do whatever we can to restore it. | 2016 고1 9월 |
▶   21638-0850

0757 Some philosophers argue that the ship must be the sum of all its parts. | 2019 고2 3월 |
▶   21638-0851

0758 A new study suggests that utensils influence our experience of the food. | 2013 고2 9월 |
▶   21638-0852

0759 There has been a general belief that sport is a way of reducing violence. | 2019 고2 11월 |
▶   21638-0853

0760 As a result, the predator never receives the normal message that it is full. | 2020 고2 6월 |
▶   21638-0854

CHAPTER 6

---

753. affect 영향을 미치다　**754.** overnight 하룻밤 사이에　**755.** define 규정하다
756. disrupt 방해하다　restore 복구하다, 회복하다　**757.** philosopher 철학자　argue 주장하다　sum 총합
758. suggest 보여주다　utensil 식기　**759.** belief 믿음　violence 폭력　**760.** predator 포식자　receive 받다

Q 다음 문장을 명사절에 주의해서 해석하세요.

0761 That led scientists to question whether the spotted horses were real or fantasy.

| 2012 고2 6월 | 21638-0855

▶ 그것이 과학자들로 하여금 그 점박이 말들이 실제 있는 것인지 아니면 가상의 존재인지 의문을 갖도록 만들었다.

Tip 동사 question에 대한 목적어로 whether 절이 사용되었네.

0762 There is always a possibility that in the future archaeologists will find even older pots somewhere else. | 2020 고2 6월 |

21638-0856

▶

0763 In a serious tone, she answered that she'd been extremely nervous when I appointed her at the beginning of class. | 2016 고2 3월 |

21638-0857

▶

0764 If so, the real lesson of the study is that we should all relax a little and not let our work take over our lives. | 2021 고2 3월 |

21638-0858

▶

0765 One of the characteristics of the United States is that it tends to be oversensitive to domestic political concerns. | 2012 고2 6월 |

21638-0859

▶

0766 Scientists finally concluded that, for the seeds of the Calvaria Tree to sprout, they needed to first be digested by the Dodo bird. | 2012 고2 3월 |

21638-0860

▶

0767 We believe that allowing people to live with their pets enriches their lives. | 2020 고2 9월 |

21638-0861

▶

0768 A recent study shows that dogs appear to form mental images of people's faces.

| 2020 고2 9월 | 21638-0862

▶

761. fantasy 가상의 존재 **762.** possibility 가능성 archaeologist 고고학자 pot 도자기 **763.** appoint 지명하다
764. relax 휴식을 취하다 **765.** characteristic 특징 oversensitive 지나치게 민감한 concern 관심사
766. conclude 결론짓다 sprout 싹트다 digest 소화하다 **767.** enrich 풍요롭게 하다 **768.** study 연구 form 형성하다

A 우리말 의미에 맞게 괄호 안에서 알맞은 것을 고르세요. `21638-0863`

1 A new study suggests that utensils disrupt / influence our experience of the food.

새로운 한 연구는 식기가 우리의 음식에 대한 경험에 영향을 미친다는 것을 보여준다.

2 There has been a special / general belief that sport is a way of reducing violence.

스포츠가 폭력을 감소시키는 방법이라는 일반적인 믿음이 있어 왔다.

3 As a result, the predator never receives the normal message that it is hungry / full.

그 결과 포식자는 배가 부르다는 일반적인 메시지를 결코 받지 못한다.

4 We believe that allowing / expecting people to live with their pets enriches their lives.

우리는 사람들이 반려동물과 함께 살게 하는 것은 그들의 삶을 풍요롭게 한다고 생각한다.

5 A past / recent study shows that dogs appear to form mental images of people's faces.

최근의 한 연구는 개들이 사람들의 얼굴에 대한 심상(心象)을 형성하는 것처럼 보인다는 것을 보여준다.

B 우리말 의미에 맞게 다음 단어들을 알맞게 배열해서 문장을 완성하세요. `21638-0864`

6 그것이 과학자들로 하여금 그 점박이 말들이 실제 있는 것인지 아니면 가상의 존재인지 의문을 갖도록 만들었다. (the / or / were / whether / horses / fantasy / spotted / real)

That led scientists to question _____.

7 그녀는 사탕과 쿠키가 하룻밤 사이에 어떻게 장난감으로 바뀌게 되었는지 궁금했다. (candies / had / and / cookies / the / how / become)

She wondered _____ toys overnight.

8 요리가 인간을 규정하는 활동이라는 것은 새로운 생각이 아니다. (It / idea / not / is / new / a)

_____ that cooking is an activity that defines humans.

9 그래서 조화가 방해받자마자 우리는 그것을 복구하기 위해 할 수 있는 무엇이든지 한다. (can / it / we / whatever / to / restore)

So, as soon as harmony is disrupted, we do _____.

10 일부 철학자들은 그 배는 모든 부분의 총합이어야 한다고 주장한다. (the sum / of / that / must / the ship / all / its parts / be)

Some philosophers argue _____.

CHAPTER
6

실전연습 2 – 형용사절

Give me the money / <u>that I sent you</u> .

나에게 돈을 줘   내가 너에게 보낸

해석 Tip 문장 안에서 명사를 수식하는 형용사절을 찾아보자!

형용사절은 명사를 수식!

형용사절은 문장 안에서 앞에 있는 명사를 수식해. 관계대명사, 관계부사가 이끄는 절이 대표적인 형용사절이야. 문장 안에서 형용사 덩어리를 찾아서 앞의 명사를 수식하도록 해석하면 돼. 관계대명사, 관계부사 앞에 콤마(,)가 찍힌 것은 계속적 용법이야. 계속적 용법은 선행사에 대한 추가적인 정보를 전달해. 선행사에 대한 추가 설명이라고 이해하면서 해석하면 돼.

- 선행사 (관계대명사/관계부사)…
                  선행사를 수식

- 선행사, (관계대명사/관계부사)…
                     선행사에 대한 추가 설명

Q. 1~10번까지의 형용사절을 해석하세요.

1. a new car that is very expensive   → _____
2. a student who hates studying   → _____
3. a son who is a doctor   → _____
4. a house which was built last year   → _____
5. a letter which I mailed her   → _____
6. the people who live alone   → _____
7. a book which belongs to her   → _____
8. the summer when I graduated from university → _____
9. the town where she lives   → _____
10. the reason why I respect him   → _____

1. 매우 비싼 새 차

2. 공부를 몹시 싫어하는 학생

3. 의사인 아들

4. 작년에 지어진 집

5. 내가 그녀에게 보낸 편지

6. 혼자 사는 사람들

7. 그녀 소유인 책

8. 내가 대학을 졸업한 여름

9. 그녀가 살고 있는 마을

10. 내가 그를 존경하는 이유

BASIC mission

정답과 해석 58쪽

Q 다음 문장을 형용사절에 주의해서 해석하세요.

0769 Although the British had only 60,000 men, the Prussian army, which came to their aid, also had 70,000 men. | 2012 고2 3월 |

`21638-0865`

▶ 영국군은 겨우 6만 명이었지만, 그들을 돕기 위해 온 프러시아 군대가 또한 7만 명이었다.

Tip the Prussian army를 which 이하의 형용사절이 수식하고 있어.

0770 Tarsiers can rotate their heads at least 180 degrees, which gives them a wide field of vision for spotting prey. | 2016 고2 6월 |

`21638-0866`

▶

0771 There is an interesting phenomenon where people are perceived as possessing a trait that they describe in others. | 2013 고2 9월 |

`21638-0867`

▶

0772 It takes practice to develop these mental skills, which is no different from the development of physical skills. | 2014 고2 3월 |

`21638-0868`

▶

0773 Adequate hydration may improve cognitive function among children and adolescents, which is important for learning. | 2015 고2 6월 |

`21638-0869`

▶

0774 When I wake up, the first thing I do is check my day planner, which remembers my schedule so that I don't have to. | 2015 고2 11월 |

`21638-0870`

▶

0775 Eventually, the purified water from the artificial wetlands flows into Humboldt Bay, where marine life flourishes. | 2014 고2 6월 |

`21638-0871`

▶

0776 Similarly, those who said they would prefer a less-expensive apartment selected the apartment close to the station. | 2013 고2 9월 |

`21638-0872`

▶

CHAPTER **6**

---

769. aid 도움, 원조 army 군대   **770**. rotate 돌리다 degree (각도의 단위인) 도 field of vision 시야
771. phenomenon 현상 possess 가지고 있다 trait 특성   **772**. develop 개발하다
773. adequate 충분한, 적절한 hydration 수분 공급 improve 향상시키다 cognitive 인지적인 function 기능 adolescent 청소년
774. planner 계획표   **775**. purify 정화하다 artificial 인공적인 wetland 습지 flourish 번창하다   **776**. station 역

Q 다음 문장을 형용사절에 주의해서 해석하세요.

0777 The most important lesson I learned as a sports agent is that it isn't just about signing a million-dollar contract. | 2013 고2 6월 |

21638-0873

▶ 스포츠 에이전트로서 내가 배운 가장 중요한 교훈은 그것이 그저 백만 달러의 계약서에 서명하는 것에 관한 것만은 아니라는 것이다.

Tip 선행사 the most important lesson을 I learned as a sports agent가 수식하고 있어. 목적격 관계대명사 that이 생략된 문장이야.

0778 Their resemblance to the rat is exaggerated by their thin tail, which is much longer than their overall body length. | 2016 고2 6월 |

21638-0874

▶

0779 The noise comes from the wind blowing through holes in swellings at the base of the thorns, which act like tiny flutes. | 2012 고2 6월 |

21638-0875

▶

0780 One of her relatives ran a private painting school, which allowed Lotte to learn painting and drawing at a young age. | 2019 고2 11월 |

21638-0876

▶

0781 However, professors know that they cannot 'negotiate' a social order in which students pay money to receive a desired grade. | 2014 고2 6월 |

21638-0877

▶

0782 If we are psychologists who want to understand a person's behavior, we must know something about that person's origins and development over time. | 2012 고2 3월 |

21638-0878

▶

0783 In both education and job placement, individuals who are forced to work in a style that does not fit them may perform below their actual capabilities. | 2012 고2 3월 |

21638-0879

▶

0784 Trying to produce everything yourself would mean you are using your time and resources to produce many things for which you are a high-cost provider. | 2019 고2 6월 |

21638-0880

▶

---

777. agent 대리인, 에이전트 contract 계약서   **778**. resemblance 유사성 exaggerate 과장하다   **779**. swelling 부푼 곳, 부푼 부분 thorn 가시   **780**. relative 친척   **781**. negotiate 협상하다 social order 사회 체제   **782**. origin 태생
783. placement 배치   fit 맞다, 적합하다 perform 수행하다 capability 능력   **784**. resource 자원 provider 공급자

A 우리말 의미에 맞게 괄호 안에서 알맞은 것을 고르세요. 21638-0881

1 Their resemblance to the rat is dismissed / exaggerated by their thin tail, which is much longer than their overall body length.

그것들의 쥐와의 유사성이 그것들의 가는 꼬리 때문에 과장되는데, 그것은 전체 몸 길이보다 훨씬 더 길다.

2 The noise comes from the wind blowing through holes in swellings at the base of the thorns, which act like huge / tiny flutes.

그 소리는 바람이 가시 아래 부분의 부푼 곳에 있는 구멍을 통과할 때 나는데, 이것은 마치 아주 작은 플루트와 같은 역할을 한다.

3 When I wake up, the first thing I do is check my day planner, which remembers my schedule so that / if I don't have to.

내가 일어나서 맨 먼저 하는 일은 나의 일일 계획표를 확인하는 것인데, 내가 나의 일정을 기억할 필요가 없도록 이것이 그 일을 해준다.

4 Eventually, the purified water from the natural / artificial wetlands flows into Humboldt Bay, where marine life flourishes.

결국 인공 습지에서 나온 정화된 물은 Humboldt 만으로 흘러가, 그 곳에서 해양 생물들이 번창하게 된다.

5 Similarly, those who said they would prefer / dislike a less-expensive apartment selected the apartment close to the station.

비슷하게, 덜 비싼 아파트를 선호할 거라고 했던 사람들은 역에서 가까운 아파트를 골랐다.

B 우리말 의미에 맞게 다음 단어들을 알맞게 배열해서 문장을 완성하세요. 21638-0882

6 영국군은 겨우 6만 명이었지만, 그들을 돕기 위해 온 프러시아 군대가 또한 7만 명이었다. (to / came / which / their / aid)

Although the British had only 60,000 men, the Prussian army, _____, also had 70,000 men.

7 안경원숭이는 자신들의 머리를 최소 180도 돌릴 수 있는데, 이는 먹이를 찾기 위한 넓은 시야를 확보해 준다. (them / which / gives / vision / a wide field of)

Tarsiers can rotate their heads at least 180 degrees, _____ for spotting prey.

8 사람들은 다른 사람들에게 있다고 설명하는 어떤 특성을 자신들이 가지고 있는 것으로 인식된다는 흥미로운 현상이 있다. (people / perceived / where / are / as)

There is an interesting phenomenon _____ possessing a trait that they describe in others.

CHAPTER
6

CODE

50 실전연습 3 – 부사절

Unless we get there early , / we won't be able to have dinner.

우리가 그곳에 일찍 도착하지 않으면, 우리는 저녁을 먹을 수 없을 것이다

해석 Tip 부사절은 문장에 다양한 의미를 더해!

 부사절은 시간, 이유, 조건, 양보 등의 의미를 더하지!

부사절이 포함된 문장은 길이가 길지만 접속사의 의미만 정확하게 알고 있으면 어렵지 않게 문장을 해석할 수 있어. 접속사의 의미에 주의해서 해석에 도전하자.

Q. 1~10번까지의 부사절을 해석하세요.

1. after the chores are done   → _____
2. when the night comes   → _____
3. because she worked hard   → _____
4. since he had 5 more minutes   → _____
5. so that he would not ruin the project   → _____
6. in order that he could stay healthy   → _____
7. if you save some money   → _____
8. unless you hurry   → _____
9. even though it sounds boring   → _____
10. although you did your best   → _____

1. 집안일을 끝낸 후에   2. 밤이 오면
3. 그녀는 열심히 일했기 때문에
4. 그에게는 5분 더 남아 있었으므로
5. 그가 그 프로젝트를 망치지 않도록
6. 그가 계속 건강을 유지할 수 있도록
7. 네가 돈을 좀 절약한다면
8. 네가 서두르지 않는다면
9. 비록 그것이 지루하게 들리지만
10. 비록 너는 최선을 다했지만

 이것만은 **꼭!** 기억해야 할 접속사!

once 일단 ~하면	**while** ~하는 동안에	**as soon as** ~하자마자	**for** 왜냐하면 ~이니까
since ~ 때문에	**unless** ~하지 않는다면	**although/though/even though** ~임에도 불구하고	
as long as ~하는 한	**provided that** ~한다면	**in case** ~하는 경우에	

Q 다음 문장을 부사절에 주의해서 해석하세요.

0785 If they can afford it, they can hire a professional nanny for a while. | 2015 고2 9월 | `21638-0883`

▶ 여유가 된다면 그들은 한동안 전문 보모를 고용할 수 있다.

Tip 접속사 if가 부사절을 이끌고 있어. 부사절을 이끄는 if는 '만약 ~이라면'이라고 해석하면 돼.

0786 You've probably experienced this although you may not have understood it. | 2012 고2 6월 |

▶   `21638-0884`

0787 When an important change takes place in your life, observe your response. | 2020 고2 9월 |

▶   `21638-0885`

0788 Employers will be able to exploit workers if they are not legally controlled. | 2015 고2 6월 |

▶   `21638-0886`

0789 Although some of the problems were solved, others remain unsolved to this day.

▶ | 2019 고2 9월 | `21638-0887`

0790 Although such a lifestyle may, at times, be boring, it keeps me out of trouble. | 2012 고2 3월 |

▶   `21638-0888`

0791 As soon as they are weaned, they dig burrows of their own and begin life alone.

▶ | 2015 고2 3월 | `21638-0889`

0792 The executives rejected Ethnic Music because it sounded too academic and boring.

▶ | 2012 고2 3월 | `21638-0890`

CHAPTER **6**

785. professional 전문적인 nanny 보모   **786**. probably 아마   **787**. response 반응   **788**. exploit 착취하다 legally 법적으로
789. solve 풀다   **790**. trouble 어려움   **791**. wean 젖을 떼다 burrow 굴   **792**. executive 간부 reject 거부하다

Q 다음 문장을 부사절에 주의해서 해석하세요.

0793 In some cases two species are so dependent upon each other that if one becomes extinct, the other will as well. | 2014 고2 6월 | 21638-0891

▶ 어떤 경우에는 두 개의 종이 매우 상호의존적인 관계라서 한 종이 멸종하면 다른 한 종도 역시 멸종하게 된다.

Tip 문장에서 so가 보이면 뒤에서 that을 찾아보자. so~that 구문일 경우가 많아.

0794 When blood passes through cold muscles, oxygen in the blood can't detach itself from its hemoglobin very easily. | 2012 고2 6월 | 21638-0892

▶

0795 Initially, the chicks ate more of the breadcrumb prey when they were easily detected rather than hard to detect. | 2014 고2 9월 | 21638-0893

▶

0796 Although the Sun has much more mass than the Earth, we are much closer to the Earth, so we feel its gravity more. | 2019 고2 9월 | 21638-0894

▶

0797 As soon as someone figures out that you are on a mission to change their mind, the metaphorical shutters go down. | 2020 고2 11월 | 21638-0895

▶

0798 Once you take this online course 30 minutes per day for one week, reading the financial pages will be much easier. | 2012 고2 9월 | 21638-0896

▶

0799 As long as children are developing socially with other children, then imaginary friends are beneficial. |2020 고2 9월 | 21638-0897

▶

0800 Though our parents might seem out of step with the times, they have a great deal more wisdom and experience. | 2014 고2 6월 | 21638-0898

▶

---

793. species 종 dependent 의존적인 extinct 멸종된   **794.** muscle 근육 detach 분리하다
795. breadcrumb 빵부스러기 detect 발견하다   **796.** gravity 중력   **797.** mission 임무 metaphorical 은유적인
798. financial 금융의   **799.** imaginary 상상의   **800.** out of step with ~와 다른

A 우리말 의미에 맞게 괄호 안에서 알맞은 것을 고르세요.   21638-0899

1 Unless / Although such a lifestyle may, at times, be boring, it keeps me out of trouble.

때때로 그런 생활 방식은 지루할 수 있지만, 나를 어려움에 처하지 않도록 해 준다.

2 As long as / As soon as they are weaned, they dig burrows of their own and begin life alone.

그것들은 젖을 떼자마자 자신의 굴을 파고 혼자 살기 시작한다.

3 The executives rejected Ethnic Music because / although it sounded too academic and boring.

간부들은 'Ethnic Music'은 너무 학문적이고 지루하게 들린다고 거부했다.

4 As long as / As soon as children are developing socially with other children, then imaginary friends are beneficial.

어린이가 다른 어린이들과 함께 사회적으로 성장하는 한, 가상의 친구는 유익하다.

5 Once / Though our parents might seem out of step with the times, they have a great deal more wisdom and experience.

우리의 부모님이 시대와 다른 것처럼 보일 수도 있지만 그들은 우리보다 훨씬 더 많은 지혜와 경험을 가지고 있다.

B 우리말 의미에 맞게 다음 단어들을 알맞게 배열해서 문장을 완성하세요.   21638-0900

6 여유가 된다면 그들은 한동안 전문 보모를 고용할 수 있다. (afford / they / can / If / it)

_____, they can hire a professional nanny for a while.

7 이해하지는 못했을지라도 여러분은 이런 것을 아마 경험해 보았을 것이다. (may / although / it / understood / have / you / not)

You've probably experienced this _____.

8 여러분의 삶에 중요한 변화가 일어날 때, 여러분의 반응을 관찰하라. (When / place / important / change / takes / an)

_____ in your life, observe your response.

9 만약 고용주들이 법적으로 제약을 받지 않는다면 노동자들을 착취할 수 있을 것이다. (not / are / legally / if / controlled / they)

Employers will be able to exploit workers _____.

memo

memo

고교 내신 대비 EBS Line Up

고등학교 0학년 필수 교재
고등예비과정

국어, 영어, 수학, 한국사, 사회, 과학 6책

모든 교과서를 한 권으로,
교육과정 필수 내용을 빠르고 쉽게!

국어 · 영어 · 수학 내신 + 수능 기본서
올림포스

국어, 영어, 수학 16책

내신과 수능의 기초를 다지는 기본서
학교 수업과 보충 수업용 선택 No.1

국어 · 영어 · 수학 개념+기출 기본서
올림포스 전국연합학력평가 기출문제집

국어, 영어, 수학 8책

개념과 기출을 동시에 잡는 신개념 기본서
최신 학력평가 기출문제 완벽 분석

한국사 · 사회 · 과학 개념 학습 기본서
개념완성

한국사, 사회, 과학 19책

한 권으로 완성하는 한국사, 탐구영역의 개념
부가 자료와 수행평가 학습자료 제공

수준에 따라 선택하는 영어 특화 기본서
영어 POWER 시리즈

Grammar POWER 3책
Reading POWER 4책
Listening POWER 2책
Voca POWER 2책

원리로 익히는 국어 특화 기본서
국어 독해의 원리

현대시, 현대 소설, 고전 시가, 고전 산문,
독서 5책

국어 문법의 원리

수능 국어 문법, 수능 국어 문법 180제 2책

유형별 문항 연습부터 고난도 문항까지
올림포스 유형편

수학(상), 수학(하), 수학 I, 수학 II,
확률과 통계, 미적분 6책

올림포스 고난도

수학(상), 수학(하), 수학 I, 수학 II,
확률과 통계, 미적분 6책

최다 문항 수록 수학 특화 기본서
수학의 왕도

수학(상), 수학(하), 수학 I, 수학 II,
확률과 통계, 미적분 6책

개념의 시각화 + 세분화된 문항 수록
기초에서 고난도 문항까지 계단식 학습

단기간에 끝내는 내신
단기 특강

국어, 영어, 수학 8책

얇지만 확실하게, 빠르지만 강하게!
내신을 완성시키는 문항 연습

EBS 정승익 강사 직접 집필, 강의

정승익의
수능 개념 잡는
대박구문

부 록

중학 필수 불규칙 동사 100
수능 5개년 기출 단어 1000

EBS 정승익 강사 직접 집필, 강의

정승익의
수능 개념 잡는
대박구문

부 록

부록

영어의 기초를 쌓을 때 가장 중요한 것은 영어 단어를 익히는 것입니다. 부록에는 여러분들이 중학교에서 반드시 익혀야 하는 불규칙하게 변하는 동사 100개와 고등학교 수준에서 필요한 수능 5개년 기출 단어 1,000개를 담았습니다. 동사는 문장 해석에서 가장 중요한 역할을 담당합니다. 중학교에서 반드시 알아야 할 동사 100개를 먼저 익히세요. 수능 영어는 인문, 사회, 자연, 문학, 예술 등 다양한 소재의 지문들을 다루고 있습니다. 다양한 분야에 대한 어휘를 알고 있어야 지문을 해석하고 내용을 이해할 수 있습니다. 부록의 1,000개의 단어들은 지난 5년간 수능 영어의 지문에 가장 많이 사용된 단어들 중에서 외울 가치가 있는 단어들을 모은 것입니다. 이 단어들을 우선적으로 암기한다면 지문을 해석할 때 막히는 부분이 현저히 줄어들 것입니다. 단어 암기는 습관처럼 매일 일정 시간 동안 꾸준히 해 주시기 바랍니다.

#중학 필수 불규칙 동사 100

#수능 5개년 기출 단어 1000

이번 장에서 집중할 것!

단어 암기는 매일 습관처럼!
적어도 6개월은 단어 암기를
지속해 주세요.

중학 필수 불규칙 동사 100

연번	뜻	현재	과거	과거분사(p.p.)
1	~이다, ~있다	be동사 – am, is	was	been
2	~이다, ~있다	be동사 – are	were	been
3	(아이를) 낳다/참다	bear	bore	born(e)
4	두드리다, 이기다	beat	beat	beaten
5	~되다	become	became	become
6	시작하다	begin	began	begun
7	묶다	bind	bound	bound
8	물다	bite	bit	bitten
9	불다	blow	blew	blown
10	부수다/깨뜨리다	break	broke	broken
11	가져오다	bring	brought	brought
12	세우다	build	built	built
13	사다	buy	bought	bought
14	잡다	catch	caught	caught
15	선택하다	choose	chose	chosen
16	오다	come	came	come
17	비용이 들다	cost	cost	cost
18	자르다	cut	cut	cut
19	다루다	deal	dealt	dealt
20	뛰어들다	dive	dived/dove	dived
21	(땅을) 파다	dig	dug	dug
22	~을 하다	do/does	did	done
23	그리다	draw	drew	drawn
24	마시다	drink	drank	drunk
25	운전하다	drive	drove	driven
26	먹다	eat	ate	eaten
27	떨어지다	fall	fell	fallen
28	먹이다	feed	fed	fed
29	느끼다	feel	felt	felt
30	싸우다	fight	fought	fought
31	발견하다	find	found	found
32	날다	fly	flew	flown
33	잊어버리다	forget	forgot	forgotten
34	용서하다	forgive	forgave	forgiven
35	얼다	freeze	froze	frozen
36	얻다/사다	get	got	got/gotten
37	주다	give	gave	given
38	가다	go	went	gone
39	자라다	grow	grew	grown

연번	뜻	현재	과거	과거분사(p.p.)
40	걸다/교수형에 처하다	hang	hung/hanged	hung/hanged
41	가지다	have/has	had	had
42	듣다	hear	heard	heard
43	숨다	hide	hid	hid/hidden
44	치다	hit	hit	hit
45	붙잡다	hold	held	held
46	다치게 하다	hurt	hurt	hurt
47	유지하다	keep	kept	kept
48	알다	know	knew	known
49	놓다	lay	laid	laid
50	이끌다	lead	led	led
51	떠나다	leave	left	left
52	빌려주다	lend	lent	lent
53	허락하다	let	let	let
54	눕다	lie	lay	lain
55	잃다	lose	lost	lost
56	만들다	make	made	made
57	~을 의미하다	mean	meant	meant
58	만나다	meet	met	met
59	잘못 알다	mistake	mistook	mistaken
60	지불하다	pay	paid	paid
61	두다/놓다	put	put	put
62	읽다	read	read	read
63	올라타다	ride	rode	ridden
64	(벨이) 울리다	ring	rang	rung
65	오르다	rise	rose	risen
66	달리다	run	ran	run
67	말하다	say	said	said
68	보다	see	saw	seen
69	찾다/추구하다	seek	sought	sought
70	팔다	sell	sold	sold
71	보내다	send	sent	sent
72	놓다	set	set	set
73	흔들다	shake	shook	shaken
74	빛나다	shine	shone	shone
75	쏘다	shoot	shot	shot
76	보여주다	show	showed	shown/showed
77	닫다	shut	shut	shut
78	노래하다	sing	sang	sung

연번	뜻	현재	과거	과거분사(p.p.)
79	가라앉다	sink	sank	sunk
80	앉다	sit	sat	sat
81	잠자다	sleep	slept	slept
82	냄새가 나다	smell	smelt/smelled	smelt/smelled
83	말하다	speak	spoke	spoken
84	(돈, 시간을) 소비하다	spend	spent	spent
85	일어서다	stand	stood	stood
86	훔치다	steal	stole	stolen
87	치다	strike	struck	struck/stricken
88	수영하다	swim	swam	swum
89	흔들다	swing	swung	swung
90	잡다	take	took	taken
91	가르치다	teach	taught	taught
92	찢다	tear	tore	torn
93	말하다	tell	told	told
94	생각하다	think	thought	thought
95	던지다	throw	threw	thrown
96	이해하다	understand	understood	understood
97	입다	wear	wore	worn
98	울다	weep	wept	wept
99	이기다	win	won	won
100	쓰다	write	wrote	written

부록 수능 5개년 기출 단어 1000

연번	WORDS	단어 뜻	COLLOCATION	COLLOCATION 해석
1	knowledge	지식	based on the background knowledge	배경 지식에 기초하여
2	individual	개인; 개별적인	individual members	개별적인 구성원들
3	research	연구	conduct research	연구를 실시하다
4	community	공동체, 커뮤니티	scientific community	과학 커뮤니티
5	behavior	행동	bad behavior	나쁜 행동
6	species	종	a new species of plant	새로운 식물 종
7	value	가치	put a high value on the service	서비스에 높은 가치를 두다
8	local	지역의, 고장의	local conflict	지역 갈등
9	technology	기술	information technology	정보 기술
10	ability	능력	ways to improve your ability	당신의 능력을 향상하는 방법들
11	available	이용할 수 있는	all available resources	모든 이용할 수 있는 자원
12	language	언어	foreign language	외국어
13	tend	경향이 있다	tend to get cold	추워지는 경향이 있다
14	creative	창조적인, 창의적인	a creative artist	창의적인 예술가
15	reality	현실	escape from reality	현실에서 도망치다
16	reason	이성, 이유; 추론하다	a valid reason	타당한 이유
17	mental	정신적인	mental health	정신 건강
18	quality	(품)질	good quality	좋은 품질
19	specific	특정한, 구체적인	have specific rules	특정한 규칙이 있다
20	competition	경쟁	fierce competition	치열한 경쟁
21	potential	잠재적인, 가능성이 있는	potential customers	잠재 고객들
22	provide	제공하다	provide useful information	유용한 정보를 제공하다
23	various	여러 가지의, 각양각색의	various shapes	여러 가지 모양들
24	effect	영향, 효과	have a negative effect	부정적인 영향을 미치다
25	term	기간, 용어	short-term memory	단기 기억
26	common	공통의, 공동의	a common interest	공통의 관심사
27	develop	개발하다, 발달시키다	develop social skills	사회적 기능을 발달시키다
28	field	현장, 분야	field study	현장 연구
29	consider	고려하다, 여기다	consider the possibility	가능성을 고려하다
30	given	~을 고려하면	given the situation	상황을 고려하면
31	negative	부정적인	negative response	부정적인 응답
32	personal	개인적인	personal tastes	개인적인 취향
33	share	나누다	share their expertise with others	그들의 전문지식을 다른 사람들과 나누다
34	temperature	온도	water temperature	물의 온도(수온)

연번	WORDS	단어 뜻	COLLOCATION	COLLOCATION 해석
35	material	자재, 물질	proper building materials	적절한 건축 자재
36	search	찾다, 탐색하다	search for the clues	단서를 찾다
37	industry	산업	manufacturing industry	제조업
38	lead	납	lead poisoning	납 중독
39	positive	긍정적인	a positive attitude	긍정적인 태도
40	essential	필수적인, 중요한	essential for living	사는 데 필수적인
41	population	인구	the rural population	시골 지역의 인구
42	evidence	증거, 증언	lack of evidence	증거 부족
43	force	힘	the force of the collision	충돌의 힘
44	moral	도덕의	moral judgement	도덕적인 판단
45	necessary	필요한	the necessary skills	필요한 기술
46	average	평균의	average age	평균 연령
47	evolution	발전, 진화	the key to cultural evolution	문화적인 발전으로 가는 열쇠
48	challenge	도전, 난제; 도전하다, 이의를 제기하다	face a challenge	도전에 직면하다
49	opportunity	기회	take the opportunity	기회를 잡다
50	organism	유기체	a microscopic organism	미생물
51	rate	속도, -율	the average rate	평균 속도
52	truth	진실, 진리	expose the truth	진실을 폭로하다
53	visual	시각의	visual arts	시각 예술
54	advantage	이점, 장점	the advantage of good health	좋은 건강의 이점
55	matter	문제; 중요하다	a private matter	사적인 문제
56	capacity	능력, 수용력, 용량	brain capacity	뇌 용량
57	complex	복잡한	the complex structure of society	복잡한 사회 구조
58	distance	거리	a short distance	짧은 거리
59	effort	노력	make an effort to finish it	그것을 끝내려고 노력하다
60	gain	이익; 얻다	maximize his gain	그의 이익을 극대화하다
61	note	메모; 주목하다, 언급하다	as noted above	위에서 언급한 것처럼
62	receive	받다	receive the award	상을 받다
63	remember	기억하다	remember his name	그의 이름을 기억하다
64	subject	주제; 지배하에 두다	subject most of Europe to its rule	대부분의 유럽을 그것의 지배하에 두다
65	access	이용가능성	have access to the data	그 데이터를 이용할 수 있다
66	carbon	탄소	reduce carbon emissions	탄소 배출물을 줄이다
67	choice	선택	make a choice	선택을 하다
68	complete	완료하다, 마치다	complete the task	업무를 완료하다
69	effective	효과적인	an effective means	효과적인 수단

연번	WORDS	단어 뜻	COLLOCATION	COLLOCATION 해석
70	experiment	실험	conduct an experiment	실험을 하다
71	explain	설명하다	explain everything	모든 것을 설명하다
72	grace	우아함, 품위	with grace	우아하게
73	increase	늘다, 늘리다	increase the number	수를 늘리다
74	offer	권하다, 제공하다	offer an opportunity	기회를 제공하다
75	product	생산품	large quantities of a product	많은 양의 생산품
76	risk	(~을) 걸다; 위험	risk his life	그의 목숨을 걸다
77	claim	주장; 주장하다	conflicting claims	상충되는 주장들
78	happen	(사건 등이) 일어나다	happen suddenly	갑자기 일어나다
79	impact	영향, 충격	have a significant impact	상당한 영향을 미치다
80	lack	부족, 결핍	lack of sleep	수면 부족
81	novel	소설; 참신한	novel discovery	참신한 발견
82	status	상태, 지위	a status symbol	지위의 상징
83	unique	유일무이한	a unique opportunity	유일무이한 기회
84	accurate	정확한	accurate information	정확한 정보
85	delighted	아주 기뻐하는	a delighted smile	아주 기뻐하는 미소
86	disappointed	실망한, 낙담한	disappointed in his daughter	그의 딸에게 실망한
87	diversity	다양성	cultural diversity	문화적 다양성
88	eventually	결국	eventually surrender	결국 항복하다
89	addition	추가된 것, 추가 인원	a new addition to our team	우리 팀의 추가 인원
90	biological	생물학의, 생물학적인	biological classification	생물학적 분류
91	economic	경제의	the economic crisis	경제 위기
92	identity	정체, 정체성	conceal his identity	그의 정체를 숨기다
93	influence	영향력	a strong influence	강한 영향력
94	instance	예, 본보기	for instance	예를 들어
95	majority	대다수	the majority of people	대다수의 사람들
96	psychology	심리학	take my positive psychology class	나의 긍정 심리학 수업을 듣다
97	recent	최근의	a recent event	최근의 일[사건]
98	annual	연간의	annual membership	연간 회원권
99	approach	접근; 접근하다	approaching in the distance	멀리서 접근하는
100	author	저자	the author of this book	이 책의 저자
101	fundamental	근본적인, 필수적인	fundamental difference	근본적인 차이
102	intelligence	지성, 지능	emotional intelligence	정서 지능
103	perform	공연하다	performing arts	공연 예술
104	period	기간, 시기	after a short period	짧은 기간 후에
105	prevent	막다, 예방하다	prevent the accident	사고를 예방하다

연번	WORDS	단어 뜻	COLLOCATION	COLLOCATION 해석
106	registration	(출생, 혼인 등의) 신고, 등록	the registration number of the car	차량 등록 번호
107	relieved	안도하는	feel relieved	안도감을 느끼다
108	role	역할, 임무	play a role	역할을 맡다[하다]
109	spread	퍼지다, 펼치다	spread quickly	빠르게 퍼지다
110	cognitive	인지의	cognitive development	인지 발달
111	context	상황, 문맥	in two social contexts	두 가지 사회적 상황에서
112	contrary	반대되는	contrary answers	반대되는 대답들
113	definition	정의	adopt a new definition	새로운 정의를 채택하다
114	despite	~에도 불구하고	despite the rain	비에도 불구하고
115	equal	같은, 동일한	equal value	동일한 가치
116	feedback	피드백	get feedback on my work	내 작품에 대한 피드백을 받다
117	grow	성장하다	grow quickly	빠르게 성장하다
118	loss	상실	memory loss	기억 상실
119	mean	못된; 의미하다	mean nothing to me	나에게는 아무 의미 없다
120	measure	재다	measure the amount of energy	에너지의 양을 재다
121	mind	신경 쓰다, 꺼리다	mind living in the house	그 집에 사는 것을 꺼리다
122	object	물체, 목표	a distant object	먼 곳에 있는 물체
123	perspective	관점, 원근법	from a different perspective	다른 관점에서
124	progress	전진, 진행, 발달, 발전	make progress	진전을 이루다
125	content	내용물; 만족하는	content with my life	내 삶에 만족하는
126	decision	결정	make a decision	결정을 하다
127	degree	도, 정도, 학위	bachelor's degree	학사 학위
128	determine	결정하다, 밝히다	determine the cause of the accident	그 사고의 원인을 밝히다
129	forget	잊다	forget her name	그녀의 이름을 잊다
130	improve	개선하다	improve conditions	상태를 개선하다
131	mostly	대개	The story is mostly true.	그 이야기는 대개 사실이다.
132	notice	통지; 알리다	give notice	통지하다
133	politics	정치	people who agree with his politics	그의 정치에 동의하는 사람들
134	range	범위; 범위를 정하다	price range	가격 범위
135	sector	부문	the financial sector	재정 부문
136	tendency	경향, 추세	our tendency to focus on the end result	마지막 결과에 초점을 맞추는 우리들의 경향
137	tool	연장, 도구	garden tools	정원용 도구
138	urban	도시의	the urban area	도시 지역
139	youth	어린 시절, 젊음	in my youth	내가 젊었을 때
140	achieve	성취하다	achieve a goal	목표를 성취하다

연번	WORDS	단어 뜻	COLLOCATION	COLLOCATION 해석
141	allow	허락하다	allow her to leave	그녀가 떠나는 것을 허락하다
142	avoid	피하다	avoid the risk	위험을 피하다
143	chemical	화학의	chemical reaction	화학 반응
144	contact	연락, 접촉; 접촉하다	make contact with him	그와 연락하다
145	define	정의하다	difficult to define	정의하기 어려운
146	electric	전기의	electric car	전기 자동차
147	fiction	소설	children's fiction	어린이 소설
148	mass	덩어리; 대규모의	mass protest	대규모 시위
149	occur	일어나다	accidents can occur anywhere	사고는 어디서든 일어날 수 있다
150	origin	기원, 유래	origin of fortune-telling	점 보는 것의 유래
151	professional	직업의, 전문가의	professional advancement	직업상의 승진
152	require	요구하다, 필요로 하다	require different skills	다른 기술을 필요로 하다
153	respect	(측)면, 점	in all respects	모든 면에서
154	significant	중요한, 상당한	a significant development	상당한 발전
155	solid	단단한, 고체인	become solid when it freezes	얼면 고체가 되다
156	useful	유용한	useful information	유용한 정보
157	advance	사전의; 진전; 증진되다	advance warning	사전 경고
158	charity	자선 (단체)	raise money for charity	자선을 위해 돈을 모금하다
159	concern	걱정, 걱정거리	great concern to parents	부모에게 큰 걱정거리
160	current	현재의	current policy	현 정책
161	deal	거래, 양; 다루다	a great deal	많은 양
162	demand	수요; 요구하다	the labor supply and demand	인력 공급과 수요
163	ethical	윤리적인	ethical issues	윤리적인 문제들
164	exist	존재하다	the tradition still exists	그 전통은 아직도 존재한다
165	financial	재정(상)의	financial difficulties	재정적 어려움
166	fossil	화석	the fossil over millions of years old	몇 백만 년이 넘는 화석
167	function	기능; 작용하다	impact products or service functions	상품이나 서비스 기능에 영향을 미치다
168	growth	성장, 증가	population growth	인구 증가
169	habit	습관	a bad habit	나쁜 습관
170	habitat	서식지	natural habitat	자연 서식지
171	huge	거대한	a huge building	거대한 건물
172	identify	확인하다, 발견하다, 동일시하다	identify 20 different species	20개의 다른 종을 확인하다
173	interpretation	해석	interpretation of a poem	시의 해석

연번	WORDS	단어 뜻	COLLOCATION	COLLOCATION 해석
174	liquid	액체	pour the liquid	액체를 붓다
175	lose	잃다	lose a ring	반지를 잃어버리다
176	perception	지각, 통찰력, 인식	a general perception	일반적인 인식
177	psychological	심리학의, 심리적인	psychological research	심리학 연구
178	threat	위협, 협박	carry out a threat	협박을 실행하다
179	account	이야기, 설명, 계좌	keep accounts of his commercial life	그의 상업적 생활 이야기를 쓰다
180	appear	나타나다	suddenly appear	갑자기 나타나다
181	authority	권위, 권력	speak with authority	권위 있게 말하다
182	efficient	효율적인	the most fuel-efficient car	가장 연비가 좋은 차
183	genetic	유전(학)적인	a genetic defect	유전적 결함
184	include	포함하다	include some examples	몇몇의 예시를 포함하다
185	indigenous	(어떤 지역) 원산의	indigenous people	원주민
186	investment	투자	make an investment	투자를 하다
187	method	방법	a teaching method	교수법
188	nuclear	핵의	a nuclear war	핵전쟁
189	obvious	명백한, 분명한	obvious choice	분명한 선택
190	rare	드문, 진기한	in the rare instances	드문 경우에
191	reduce	줄이다	reduce the speed	속도를 줄이다
192	respond	대답하다, 반응하다	respond to the news	그 소식에 반응하다
193	sincerely	진심으로	sincerely believe	진심으로 믿다
194	structure	구조물, 건축물	a stone structure	석조 구조물
195	affect	영향을 주다	be affected by the movie	영화에 영향을 받다
196	agriculture	농업	depend on agriculture	농업에 의존하다
197	appreciate	감사하다, 감상하다, (진가를) 인정하다	appreciate the real value	진정한 가치를 인정하다
198	assume	가정하다, 추정하다	I assume that it is possible.	나는 그것이 가능하다고 추정한다.
199	carry	나르다, 들고 있다	carry a bag	가방을 들고 있다
200	climate	기후	climate change	기후 변화
201	crime	범죄	violent crime	폭력 범죄
202	figure	숫자, 모양, 인물	famous public figures	유명한 공적인 인물[공인]
203	government	정부	government policy	정부 정책
204	immediate	즉각적인	immediate response	즉각적인 반응
205	innovation	혁신	encourage environmental innovation	환경적인 혁신을 장려하다
206	largely	대체로, 크게	It is largely due to the effort of the teachers.	그것은 대체로 교사들의 노력에 기인한다.
207	literature	문학	study English literature	영문학을 공부하다
208	location	장소, 위치	the location of a house	집의 위치

연번	WORDS	단어 뜻	COLLOCATION	COLLOCATION 해석
209	objective	객관적인	objective analysis	객관적인 분석
210	opposite	다른 편의, 반대의	opposite point of view	반대의 관점
211	optimal	최선의, 최적의	optimal conditions	최적의 조건
212	pressure	압박, 압력	work pressure	업무 압박
213	recall	기억해내다 상기하다	recall her dream	그녀의 꿈을 기억해 내다
214	recipe	조리법	follow the recipe	조리법을 따르다
215	regular	정규의, 정식의	regular jobs	정규직
216	retail	소매, 소매상	two years' experience in retail	소매상에서의 2년간의 경험
217	satisfied	만족하는	satisfied with her marriage	그녀의 결혼에 만족하는
218	security	보안, 경비	tighten security	보안을 강화하다
219	struggle	투쟁하다; 투쟁	struggle for survival	생존을 위한 투쟁
220	supply	공급; 공급하다	the global food supply	전 세계의 식량 공급
221	transportation	운송	the fittest technology for transportation	가장 적합한 운송기술
222	treat	대하다, 대우하다	treat me like a friend	나를 친구처럼 대하다
223	analysis	분석	closer analysis	더 상세한 분석
224	biology	생물학	marine biology	해양 생물학
225	calm	차분한, 평온한	calm voice	평온한 목소리
226	collective	집단적인	achieve a collective goal	집단적 목표를 성취하다
227	commercial	상업의	the commercial value of this idea	이 아이디어의 상업적 가치
228	consistent	일관된	consistent results	일관된 결과
229	enhance	향상시키다	enhance the quality of life	삶의 질을 향상시키다
230	exchange	교환하다	exchange their views	그들의 견해를 교환하다
231	familiar	익숙한, 친숙한	look somewhat familiar	다소 익숙해 보이다
232	grateful	고맙게 생각하는	I'm so grateful for ~	나는 ~에 대해 무척 고맙게 생각한다
233	intake	흡입, 섭취	calorie intake	열량 섭취
234	intellectual	지능의, 지적인	intellectual stimulation	지적 자극
235	leisure	여가	leisure time	여가 시간
236	mark	표; 표시하다	a question mark	물음표
237	multiple	많은, 다수의	multiple reasons	다수의 이유
238	ordinary	보통의, 일반의	ordinary consumers	일반 소비자
239	overall	종합적인, 전체의	overall evaluation	종합적인 평가
240	participate	참여[참가]하다	participate in the class	수업에 참여하다
241	particularly	특히	I'm particularly interested	나는 특히 관심이 있다
242	path	진로, 행로, 방침	the path of a hurricane	허리케인의 진로
243	personality	성격, 인격	a warm personality	따뜻한 성격
244	presence	존재, 현존, 실재, 출석	notice my presence	내 존재를 알아차리다

연번	WORDS	단어 뜻	COLLOCATION	COLLOCATION 해석
245	relevant	관련된	relevant information	관련된 정보
246	reply	대답하다	reply soon	곧 대답하다
247	separate	분리된; 분리하다	a separate institution of education	분리된 교육 기관
248	solve	해결하다	solve a problem	문제를 해결하다
249	absence	부재	during her absence	그녀의 부재 동안
250	accept	받아들이다	accept the offer	그 제안을 받아들이다
251	aesthetic	미적인	furniture that is aesthetic	미적인 가구
252	alternative	대안, 선택 가능한 것	consider all the alternatives	모든 대안을 고려하다
253	ancestor	선조, 조상	the common ancestor	공통 조상
254	ashamed	부끄러운	ashamed of my behavior	내 행동을 부끄러워하는
255	attach	붙이다	attach the painting to the wall	그림을 벽에 붙이다
256	careful	조심하는, 주의 깊은	Be careful not to drop it.	그것을 떨어뜨리지 않게 조심해라.
257	charge	요금	delivery charge	배달료
258	crisis	위기	experience a financial crisis	금융 위기를 겪다
259	encourage	격려하다, 용기를 북돋우다	encourage people to work harder	사람들에게 더 열심히 일하라고 격려하다
260	environment	환경	protect the environment	환경을 보호하다
261	equality	평등	freedom and equality	자유와 평등
262	extent	정도, 범위	the extent of the damage	피해의 정도
263	focus	집중하다, 초점을 맞추다	focus on the issue	그 사안에 집중하다
264	friendly	친절한, 상냥한	a friendly smile	친절한 미소
265	harm	해; 해를 끼치다	do more harm than good	백해무익하다
266	ignore	무시하다	ignore the problems	그 문제들을 무시하다
267	imagine	상상하다	imagine the worst	최악을 상상하다
268	indifferent	무관심한	indifferent to public opinion	여론에 무관심한
269	journey	여행	go on a long journey	긴 여행을 떠나다
270	landscape	풍경	landscape drawing	풍경 그림
271	limit	한계, 제한	a speed limit	속도 제한
272	maintain	계속하다, 유지하다	maintain a balance	균형을 유지하다
273	numerous	수많은	numerous examples	수많은 예들
274	previous	이전의	the previous page	이전 페이지
275	protection	보호, 옹호, 비호, 방호	as a protection for your face	얼굴에 대한 보호 차원에서
276	reach	~에 이르다, 도달하다	reach the beach	해변에 이르다
277	realize	실현하다, 깨닫다	realize his potential	그의 잠재력을 실현하다

연번	WORDS	단어 뜻	COLLOCATION	COLLOCATION 해석
278	reflect	반사하다, 반영하다	reflect the sunlight	햇빛을 반사하다
279	resist	저항하다	resist change	변화에 저항하다
280	reward	보상, 보수	reasonable reward	합당한 보상
281	seek	찾다, 탐구하다	seek the truth	진리를 탐구하다
282	temporal	시간의	temporal dimensions	시간적 차원
283	artificial	인공의, 인공적인	artificial intelligence	인공지능
284	assumption	가정, 추정	this unconscious assumption	이러한 무의식적인 가정
285	attitude	태도	change one's attitude	태도를 바꾸다
286	awareness	인식	environmental awareness	환경 인식
287	below	～ 아래에	below average	평균 아래에
288	circumstance	상황, 환경	under the circumstances	그러한 상황 하에서
289	complexity	복잡성	increasing complexity of the system	시스템의 커져 가는 복잡성
290	confident	자신감 있는	a confident young woman	자신감 있는 젊은 여성
291	constant	끊임없는, 변함없는	constant threat	끊임없는 위협
292	definitely	분명히	definitely remember the event	그 사건을 분명히 기억하다
293	difficulty	어려움, 곤란	have difficulty falling asleep	잠드는 데 어려움을 겪다
294	diverse	다양한	diverse interests	다양한 관심사
295	element	요소, 성분	non-living elements	무생물 요소
296	except	～을 제외하고는; 제외하다	except Monday	월요일을 제외하고는
297	extreme	극단; 극단적인	extreme cases	극단적인 사례들
298	fail	실패하다, (시험에) 떨어지다	fail the exam	시험에 실패하다
299	false	틀린, 거짓된	a false argument	거짓된 주장
300	feed	음식[먹이]을 주다	feed the animal	동물에게 먹이를 주다
301	furthermore	더욱이, 게다가	I can play the piano. Furthermore, I can play the violin.	나는 피아노를 칠 수 있다. 게다가, 나는 바이올린도 연주할 수 있다.
302	generation	세대, 산출, 생산	world electricity generation	세계 전력 생산
303	genre	(예술 작품의) 장르	a film genre	영화 장르
304	identical	동일한	an identical claim	동일한 주장
305	innovative	혁신적인	innovative technology	혁신적인 기술
306	insight	통찰(력), 식견	have some insight	약간의 식견이 있다
307	interaction	상호 작용	active interaction	활발한 상호 작용
308	legal	법적인, 법률상의	legal authority	법적 권위
309	opinion	의견	an expert opinion	전문가 의견

연번	WORDS	단어 뜻	COLLOCATION	COLLOCATION 해석
310	organic	유기체의, 유기농의	organic food	유기농 식품
311	physics	물리학	physics experiment	물리학 실험
312	principle	원리, 원칙, 법칙, 공리	the basic principle	기초적인 원리
313	productivity	생산성, 생산력	labor productivity	노동 생산성
314	purchase	사다, 구입하다	purchase a car	차를 구입하다
315	recognition	인지, 인정, 승인	win recognition as the swimming stroke	수영 영법으로 인정받다
316	region	지방, 지역	the strongest team in the region	지역에서 가장 강한 팀
317	resolution	결의, 결의안	pass a resolution	결의안을 통과시키다
318	reveal	드러내다, 알리다	reveal their anger	그들의 분노를 드러내다
319	solution	용해, 해결(책)	a very simple solution	아주 간단한 해결책
320	theory	이론	develop a theory	이론을 발전시키다
321	vast	광대한, 거대한	the vast majority	대다수
322	ancient	옛날의, 고대의	ancient kingdom	고대 왕국
323	appropriate	적절한	appropriate position	적절한 위치
324	aspect	측면, 양상	the most important aspect of life	인생에서 가장 중요한 측면
325	attract	마음을 끌다	attract a crowd	군중의 마음을 끌다
326	behave	행동하다	behave politely	예의 바르게 행동하다
327	belief	믿음, 신념	a passionate belief	열정적인 신념
328	benefit	이익, 혜택	receive a benefit	혜택을 받다
329	blame	비난하다	Don't blame yourself.	자책하지 마.
330	category	범주	in the same category	같은 범주 안에
331	childhood	어린 시절	about my childhood	내 어린시절에 대해
332	complicated	복잡한	a complicated issue	복잡한 사안
333	consume	소모하다, 소비하다	consume a lot of energy	많은 양의 에너지를 소모하다
334	contemporary	동시대의, 현대의, 당대의	contemporary fashion	현대 패션
335	contrast	차이, 대조	the contrast between the city and country	도시와 시골의 차이
336	contribute	기여하다, 기부하다	contribute to the society	사회에 기여하다
337	crucial	결정적인	a crucial role	결정적인 역할
338	destination	목적지, 행선지	arrive at my destination	나의 목적지에 도착하다
339	election	선거	election results	선거 결과
340	emotion	감정	express his emotion	그의 감정을 표현하다
341	endangered	멸종 위기에 처한	endangered animals	멸종 위기에 처한 동물들
342	entry	입장, 출입	no entry	출입 금지
343	expert	전문가	medical expert	의학 전문가

연번	WORDS	단어 뜻	COLLOCATION	COLLOCATION 해석
344	explore	탐험하다	explore space	우주를 탐험하다
345	external	외부의, 밖의	be affected by external circumstances	외부 환경에 의해 영향을 받다
346	failure	실패	a complete failure	완전한 실패
347	federal	연방의	the federal government	연방 정부
348	fitness	건강, 신체 단련, 적합함	health and fitness	건강과 신체 단련
349	foundation	기초, 토대	a solid foundation for marriage	결혼 생활의 탄탄한 토대
350	frustrated	실망한, 좌절한	feel frustrated about my life	내 삶에 대해 좌절감을 느끼다
351	gene	유전자	gene mutation	유전자 돌연변이
352	generate	창출하다, 만들어 내다	generate income	수익을 창출하다
353	historical	역사상의, 역사적인	historical monuments	역사적 기념물
354	income	수입	average income	평균 수입
355	molecule	분자	unlock secrets of the DNA molecule	DNA 분자의 비밀을 풀다
356	nervous	불안한	I feel nervous before the exam.	나는 시험 전에 불안하다.
357	overcome	극복하다	overcome the difficulty	어려움을 극복하다
358	perceive	인식하다, 체감하다	perceived age	체감 나이
359	permanent	영구의	a permanent job	영구직
360	philosophy	철학	ancient Greek philosophy	고대 그리스 철학
361	post	기둥; 게시하다	post the image	이미지를 게시하다
362	pottery	도자기	ancient pottery	고대 도자기
363	primary	첫째의, 주된	the primary source of electricity generation	전력 생산의 주된 원천
364	profit	수익, 이득, 벌이	make a big profit	큰 수익을 내다
365	purpose	목적	the ultimate purpose	궁극적인 목적
366	register	기록부, 명부; 등록하다	register a birth	출생 등록하다
367	rely	의지하다, 믿다	rely on his mother for everything	그의 엄마에게 모든 것을 의지한다
368	resource	자원	human resources	인적 자원
369	scale	눈금, 저울눈, 비늘	scales on a fish	물고기의 비늘
370	seemingly	겉보기에, 외관상	a seemingly stupid question	겉보기에 어리석은 질문
371	serious	심각한	serious injury	심각한 부상
372	specialized	전문적인, 전문화된	specialized skills	전문적 기술
373	surface	표면	the Earth's surface	지구 표면
374	survey	조사; 살피다	a recent survey	최근의 조사

연번	WORDS	단어 뜻	COLLOCATION	COLLOCATION 해석
375	abstract	추상적인	an abstract concept	추상적인 개념
376	acquire	얻다	acquire a reputation	명성을 얻다
377	adapt	각색하다, 적응하다	adapt novels	소설을 각색하다
378	agency	대리점, 대행사	travel agency	여행사
379	apparent	명백한	apparent lack of will	명백한 의지 부족
380	argue	언쟁을 하다, 논하다	argue with each other	서로 언쟁을 하다
381	award	상; 수여하다	the award for Best Actress	여우주연상
382	bias	편향, 편견	political bias	정치적 편견
383	billion	10억	over one billion	10억이 넘는
384	connection	관계	connection between the two events	두 사건 사이의 관계
385	conscious	의식이 있는, 인식하고 있는	conscious of the problem	문제를 의식하고 있는
386	consequence	결과	have serious consequences	심각한 결과를 낳다
387	consumption	소비	energy consumption	에너지 소비
388	creature	생물(체), 동물	the underwater creature	그 수중 생물체
389	criminal	범죄의; 범죄자	The criminal has been caught.	그 범죄자가 잡혔다.
390	crop	작물	The potato is an important crop.	감자는 중요한 작물이다.
391	customer	손님, 고객	our regular customers	우리의 단골 고객들
392	decide	결정하다	decide to ask for help	도움을 요청하기로 결정하다
393	deliberately	의도적으로	deliberately ignore the problem	의도적으로 그 문제를 무시하다
394	describe	기술하다	describe your experience	당신의 경험에 대해 기술하다
395	desirable	바람직한	desirable outcome	바람직한 결과
396	distinct	명백한, 뚜렷한	a distinct difference	뚜렷한 차이
397	engage	(주의, 관심을) 사로잡다	engage my mind	내 마음을 사로잡다
398	experienced	숙련된	an experienced worker	숙련된 노동자
399	fabric	천, 직물	cotton fabrics	면직물
400	factor	요소	an important factor	중요한 요소
401	fair	공정한	fair trade	공정한 무역
402	follow	따라가다(오다)	follow me everywhere I go	내가 가는 곳마다 나를 따라오다
403	frequently	자주, 빈번히	Computers are frequently used.	컴퓨터는 자주 사용된다.
404	fuel	연료; 연료를 공급하다	fossil fuel	화석 연료
405	gender	성별	the gender of the baby	아기의 성별
406	gradually	서서히	The sound gradually died away.	그 소리가 서서히 잦아들었다

연번	WORDS	단어 뜻	COLLOCATION	COLLOCATION 해석
407	hardship	고난, 고초	overcome hardship	고난을 이겨내다
408	host	주인; 주최하다	host a dinner party	디너파티를 주최하다
409	ideal	이상; 이상적인	an ideal world	이상적인 세계
410	indicate	나타내다, 시사하다	as the graph indicates	그래프가 나타내듯이
411	justice	정의	social justice	사회 정의
412	novelty	참신함	a novelty value	참신함이라는 가치
413	obligation	의무	legal obligation	법적인 의무
414	option	선택(권)	choose the best options	가장 나은 선택을 하다
415	phenomenon	현상	a natural phenomenon	자연 현상
416	preference	선호	personal preference	개인적 선호
417	proper	적절한	proper understanding	적절한 이해
418	proportion	비율, 부분	a large proportion of the population	인구의 큰 부분
419	protect	보호하다, 막다, 지키다, 비호하다	protect my family	내 가족을 지키다
420	recognize	인정하다	recognize the ability	능력을 인정하다
421	refugee	난민, 망명자	refugee from the war zone	전쟁 지역으로부터의 난민
422	represent	대표하다	represent the country	그 나라를 대표하다
423	republic	공화국	Republic of Korea	대한민국
424	sensory	감각의	sensory organs	감각 기관
425	statement	진술, 진술서	official statement	공식 진술서
426	sufficient	충분한	sufficient time	충분한 시간
427	suppose	추정하다, 가정하다	suppose she is sick	그녀가 아프다고 추정하다
428	trait	특성	personality traits	성격 특성
429	virtual	가상의	virtual reality	가상 현실
430	wear	입다, 쓰다	wear glasses	안경을 쓰다
431	accomplish	완수하다, 성취하다	accomplish the task	일을 완수하다
432	adjust	조정하다, 적응하다	adjust to living alone	혼자 사는 것에 적응하다
433	adversity	역경	in times of adversity	역경의 시기에
434	analogy	유사, 유추, 비유	superficial analogies	피상적인 비유
435	anxiety	근심	look with anxiety	근심스럽게 바라보다
436	apply	지원하다	apply for a job	일자리에 지원하다
437	attempt	시도하다	attempt to escape	탈출을 시도하다
438	belong	속하다	belong to the community	그 공동체에 속하다
439	breath	숨, 호흡	take a deep breath	심호흡을 하다
440	compare	비교하다	compare your situation with mine	너의 상황을 내 상황과 비교하다
441	credibility	신뢰성, 신용	gain credibility	신용을 얻다

연번	WORDS	단어 뜻	COLLOCATION	COLLOCATION 해석
442	debt	빚	pay off debt	빚을 다 갚다
443	decline	감소; 감소하다	this decline in newspaper reading	신문 읽기의 이러한 감소
444	decrease	감소; 감소시키다	a sharp decrease	급격한 감소
445	defend	방어하다	defend me from bullies	괴롭히는 사람들로부터 나를 방어하다
446	depth	깊이	a depth of 20 meters	20미터의 깊이
447	device	장치, 기기	an electronic device	전자 기기
448	discover	발견하다	discover a new planet	새로운 행성을 발견하다
449	empathy	공감, 감정이입	try to develop empathy	공감을 발달시키려고 노력하다
450	emphasis	강조	place great emphasis on education	교육에 큰 강조점을 두다
451	enemy	적	natural enemy	천적
452	ensure	보장하다	ensure the safety of the area	그 지역의 안전을 보장하다
453	equipment	장비, 비품	sports equipment	스포츠 장비
454	examine	검사하다, 조사하다	examine a sample	샘플을 조사하다
455	exhausted	기진맥진한, 탈진한, 지친	I'm exhausted.	난 지쳤어.
456	expose	노출시키다, 접하게 하다	expose you to new ideas	너를 새로운 아이디어에 접하게 하다
457	fake	속이다, 위조하다	fake her signature	그녀의 사인을 위조하다
458	favor	호의, 부탁	Can you do me a favor?	부탁 좀 들어줄래요?
459	feature	특징, 이목구비	geographical feature	지리적 특징
460	frightened	겁에 질린	feel frightened	겁에 질리다
461	globalization	세계화	spread of globalization	세계화의 확산
462	incident	사건	investigate the incident	사건을 조사하다
463	independent	독립한	financially independent	재정적으로 독립한
464	integral	필수적인, 완전한	an integral element	필수적인 요소
465	involve	포함하다, 수반하다	involve an element of risk	약간의 위험을 수반하다
466	judge	판사, 심사위원	judges of the contest	대회의 심사위원
467	judgment	판단, 재판	make a judgment	판단을 하다
468	labor	노동	labor cost	노임(인건비)
469	laboratory	실험실	a research laboratory	연구 실험실
470	lecture	강의	give a lecture	강의를 하다
471	logic	논리, 타당성	be based on logic	논리에 기초하다
472	minority	소수	minority group	소수 집단
473	moreover	게다가	They enjoy selling and, moreover, are good at it.	그들은 판매를 즐기기도 하고, 게다가 그것을 잘하기도 한다.
474	motivation	자극, 동기 부여	lack motivation	동기가 부족하다
475	native	타고난, 토박이의	native ability	타고난 능력

연번	WORDS	단어 뜻	COLLOCATION	COLLOCATION 해석
476	observe	관찰하다, 준수하다	observe the pattern	패턴을 관찰하다
477	passion	열정	have a passion for music	음악에 열정이 있다
478	physically	물리적으로, 신체적으로	physically handicapped	신체적으로 장애가 있는
479	praise	칭찬; 칭찬하다	receive a lot of praise	많은 칭찬을 받다
480	predict	예측하다, 예언하다	predict the future	미래를 예측하다
481	prepare	준비하다	prepare a meal	식사를 준비하다
482	preserve	보존하다, 지키다	preserve the environment	환경을 보존하다
483	primitive	원시의, 초기의	primitive man	원시인
484	prior	사전의, 이전의	prior knowledge	사전 지식
485	promise	가능성; 약속하다	endless promises	끝없는 가능성
486	protein	단백질	a vital source of protein	단백질의 중요한 공급원
487	raise	올리다, 기르다	raise an animal	동물을 기르다
488	recommend	추천하다	recommend a good restaurant	좋은 음식점을 추천하다
489	remain	계속[여전히] … 이다	remain silent	계속 침묵을 지키다
490	rural	시골의	rural life	시골 생활
491	selection	선발, 선택	natural selection	자연 선택
492	shift	변천, 변화	shifts in policy	정책의 변화
493	sight	광경	a beautiful sight	아름다운 광경
494	sort	종류	all sorts of music	모든 종류의 음악
495	stick	나무토막, 나뭇가지	find some dry sticks	마른 나뭇가지를 찾다
496	suffer	시달리다, 고통받다	suffer from fever	열로 시달리다
497	thoroughly	완전히, 철저히	investigate thoroughly	철저히 조사하다
498	toddler	걸음마를 배우는 아이	a toddler and a newborn baby	걸음마 단계의 아이와 신생아
499	transfer	옮기다, 전달하다	transfer the information	정보를 전달하다
500	valuable	귀중한, 소중한	a valuable experience	귀중한 경험
501	vital	중대한, 없어서는 안 될	another vital factor	또 다른 중대한 요소
502	workplace	직장	discrimination in the workplace	직장에서의 차별
503	absorb	흡수하다	absorb heat	열을 흡수하다
504	address	주소; 연설하다	my new address	내 새로운 주소
505	application	적용	application of technology	기술의 적용
506	article	기사, 논설	newspaper articles	신문 기사
507	attend	~에 참석하다	attend the school festival	학교 축제에 참석하다
508	bitter	쓴	a bitter taste	쓴 맛

연번	WORDS	단어 뜻	COLLOCATION	COLLOCATION 해석
509	border	국경, 가장자리	cross the border	국경을 건너다
510	characteristic	특징; 특유의	select other characteristics	다른 특징들을 선택하다
511	citizen	시민	senior citizen	고령자 시민
512	civilization	문명	ancient Greek civilization	고대 그리스 문명
513	confirm	확인하다	confirm the result	결과를 확인하다
514	considerable	상당한, 많은	considerable damage	상당한 피해
515	construct	구성체; 구성하다	a social construct	사회적 구성체
516	cooperation	협력, 협동	the minimal cooperation of children	아이들의 최소한의 협력
517	courage	용기	show great courage	대단한 용기를 보여주다
518	coverage	보도, 취재	their own coverage on major issues	주요 사안에 대한 그것들 자체의 보도
519	crowd	군중	a big crowd	많은 군중
520	cue	신호, 단서	use an external cue	외부 신호를 사용하다
521	curious	호기심 많은, 궁금한	be curious about him	그에 대해 궁금하다
522	deliver	배달하다	The furniture has been delivered.	가구가 배달되었다.
523	density	밀도, 밀집 상태	high-density rearing	고밀도의 사육
524	depend	의존하다, 좌우되다	It depends on the weather.	그것은 날씨에 좌우된다.
525	diet	식품, 식단	a healthy diet	건강에 좋은 식단
526	display	전시; 전시하다	display their works	그들의 작품을 전시하다
527	donate	기부하다	donate one million dollars to the charity	백만 달러를 자선 단체에 기부하다
528	ecosystem	생태계	the marine ecosystem	해양 생태계
529	edge	끝, 테두리	the edge of the cliff	벼랑 끝
530	emphasize	강조하다	emphasize the importance	중요성을 강조하다
531	empty	빈, 공허한	empty box	빈 상자
532	escape	달아나다, 탈출하다	escape from a prison	탈옥하다
533	estimate	추정; 추정하다	make an estimate	추정하다
534	ethics	윤리, 윤리학	political ethics	정치 윤리
535	evolve	진화하다	evolve from apes	유인원으로부터 진화하다
536	exact	정확한	the exact time	정확한 시간
537	expand	확장하다, 확대되다	expand the business	사업을 확장하다
538	express	표현하다	express her feelings	그녀의 기분을 표현하다
539	formation	형성	the formation of a new government	새 정부 형성
540	gather	모으다, (용기를) 내다	gather up her courage	용기를 내다
541	gear	기어, 장비	bike gears	자전거 기어

연번	WORDS	단어 뜻	COLLOCATION	COLLOCATION 해석
542	government	정부	powerful government	강력한 정부
543	height	높음, 높이, 최고조	the height of Mt. Halla	한라산의 높이
544	hurry	바쁨; 서두르다	hurry up	서두르다
545	hypnosis	최면	under hypnosis	최면에 걸린
546	input	조언, 투입	specialist input	전문가의 조언(specialist: 전문(가)의, 전문적인)
547	instinct	본능	follow instincts	본능을 따르다
548	intense	강렬한	intense light	강렬한 빛
549	intrinsic	본질적인	the intrinsic value	본질적인 가치
550	intuition	직관, 직관적 통찰	develop the insights and intuitions	통찰력과 직관을 개발하다
551	isolated	고립된, 외딴	isolated village	외딴 마을
552	load	짐; 짐을 싣다	carry a heavy load	무거운 짐을 나르다
553	loyalty	충성, 충성심	loyalty to the king	왕에 대한 충성심
554	mammal	포유동물	Whales are mammals.	고래는 포유동물이다.
555	maximum	최고의	the maximum speed	최고 속도
556	neural	신경의	neural network	신경망
557	neutral	중립의	neutral territory	중립 지역
558	notion	개념, 관념	notion of freedom	자유라는 개념
559	objectivity	객관성	pursue objectivity	객관성을 추구하다
560	obtain	얻다	obtain a patent	특허를 얻다
561	offspring	자식, 자손	the offspring of primitive man	원시인의 자손
562	overload	과적하다	overloaded truck	과적 트럭
563	permission	허락, 허가	ask permission	허락을 구하다
564	prime	주된, 주요한	a prime target	주된 타겟
565	principal	주요한, 주된	the principal reason	주된 이유
566	procedure	절차, 수술	an official procedure	공식적인 절차
567	publish	출판하다, 게재하다	publish a book	책을 출판하다
568	random	무작위의, 닥치는 대로 하는	random tests	무작위 테스트
569	reaction	반응, 반작용	your negative reaction	당신의 부정적인 반응
570	regard	~라고 여기다	regard the whole thing as a joke	모든 일을 농담이라고 여기다
571	relief	안도, 경감	a sigh of relief	안도의 한숨
572	renewable	재생 가능한, 갱신할 수 있는	a renewable passport	갱신할 수 있는 여권
573	repair	고치다	repair a computer	컴퓨터를 고치다
574	replace	대체하다	replace all existing models	모든 기존 모델들을 대체하다
575	representation	묘사, 대표, 대리	negative representation	부정적인 묘사
576	resilience	회복력, 복원력	show resilience in defeat	패배 속에서 회복력을 보이다

연번	WORDS	단어 뜻	COLLOCATION	COLLOCATION 해석
577	respectively	각각	Tom and James came first and third respectively.	Tom과 James가 각각 1등과 3등으로 들어왔다.
578	sacrifice	희생; 희생하다	sacrifice her personal life	그녀의 개인 삶을 희생하다
579	scene	장면	in the first scene	첫 번째 장면에서
580	scholar	학자	become a scholar	학자가 되다
581	selfish	이기적인	a selfish reason	이기적인 이유
582	sensitive	세심한, 민감한	sensitive skin	민감한 피부
583	silence	침묵	awkward silence	어색한 침묵
584	spatial	공간의	spatial perception	공간 지각
585	submission	제출	the final deadline for submissions	제출을 위한 최종 기한
586	substantial	실질적인, 상당한	a substantial income	상당한 수입
587	suggest	제안하다	suggest that we should meet	우리가 만나야 한다고 제안하다
588	superiority	우월성, 우세	racial superiority	인종적 우월성
589	theme	주제	themes of my work	내 작품의 주제
590	trustworthy	신뢰할 수 있는	a trustworthy person	신뢰할 수 있는 사람
591	unconscious	무의식적인	unconscious motivation	무의식적 동기
592	usage	사용, 용법	seat belt usage	안전 벨트 사용
593	vehicle	탈것, 차량, 수단	an oncoming vehicle	다가오는 차량
594	vivid	생생한	vivid imagination	생생한 상상
595	adopt	입양하다, 채택하다	adopt a child	아이를 입양하다
596	alter	바꾸다	alter the plan	계획을 바꾸다
597	ambiguity	애매모호함	remove ambiguity	애매모호함을 없애다
598	anxious	걱정하는	be anxious about the test	시험에 대해 걱정하다
599	architect	건축가	as an architect than a painter	화가보다는 건축가로서
600	assess	평가하다, 산정하다	assess the damage	피해를 평가하다
601	atmosphere	대기, 분위기	the atmosphere in the room	방 안의 분위기
602	authenticity	진정성, 진짜임	debate over the authenticity	진정성에 대한 토론
603	beneficial	이로운, 유익한	beneficial to science	과학에 이로운
604	biodiversity	생물 다양성	the loss of biodiversity	생물 다양성의 상실
605	borrow	빌리다	borrow money	돈을 빌리다
606	bother	괴롭히다, 귀찮게 하다	Don't bother me.	나를 귀찮게 하지 마.
607	budget	예산	go over the budget	예산을 검토하다
608	cage	우리, 새장	be put in a cage	새장에 넣어지다
609	capable	할 수 있는	I am capable of anything.	나는 무엇이든 할 수 있다.
610	comfortable	편안한	a comfortable chair	편안한 의자

연번	WORDS	단어 뜻	COLLOCATION	COLLOCATION 해석
611	communicate	의사소통하다, 전달하다	communicate with him	그와 의사소통하다
612	compete	경쟁하다	compete in the big league	빅 리그에서 경쟁하다
613	compliment	찬사; 칭찬하다	a heartfelt compliment	마음에서 우러난 찬사
614	contour	윤곽, 등고선	a contour map	등고선 지도
615	destruction	파괴	destruction of the rainforest	열대우림의 파괴
616	disposal	처리	disposal of nuclear waste	핵폐기물의 처리
617	distinguish	구별하다	observe and distinguish these changes	이러한 변화들을 관찰하고 구별하다
618	elementary	기본의, 기초의	elementary biology textbooks	기초 생물학 교과서
619	embarrassed	쑥스러운, 당황한	feel embarrassed about her height	그녀의 키에 대해 당황하다
620	enormous	엄청난, 거대한, 막대한	enormous tension	엄청난 긴장
621	equivalent	상당 어구, 동의어	an English equivalent for the word	그 말에 상당하는 영어
622	establish	설립하다	The college was established in 2010.	그 대학은 2010년에 설립되었다.
623	evaluate	평가하다	have your work evaluated	당신의 작품을 평가받다
624	exceed	초과하다	exceed the speed limit	제한 속도를 초과하다
625	explicit	분명한, 명쾌한	an explicit explanation	명쾌한 설명
626	facial	얼굴의	facial expressions	(얼굴) 표정
627	factual	사실의	factual evidence	사실적 증거
628	firm	확고한, 굳은	firm determination	확고한 결심
629	flat	편평한	a flat surface	편평한 표면
630	formal	격식을 차린, 공식적인	the formal apology	공식적인 사과
631	fortunately	다행히도	Fortunately, it stopped raining.	다행히도 비가 그쳤다.
632	foster	기르다, 조성하다	foster the undesirable impression	바람직하지 않은 인상을 조성하다
633	genius	천재	a musical genius	음악 천재
634	glacier	빙하	Glaciers started re-forming.	빙하가 다시 형성되기 시작했다.
635	gravity	중력	Newton's theory of gravity	뉴턴의 중력 이론
636	harvest	수확	help with the harvest	수확을 돕다
637	heritage	유산	cultural heritage	문화 유산
638	hide	감추다, 숨기다	hide my secret	나의 비밀을 숨기다
639	inequality	불평등	inequality of opportunity	기회의 불평등
640	inevitable	피할 수 없는	the inevitable result	피할 수 없는 결과
641	infrastructure	사회 기반 시설	maintain a city's infrastructure	도시의 사회 기반 시설을 유지하다

연번	WORDS	단어 뜻	COLLOCATION	COLLOCATION 해석
642	ingenuity	기발한 재주, 독창성	show a lot of ingenuity	많은 기발한 재주를 보여주다
643	inspiration	영감	a sudden inspiration	갑작스러운 영감
644	insufficient	불충분한	insufficient information	불충분한 정보
645	irritated	짜증이 난	irritated at his words	그의 말에 짜증이 난
646	jealous	질투하는, 시기하는	a jealous look on his face	그의 얼굴에 드러난 질투하는 표정
647	lethal	치명적인	lethal to his reputation	그의 평판에 치명적인
648	manage	처리하다, 해내다	I'll manage it somehow.	그것을 어떻게든 해볼게요.
649	manipulate	조종하다	manipulate people	사람들을 조종하다
650	manufacture	제조; 제조하다	the manufacture of cars	자동차 제조
651	mature	성숙하다; 숙성된	mature wine	숙성된 와인
652	mercury	수은	a mercury thermometer	수은 온도계
653	mere	단순한, 겨우 ~의	a mere assumption	단순한 추정
654	muscle	근육	try to relax your muscles	당신의 근육의 긴장을 풀려고 노력하다
655	nutrient	영양소	rich in minerals and nutrients	미네랄과 영양소가 풍부한
656	outcome	결과	predict the outcome	결과를 예측하다
657	phase	단계, 국면	enter a new phase	새로운 국면에 들어서다
658	popularity	인기, 대중성	the increasing popularity	올라가는 인기
659	pose	자세; 문제를 제기하다	pose a question	문제를 제기하다
660	possess	소유하다	possess great wealth	많은 부를 소유하다
661	principle	원칙, 원리	moral principle	도덕적 원칙
662	prominent	현저한, 저명한	one prominent scholar	한 저명한 학자
663	pursuit	추구, 추적	the pursuit of happiness	행복의 추구
664	radical	근본적인, 급진적인	a radical solution	급진적인 해결책
665	reliable	믿을 만한	a reliable person	믿을 만한 사람
666	remote	외진, 외딴, 먼	live in the remote island	외딴 섬에 살다
667	reproduce	복제하다, 복사하다, 번식하다	reproduce the content	내용을 복제하다
668	request	요청; 부탁하다	refuse his request	그의 요청을 거절하다
669	reservation	예약	make a reservation	예약하다.
670	responsibility	책임	long-lasting responsibility	오래 지속되는 책임
671	secure	안심하는, 안정적인	secure income	안정적인 수입
672	seed	씨앗	genetically engineered seed	유전자 조작 씨앗
673	semester	학기	the spring semester	봄 학기
674	settlement	정착, 합의, 해결	the settlement of a dispute	분쟁의 해결
675	shelter	피난처	provide shelter	피난처를 제공하다
676	sophisticated	수준 높은, 고급의	sophisticated thinkers	수준 높은 사상들

연번	WORDS	단어 뜻	COLLOCATION	COLLOCATION 해석
677	statistics	통계, 통계학	statistics on unemployment level	실업 수준에 대한 통계
678	stimulus	자극	sensory stimulus	감각 자극
679	subjective	주관적인	subjective point of view	주관적 관점
680	suit	소송	file a suit against a company	회사를 상대로 소송을 제기하다
681	suspect	의심하다	I suspect that my cat ate the cake.	나는 내 고양이가 케이크를 먹었다고 의심한다.
682	symptom	징후, 증상	similar symptom	유사한 증상
683	territorial	영토의	territorial dispute	영토 분쟁
684	thermometer	온도계	accurate thermometer	정확한 온도계
685	transmission	전송, 전염	the transmission of the disease	질병의 전염
686	vary	다르다, 다양화하다	constantly vary your diet	끊임없이 여러분의 식단을 다양화하다
687	verbal	말의, 구두의	a verbal agreement	구두 계약
688	wisdom	지혜	words of wisdom	지혜의 말
689	abandon	버리다	abandon the car to escape	차를 버리고 도망치다
690	accessible	접근하기 쉬운	accessible by public transport	대중교통으로 접근하기 쉬운
691	accident	사고	a car accident	자동차 사고
692	acquaintance	아는 사람, 지인	a close acquaintance	가까운 아는 사람
693	admit	받아들이다, 인정하다	She admitted making a mistake.	그녀는 실수한 것을 인정했다.
694	anthropology	인류학	cultural anthropology	문화 인류학
695	arrival	도착	the arrival at the airport	공항에 도착
696	associate	관련 짓다	associate words with objects	단어와 사물을 관련 짓다
697	astronomy	천문학	a special lecture on astronomy	천문학에 대한 특별 강의
698	atom	원자	an oxygen atom	산소 원자
699	background	배경	different background	다른 배경
700	beside	~의 옆에	beside a river	강 옆에
701	blessing	축복	God's blessing	신의 축복
702	branch	가지	a tree branch	나뭇가지
703	burden	무거운 짐, 부담	financial burden	재정적인 부담
704	calculate	계산하다	calculate the total costs	총 비용을 계산하다
705	ceremony	의식	the graduation ceremony	졸업식
706	clarification	정화, 해명	seek clarification	해명을 요구하다
707	colleague	동료	reliable colleagues	믿을 만한 동료들
708	command	명령하다	command them to halt	그들에게 멈추라고 명령하다
709	companion	동반자, 동행	a travelling companion	여행 동반자

연번	WORDS	단어 뜻	COLLOCATION	COLLOCATION 해석
710	component	부품, 구성 성분	computer components	컴퓨터 부품
711	conservation	보호	a conservation area	(환경) 보호 구역
712	corporation	기업, 법인	correcting corporations' wrongdoings	기업의 범법 행위를 시정하는 것
713	court	법정	what the witness said in court	법정에서 증인이 말한 것
714	criteria	기준 (pl.criteria)	criteria for distinguishing new from old	신구를 구별하는 기준
715	criticize	비판하다	criticize the government	정부를 비판하다
716	dependent	의존하는	dependent on my parents	부모에 의존하는
717	destroy	파괴하다	destroy the whole village	마을 전체를 파괴하다
718	deterioration	퇴화, 악화	deterioration of the brain	뇌의 퇴화
719	dilemma	딜레마	I found myself in a dilemma.	나는 딜레마에 빠지게 되었다.
720	discard	버리다	discard a box	상자를 버리다
721	discipline	규율, 학문 분야	the seemingly practical disciplines	표면적으로 실용적인 학문 분야
722	discuss	토론하다, 논의하다	discuss the new plan	새로운 계획에 대해 논의하다
723	distant	멀리 떨어진	a distant city	멀리 떨어진 도시
724	division	분할, 분열	cell division	세포 분열
725	document	서류; 기록하다	document personal history	개인의 역사를 기록하다
726	employee	직원, 고용인	hire an employee	직원을 고용하다
727	enable	가능하게 하다	The program enabled the users to work efficiently.	그 프로그램은 사용자들이 효율적으로 일할 수 있도록 했다.
728	enclosure	울타리 친 구역	move them to an experimental enclosure	그것들을 실험 구역으로 옮기다
729	entity	독립체	distinct entity	구분되는 독립체
730	entrance	입구	the main entrance	정문
731	envelope	봉투	stick a stamp on the envelope	봉투에 우표를 붙이다
732	equator	적도	around the equator	적도 주변에서
733	excessive	과도한	excessive exercise	과도한 운동
734	expenditure	지출, 비용	a reduction in expenditure	지출의 감소
735	extinction	멸종	danger of extinction	멸종의 위험
736	fidelity	충실함	fidelity to the tradition	전통에 대한 충실함
737	former	이전의	the former colleague	이전 동료
738	fungus	균류, 곰팡이류	dangerous fungus infection	위험한 균류 감염
739	genetically	유전적으로	genetically inherited feature	유전적으로 물려받은 특성
740	geography	지리, 지리학	major in geography	지리학을 전공하다
741	grant	주다, 인정하다	refuse to grant him money	그에게 돈을 주는 것을 거부하다
742	grief	슬픔	be overcome with grief	슬픔에 사로잡히다

연번	WORDS	단어 뜻	COLLOCATION	COLLOCATION 해석
743	handle	처리하다	handle the crisis	위기를 처리하다
744	hemisphere	(지구의) 반구	the Northern Hemisphere	북반구
745	implication	함의, 함축, 내포	the implication in his article	그의 기사에 함축된 내용
746	inconsistent	일관되지 않은	inconsistent statement	일관되지 않은 진술
747	independence	독립, 자립	independence from Spain	스페인으로부터의 독립
748	infant	유아, 갓난아기	parent-infant co-sleeping	부모와 유아가 한 침대에서 자기
749	inherent	고유의, 내재하는	an inherent right to privacy	사생활에 대한 고유의 권리
750	initial	처음의, 초기의	the initial cost of the product	제품의 초기 비용
751	instant	즉각적인, 즉시의	instant reaction	즉각적인 반응
752	intention	의도, 의사	have no intention	의사가 없다
753	interactive	쌍방향의, 상호작용하는	interactive media	쌍방향의 매체
754	introvert	내성적인 사람	call a group of introverts to his lab	내성적인 사람 집단을 그의 실험실로 부르다
755	irrelevant	관련 없는, 부적절한	irrelevant data	관련 없는 자료
756	layer	막, 층, 겹	have a light–sensitive layer	빛에 민감한 막을 갖다
757	leather	가죽	a leather coat	가죽 코트
758	legislation	입법, 법률제정	the effect of seat belt legislation	안전벨트 법률 제정의 효과
759	legitimate	합법의, 합법적인	the legitimate government	합법적인 정부
760	metaphor	은유, 비유	the author used a metaphor	그 작가는 비유를 사용했다
761	narrative	묘사, 이야기	first-person narrative	1인칭 이야기
762	norm	규범	conform to norms	규범에 순응하다
763	obesity	비만	lead to obesity	비만으로 이어지다
764	obstacle	장애물	overcome a major obstacle	주요 장애물을 극복하다
765	orientation	(사람의) 성향	political orientation	정치적 성향
766	overwhelming	압도적인, 감당하기 힘든	an overwhelming sense of loss	압도적인 상실감
767	philosopher	철학자	a respected philosopher	존경받는 철학자
768	portable	휴대용의	a portable photo printer	휴대용 사진 프린터
769	precise	정확한	the precise frequencies	정확한 진동수
770	prevail	널리 보급되다, 유행하다	a prevailing method of interpretation	유행하는 해석 방법
771	prey	먹이	attack their prey	그들의 먹이를 공격하다
772	private	사적인, 개인에 속하는	private life	사생활
773	promote	승진시키다, 진행시키다	be promoted to CEO	CEO로 승진되다
774	proposal	제안, 제의	accept a proposal	제안을 받아들이다
775	prove	입증하다, 드러나다	prove that she is innocent	그녀가 무죄라는 것을 증명하다

연번	WORDS	단어 뜻	COLLOCATION	COLLOCATION 해석
776	qualified	자격이 있는	a qualified teacher	자격이 있는 교사
777	quantity	양, 분량	huge quantities of CO_2	엄청난 양의 이산화탄소
778	realm	범위, 영역	different realms	서로 다른 영역
779	reciprocity	호혜	expect reciprocity	호혜를 기대하다
780	regulation	규제	traffic regulation	교통 규제
781	reject	거절하다	reject his offer	그의 제안을 거절하다
782	relative	친척	my close relatives	나의 가까운 친척들
783	remarkable	놀라운, 훌륭한	remarkable achievement	놀라운 업적
784	remove	제거하다	remove the furniture	가구를 제거하다
785	resident	거주자, 주민	residents of the town	그 마을의 주민들
786	revolution	혁명, 회전	a revolution in personal growth	개인적인 성장에 있어서 혁명
787	severe	극심한, 심각한	severe wounds	심각한 상처
788	soul	영혼, 정신	her immortal soul	그녀의 불멸의 영혼
789	spirit	정신	competitive spirit	경쟁심
790	stable	안정된, 견고한	a stable condition	안정적인 상태
791	starve	굶주리다, 굶어 죽다	starving children	굶주리는 아이들
792	static	정적인	Culture is not static.	문화는 정적이지 않다.
793	stem	줄기	flower stems	꽃의 줄기
794	strategy	전략	the marketing strategy	마케팅 전략
795	strive	분투하다	strive for freedom	자유를 위해 분투하다
796	submit	제출하다	submit the application	지원서를 제출하다
797	subscription	구독	pay $100 a month for the subscription	구독을 위해 한 달에 100달러를 지불하다
798	subsequent	그 이후의	subsequent events	그 이후의 사건들
799	support	지지하다, 부양하다	support my family	내 가족을 부양하다
800	sustainable	지속 가능한	sustainable development	지속 가능한 발전
801	symbol	상징	a symbol of peace	평화의 상징
802	trail	자국, 발자국, 오솔길	walk along a beautiful trail	아름다운 오솔길을 따라 걷다
803	transmit	전송하다, 발송하다	transmit speech and sounds	말과 소리를 전송하다
804	trial	재판, 시도, 시험	select a result from one trial	한 시험에서 얻은 결과를 선택하다
805	underlying	근본적인, 밑에 있는	an underlying cause of an accident	사고의 근본적인 원인
806	voluntary	자발적인	a voluntary effort to accomplish it	그것을 성취하려는 자발적 노력
807	widespread	널리 보급되어 있는, 광범위한	the widespread use of smartphones	스마트폰의 광범위한 사용
808	wonder	경이; 궁금하다	I wonder who he is.	나는 그가 누구인지 궁금하다.

연번	WORDS	단어 뜻	COLLOCATION	COLLOCATION 해석
809	absolute	절대적인	absolute power	절대적인 권력
810	accuse	기소[고발]하다, 혐의를 제기하다	He's been accused of robbery.	그는 강도 혐의로 기소되었다.
811	acknowledge	인정하다	acknowledge that there was a problem	문제가 있었다고 인정하다
812	admire	존경하다, 칭찬하다	I really admire your enthusiasm.	저는 당신의 열정을 정말 존경합니다.
813	adulthood	성인기, 성년	before they reach adulthood	그들이 성인이 되기 전에
814	altitude	(산의) 높이, 고도	the deadly effects of extreme altitude	극한 고도의 치명적 영향
815	anticipate	예상하다	an anticipated threat	예상된 위협
816	apologize	사과하다	try to apologize to her	그녀에게 사과하려고 노력하다
817	approximately	대략적으로	approximately calculate	대략적으로 계산하다
818	arbitrary	임의의, 멋대로의	arbitrary decision	임의적인 결정
819	archaeology	고고학	an expert on archaeology of ancient Egypt	고대 이집트 고고학 전문가
820	arise	생기다	a problem arises	문제가 생기다
821	assist	돕다	assist a client	고객을 돕다
822	barrier	장벽	trade barriers	무역 장벽
823	beast	짐승	a wild beast	야수
824	boredom	권태, 지루함	the boredom of long trips	긴 여행의 지루함
825	bottom	맨 아래, 밑바닥	bottom of the page	페이지 맨 아래
826	cancel	취소하다	cancel the meeting	회의를 취소하다
827	capture	붙잡다, 포착하다	capture the energy of sunlight	햇빛 에너지를 포착하다
828	circulation	순환, 유통	the circulation of money	돈의 유통
829	combination	결합, 조합	make a perfect combination	완벽한 조합을 이루다
830	combine	결합시키다	The hotel combines comfort with convenience.	호텔은 편안함과 편리함을 결합시킨다.
831	commodity	상품	the international commodities market	국제 상품 시장
832	compose	구성하다, 작곡하다	compose the committee	위원회를 구성하다
833	concentrate	집중하다	concentrate on my report	내 보고서에 집중하다
834	conference	회의, 회담	attend the conference	회의에 참석하다
835	confine	국한시키다, 한정하다	Let's confine the discussion to the topic.	논의를 그 주제에만 한정합시다.
836	confuse	혼란시키다, 혼동하다	confuse the issue	그 사안을 혼란스럽게 만들다
837	consist	구성되다, 이루어지다	Lunch consists of a sandwich and fruits.	점심식사는 샌드위치와 과일로 구성되어 있다.
838	constitute	구성하다	constitute very different versions	아주 다른 버전을 구성하다

연번	WORDS	단어 뜻	COLLOCATION	COLLOCATION 해석
839	contain	포함하다	It contains a lot of sugar.	그것은 당이 많이 포함되어 있다.
840	contradict	반박하다	contradict everything he said	그가 말한 모든 것을 반박하다
841	convenient	편리한	a convenient location	편리한 위치
842	convert	전환하다, 바꾸다	be converted to pastureland	목초지로 전환되다
843	conviction	유죄 선고, 확신	my firm conviction	나의 굳은 확신
844	convince	확신시키다	I'm convinced that she is guilty.	나는 그녀가 유죄라는 것을 확신한다
845	council	의회	the city council	시 의회
846	critic	평론가, 비평가	an art critic	미술 평론가
847	debate	토론; 토론하다	open debate	공개 토론
848	decade	10년	over the last decades	지난 수십 년에 걸쳐
849	delay	지연; 미루다	flight delay	항공편 지연
850	deny	부인하다, 인정하지 않다	deny the rumor	소문에 대해 부인하다
851	deployment	배치	the troop deployment	병력 배치
852	depressed	우울한	feel depressed about my future	나의 미래에 대해서 우울감을 느끼다
853	derive	유래하다	derive from a Greek word	그리스 단어에서 유래하다
854	desperate	절망적인, 필사적인, 절실한	desperate for help	도움이 절실한
855	detail	세부 사항	Please describe in detail.	상세하게 말해 주세요.
856	dialogue	대화	a constructive dialogue	건설적인 대화
857	discourse	강연, 담론	a discourse on social media	소셜 미디어에 대한 담론
858	distortion	왜곡	There is distortion on both sides.	양쪽 모두에 왜곡이 있다.
859	distribute	나누어주다, 분배하다	distribute a math test	수학 시험지를 나누어 주다
860	distrust	불신; 불신하다	distrust my motive	나의 동기를 불신하다
861	durable	내구성 있는	durable goods	내구성 있는 제품들
862	elderly	나이 드신	an elderly couple	나이 드신 부부
863	emulate	모방하다	emulate parents' behavior	부모의 행동을 모방하다
864	encounter	만남; 부딪히다	encounter a problem	문제에 부딪히다
865	endure	견디다	endure the pain	고통을 견디다
866	enthusiasm	열정	enthusiasm for life	인생에 대한 열정
867	envious	부러워하는	be envious of his wealth	그의 부를 부러워하다
868	exclaim	소리치다, 외치다	exclaim angrily	화나서 외치다
869	exclude	제외하다, 거부하다	exclude people from a group	사람들을 모임에서 제외시키다
870	exert	(힘·지력)을 발휘하다	by exerting a force	힘을 발휘함으로써
871	exploit	이용하다, 착취하다, 개발하다	exploit the rainforest	열대 우림을 개발하다

연번	WORDS	단어 뜻	COLLOCATION	COLLOCATION 해석
872	extract	뽑아내다, 추출하다	Olive oil is extracted from olives.	올리브 오일은 올리브에서 추출된다.
873	extraordinary	보기 드문, 비범한	except for extraordinary exceptions	보기 드문 예외를 제외하고
874	fame	명성	achieve fame	명성을 얻다
875	fatigue	피로	mental fatigue	정신적 피로
876	fault	잘못, 결점	It's not my fault.	그것은 내 잘못이 아니야.
877	fee	요금, 수수료	late fee	연체료
878	female	여성의	female members	여성 회원
879	feminine	여성스러운	feminine qualities	여성스러운 특성들
880	fierce	맹렬한, 사나운	fierce dog	사나운 개
881	flexible	유연한, 융통성 있는, 휘기 쉬운	flexible paper	휘기 쉬운 종이
882	fluency	유창성	lack fluency	유창성이 부족하다
883	fortune	운, 행운, 재산	a set amount of good and bad fortune	정해진 양의 행운과 불운
884	fulfill	실현하다, 이행하다	fulfill your dreams	너의 꿈들을 실현하다
885	garbage	(부엌에서 나오는 식품의) 쓰레기	garbage can	쓰레기통
886	genuine	진짜의, 진정한	a genuine interest	진정한 흥미
887	glimpse	흘끗 봄	catch a glimpse of her	그녀를 흘끗 보다
888	guilty	죄책감이 드는, 유죄의	feel guilty of fraud	사기에 대해서 죄책감을 느끼다
889	hurt	다치게[아프게]하다	hurt her leg badly	그녀의 발을 심하게 다치다
890	hypothesis	가설	formulate a hypothesis	가설을 세우다
891	illustrate	실증하다, 분명히 보여주다, 설명하다	illustrate her point	그녀의 요점을 설명하다
892	imitation	모조품, 모방	a poor imitation	저질 모조품
893	imply	넌지시 나타내다, 암시하다	What are you implying?	당신은 무엇을 암시하나요?
894	inaccessible	접근하기 어려운	an inaccessible personality	접근하기 어려운 성격
895	inappropriate	부적절한	inappropriate behavior	부적절한 행동
896	incentive	격려, 장려(금)	an incentive for good grades	성적이 좋으면 주는 장려금
897	induce	꾀다, 유발하다	induce one's indigestion	소화 불량을 유발하다
898	ingredient	성분	mix all the ingredients	모든 성분들을 섞다
899	injury	부상, 상처	injury rate	부상률(부상당한 비율)
900	innate	타고난, 선천적인	the innate ability	타고난 능력
901	inquiry	연구, 조사, 문의	customer's inquiry	고객의 문의
902	inseparable	불가분한, 떼어놓을 수 없는	inseparable from my life	내 인생에서 떼어놓을 수 없는
903	insert	(끼워) 넣다	insert a coin	동전을 넣다

연번	WORDS	단어 뜻	COLLOCATION	COLLOCATION 해석
904	institute	기관; 도입하다	a research institute	연구 기관
905	institution	기관, 단체	a medical institution	의료 기관
906	instrument	악기	wind instrument	관악기
907	intervention	중재, 간섭	government intervention	정부 개입
908	intrigue	호기심을 자아내다	always intrigue researchers	항상 연구자들의 호기심을 자아내다
909	introduce	소개하다, 도입하다	introduce myself	나를 소개하다
910	investigate	조사하다	investigate the reasons for the accident	사고의 원인을 조사하다
911	latitude	위도	the same latitude as London	런던과 같은 위도
912	linguistic	언어의	linguistic barrier	언어 장벽
913	longitude	경도	the longitude of the island	그 섬의 경도
914	loose	헐거워진, 풀린, 흔들리는	a loose tooth	흔들리는 치아
915	magnitude	규모, 크기	the magnitude of the problem	문제의 규모[크기]
916	male	남성의, 수컷의	a male bird	수컷 새
917	marine	해양의, 바다의	marine life	해양 생물
918	massive	거대한, 육중한	a massive wave	거대한 파도
919	memorize	암기하다	memorize words	단어를 암기하다
920	migration	이주, 이동	domestic migration	국내 이주
921	minimize	최소화하다	minimize the risk	위험을 최소화하다
922	minister	장관, 목사	the Minister of Education	교육부 장관
923	modest	겸손한	be modest about success	성공에 대해서 겸손하다
924	modify	수정하다, 변경하다	genetically modified crops	유전자 변형 농산물[작물]
925	mood	기분, 분위기	I'm in a bad mood.	나는 기분이 안 좋다.
926	morality	도덕(성)	standards of morality	도덕(성)의 기준
927	mutually	상호간에, 서로	mutually beneficial	서로 도움이 되는
928	negotiation	협상, 교섭	a closed-door negotiation	비밀 협상
929	notable	주목할 만한	a notable example	주목할 만한 사례
930	nurture	육성하다, 양육하다	nurture science	과학을 육성하다
931	occasion	(특정한) 경우, 행사, 때	special occasion	특별한 행사
932	operate	작동하다, 운용하다	operate the computer	컴퓨터를 작동하다
933	overlook	내려다보다, 간과하다	overlook the river	강을 내려다보다
934	paradox	역설	incomprehensible paradox	이해할 수 없는 역설
935	peak	절정, 정점, 최고조	reach a peak	정점에 도달하다
936	peer	또래, 동료	peer pressure	또래 압박

연번	WORDS	단어 뜻	COLLOCATION	COLLOCATION 해석
937	persuade	설득하다	persuade him to sign the deal	그 거래를 체결하도록 그를 설득하다
938	possibility	가능성	rule out the possibility	가능성을 배제하다
939	poverty	가난, 빈곤	live in poverty	빈곤 속에서 살다
940	precious	귀중한, 소중한	a precious memory	소중한 기억
941	prestige	위신, 명망	international prestige	국제적인 명망
942	process	처리하다	process only one piece of code	단 한 개의 부호만을 처리하다
943	prolonged	오래 계속되는, 오랜, 장기적인	a prolonged period	오랜 기간
944	quest	탐색, 탐구	a quest for the meaning of life	삶의 의미에 대한 탐색
945	rainforest	열대 우림	be found only in the rainforest	열대 우림 안에서만 발견되다
946	rational	이성적인, 합리적인	rational judgment	합리적인 판단
947	rationalize	합리화하다	rationalize his violence	그의 폭력을 정당화하다
948	react	반응하다	react calmly	차분하게 반응하다
949	recover	회복되다, 되찾다	recover from the shock	충격에서 회복하다
950	refer	조회하다, 지시하다, 참조하다	refer to the document	그 문서를 참조하다
951	regret	후회; 후회하다	I have no regrets.	나는 아무런 후회가 없다.
952	reinforce	강화하다, 보강하다	reinforce the stereotype	고정 관념을 강화하다
953	release	석방하다, 놓아주다	He was released from the prison.	그는 감옥에서 석방되었다.
954	reliance	의존, 의지	heavy reliance	과도한 의존
955	religion	종교	the Christian religion	기독교
956	render	(어떤 상태가 되게) 만들다	render me helpless	나를 속수무책의 상태로 만들다
957	repeat	반복하다	repeat a question	질문을 반복하다
958	reputation	평판	good reputation	좋은 평판
959	resort	휴양지; 의존하다	resort to violence	폭력에 의존하다
960	retrieve	되찾아오다	Police retrieved his stolen car.	경찰은 도둑맞은 그의 차를 되찾아왔다.
961	ritual	의식, 의례; 의식상의	a religious ritual	종교적 의식
962	routine	판에 박힌 일, 일상	follow the same routine	똑같은 판에 박힌 일을 따르다
963	salient	두드러진, 현저한	the salient features of the writing	그 글의 두드러진 특징들
964	satellite	위성	weather satellite	기상 위성
965	sculpture	조각품, 조각	exhibition of sculpture	조각 전시회
966	shame	수치심	from shame and guilt	수치심과 죄책감에서

연번	WORDS	단어 뜻	COLLOCATION	COLLOCATION 해석
967	simultaneously	동시에	They simultaneously experienced it.	그들은 그것을 동시에 경험했다.
968	sociologist	사회학자	a prominent sociologist	저명한 사회학자
969	solitary	고독한, 쓸쓸한	the solitary scene	쓸쓸한 장면
970	span	기간, 폭	attention span	주의 지속 기간
971	split	나누다, 쪼개다	split the money	돈을 나누다
972	stimulate	자극하다	stimulate further discussion	더 깊은 토론을 자극하다
973	storage	저장 (공간)	We need more storage.	우리는 저장 공간이 더 필요하다.
974	stream	개울	the water in this stream	이 개울에 있는 물
975	subconscious	잠재의식의	dominate our subconscious mind	우리의 잠재의식적인 마음을 지배하다
976	subtle	미묘한	a subtle difference	미묘한 차이
977	switch	스위치; 바꾸다, 전환하다	decide to switch plans	계획을 바꾸기로 결정하다
978	sympathetic	동정심을 가진, 공감하는	sympathetic about my problem	내 문제에 대해 공감하는
979	tactic	전술, 작전	demand different tactics	다양한 전술을 요구하다
980	terrified	두려워하는	terrified of spiders	거미를 두려워하는
981	trace	발자국, 자취, 잔존물	the traces of dissolved salts	용해된 소금의 잔존물[흔적]
982	transparent	투명한	a transparent plastic box	투명한 플라스틱 상자
983	tutor	가정교사, 지도교수	math tutor	수학 가정교사
984	ultimate	궁극적인, 최후의	the ultimate decision	최후의 결정
985	unable	할 수 없는	unable to walk	걸을 수 없는
986	unaware	모르는	unaware of the event	그 사건을 모르는
987	unit	단위, 구성 단위	the boundaries among business units	사업 단위 간의 경계
988	urgent	긴급한	an urgent message	긴급한 메시지
989	usual	평소의	at the usual time	평소에
990	utility	쓸모 있음, 유용성	utility and rationality considerations	유용성과 합리성 고려 사항
991	vapor	증기	water vapor	수증기
992	visible	눈에 보이는, 볼 수 있는	visible to the naked eye	육안으로 볼 수 있는
993	wound	부상, 상처; 상처를 입히다	head wound	머리 부상
994	abundance	풍부(함)	abundance of information	정보의 풍부함
995	abuse	남용	alcohol abuse	알코올 남용(지나친 음주)
996	accommodation	숙박	accommodation expenses	숙박 비용
997	accompany	동행하다, 동반하다	They will accompany me on the trip.	그들은 그 여행에 나와 동행할 것이다.
998	accumulate	축적하다	accumulate more wealth	더 많은 부를 축적하다

연번	WORDS	단어 뜻	COLLOCATION	COLLOCATION 해석
999	acquisition	습득	language acquisition	언어 습득
1000	adequate	충분한, 적절한	adequate scientific testing	충분한 과학적 검증

memo

memo

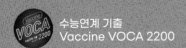
수능연계 기출
Vaccine VOCA 2200

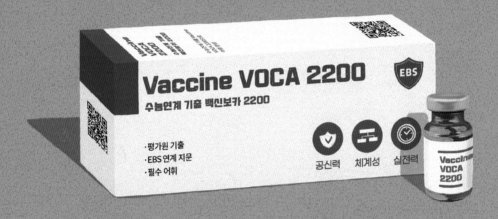

● 수능 영단어장의 끝판왕!
10개년 수능 빈출 어휘 + 7개년 연계교재 핵심 어휘

● 수능 적중 어휘 자동암기 3종 세트 제공
휴대용 포켓 단어장 / 표제어 & 예문 MP3 파일 / 수능형 어휘 문항 실전 테스트

휴대용 **포켓 단어장** 제공

"인류사에서 뒷이야기만큼 흥미로운 것은 없다!"

EBS 오디오 콘텐츠팀 지음 | EBS BOOKS | 값 각 15,000원

꽁꽁 숨겨져 있던 **비하인드 스토리**로 배우는
흥미진진 **역사**와 **과학**

한 권의 추리소설을 읽듯 스릴 넘치는
반전의 역사와 과학 수업

EBS 정승익 강사 직접 집필, 강의

정승익의
수능 개념 잡는
대박구문

정답과 해석

EBS 정승익 강사 직접 집필, 강의

정승익의
수능 개념 잡는
대박구문

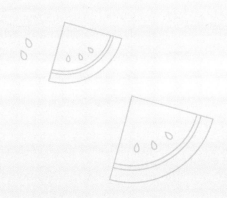

정답과 해석

CHAPTER 01 문장의 기본

CODE 01 S+V(+M)

BASIC mission
본문 13쪽

0001 Much of learning occurs through trial and error. 배움의 많은 부분이 시행착오를 거쳐서 일어난다.

0002 The same applies to our professional lives. 동일한 것이 우리의 직업적 삶에 적용된다.

0003 A very unpleasant smell came into my nostrils. 매우 불쾌한 냄새가 나의 콧구멍으로 들어왔다.

0004 Good conclusions come from good observations. 좋은 결론은 좋은 관찰로부터 나온다.

0005 Suddenly an old man appeared before him. 갑자기 한 노인이 그의 앞에 나타났다.

0006 Such perfect order does not exist in nature. 그러한 완전한 질서가 자연에는 존재하지 않는다.

0007 After that, Cole emerged as a popular solo vocalist. 그 후에 Cole은 대중적인 솔로 가수로 나타났다.

0008 Something mysterious happened in his curious, fully engaged mind. 호기심을 갖고 완전히 몰두한 그의 마음속에 무언가 신비로운 일이 일어났다.

ADVANCED mission
본문 14쪽

0009 Of course, within cultures individual attitudes can vary dramatically. 물론 (같은) 문화 내에서 개인의 태도는 극적으로 다를 수 있다.

0010 Problems occur when we try too hard to control or avoid these feelings. 이러한 감정을 통제하거나 피하려고 지나치게 노력할 때 문제가 발생한다.

0011 Buffalo appeared in the distance, and the Pygmy watched them curiously. 버펄로들이 멀리서 나타났고, 그 Pygmy 부족원은 그 동물들을 신기한 듯이 바라보았다.

0012 Something powerful happens inside most people when they are listened to. 그들의 말이 경청되는 경우에 대부분의 사람들 내면에서 강력한 뭔가가 일어난다.

0013 All improvement in your life begins with an improvement in your mental pictures. 여러분 삶에서의 모든 향상은 여러분의 심상에서의 향상으로 시작된다.

0014 But there is nothing natural, necessary, or inevitable about any of these things. 하지만 이런 것들 중 어떤 것에 있어서도 자연스럽거나, 필수적이거나, 불가피한 것은 없다.

0015 There are many reasons for taking such an action, including the need to recover costs or meet deadlines. 그런 행동을 하는 데는 비용을 만회하거나 마감 기한을 맞추려는 필요를 포함하여 많은 이유들이 있다.

0016 Nevertheless, there is room for personal choice, and control over time is to a certain extent in our hands. 그럼에도 불구하고, 개인이 선택할 수 있는 여지는 있으며 시간에 대한 통제권은 어느 정도 우리 손 안에 있다.

REVIEW mission
본문 15쪽

1 occur **2** appeared **3** happens **4** inevitable **5** begins **6** appeared before him
7 applies to our professional lives **8** came into my nostrils **9** come from good observations
10 occurs through trial and error

02 S+V+C

BASIC mission

0017 Their visits are obviously beneficial. 그들의 방문은 분명히 도움이 된다.

0018 Education is the exception to this rule. 교육은 이 규칙의 예외이다.

0019 Now, foraging became a rising trend. 이제는 수렵 채집이 증가하는 추세가 되었다.

0020 In fact, the result was the exact opposite. 사실, 결과는 정반대였다.

0021 The mind is essentially a survival machine. 생각은 본질적으로 생존 기계이다.

0022 She was a loyal customer to that one airline. 그녀는 그 한 항공사의 충실한 고객이었다.

0023 Conflict is the driving force of a good story. 갈등은 좋은 이야기의 추진력이다.

0024 Most of us are suspicious of rapid cognition. 우리 대부분은 신속하게 하는 인식을 의심한다.

ADVANCED mission

0025 Ethical and moral systems are different for every culture. 윤리적 그리고 도덕적 체계는 모든 문화마다 다르다.

0026 Honesty is a fundamental part of every strong relationship. 정직은 모든 굳건한 관계의 근본적인 부분이다.

0027 Feeling and emotion are crucial for everyday decision making. 느낌과 감정은 매일의 의사 결정에 매우 중요하다.

0028 Consumers are generally uncomfortable with taking high risks. 소비자들은 일반적으로 높은 위험을 무릅쓰는 것을 불편해한다.

0029 Inferences are conclusions based on reasons, facts, or evidence. 추론은 근거, 사실, 또는 증거를 바탕으로 한 결론이다.

0030 The addax is mostly active at night due to the heat of the desert. 나사뿔영양은 사막의 더위 때문에 주로 밤에 활동적이다.

0031 As we grew older, this hiding behavior became more sophisticated. 우리가 성장하면서 이런 숨는 행동은 더 정교해졌다.

0032 The key difference between these two cases is the level of trust. 이 두 경우의 주요 차이점은 신뢰 수준이다.

REVIEW mission

1 Conflict **2** suspicious **3** different **4** fundamental **5** crucial **6** the exception to this rule **7** became a rising trend **8** was the exact opposite **9** essentially a survival machine **10** a loyal customer to that one airline

03 S+V+O

BASIC mission

0033 Technology has doubtful advantages. 기술은 의문의 여지가 있는 이점을 지니고 있다.

0034 New technologies create new interactions and cultural rules. 새로운 기술은 새로운 상호 작용과 문화적 규칙을 만든다.

0035 This perceived truth impacted behavior. 이렇게 인지된 사실은 행동에 영향을 미쳤다.

0036 But the clues alone don't solve the case. 하지만 단서만으로는 사건이 해결되지 않는다.

0037 Color intensity also affects flavor perception. 색의 강도 또한 맛의 인식에 영향을 준다.

0038 Myths provided answers to those questions. 신화가 그러한 질문에 답을 제공했다.

0039 Many advertisements cite statistical surveys. 많은 광고는 통계 조사를 인용한다.

0040 Their favorite foods include shrimp and crab. 그들이 좋아하는 먹이는 새우와 게를 포함한다.

ADVANCED mission
본문 22쪽

0041 Such initial silence conveys the listener's respect for the speaker. 이러한 초기의 침묵은 화자에 대한 청자의 존중을 전달한다.

0042 Recent studies show some interesting findings about habit formation. 최근 연구들은 습관 형성에 관한 몇몇 흥미로운 결과를 보여 준다.

0043 As a matter of fact, most of us prefer the path of least resistance. 사실, 우리 중 대부분은 최소한의 저항의 길을 선호한다.

0044 Other times, however, global influence can have disastrous consequences. 그러나 다른 때에는 전 세계적인 영향이 재앙의 결과를 초래할 수 있다.

0045 The people trust each other more deeply, and coordination becomes easier. 사람들은 서로를 더 깊이 신뢰하고 조정이 더 쉬워진다.

0046 We remember the arousing aspects of an episode and forget the boring bits. 우리는 에피소드의 자극적인 측면을 기억하고 지루한 부분은 잊어버린다.

0047 They also taught morality and conveyed truth about the complexity of life. 그들은 또한 도덕성을 가르쳤고 삶의 복잡성에 관한 진실을 전달했다.

0048 The employees as a whole had a higher job satisfaction than industry norms. 그 종업원들 전체는 업계 기준보다 더 높은 직업 만족도를 가졌다.

REVIEW mission
본문 23쪽

1 cite **2** include **3** affects **4** conveys **5** show **6** create new interactions and cultural rules
7 impacted behavior **8** most of us prefer the path of least resistance **9** don't solve the case
10 provided answers to those questions

04 S+V+I.O.+D.O.

BASIC mission
본문 25쪽

0049 He handed me his cell phone. 그는 자신의 핸드폰을 나에게 건네주었다.

0050 He showed the woman her picture. 그는 그 여성에게 그녀의 사진을 보여주었다.

0051 I offered him some money, but he refused. 나는 그에게 약간의 돈을 주겠다고 했지만, 그는 거절했다.

0052 Give your brain the fuel it needs to run well. 두뇌가 잘 돌아가는 데 필요한 연료를 두뇌에게 주어라.

0053 The dealer will give you a new toaster on the spot. 그 판매인이 즉석에서 새 토스터를 당신에게 드릴 것입니다.

0054 Two and a half years later, he asked them the same question. 2년 반 후, 그는 그들에게 똑같은 질문을 했다.

0055 This capacity gave early human beings a major evolutionary edge. 이 능력은 초기 인간에게 중요한 진화적 우위를 주었다.

0056 He called his son and gave him a hammer and a bag of nails. 그는 자신의 아들을 불러 그에게 망치 하나와 못이 든 자루 하나를 주었다.

ADVANCED mission

본문 26쪽

0057 Exercising gives you more energy and keeps you from feeling exhausted. 운동을 하는 것은 여러분에게 더 많은 에너지를 주고 여러분이 지쳤다고 느끼는 것을 막아 준다.

0058 Some repetition gives us a sense of security, in that we know what is coming next. 어느 정도의 반복은 우리가 다음에 무엇이 올지 안다는 점에서 우리에게 안정감을 준다.

0059 You should give someone a second chance before you label them and shut them out forever. 여러분은 누군가를 낙인찍고 영원히 차단해 버리기 전에 다시 한 번 기회를 줘야 한다.

0060 He asked the man his name, wrote out a check, and pushed it into his hand. 그는 그 남자에게 그의 이름을 물었고, 수표를 써서 그의 손에 밀어 넣었다.

0061 His use of the word *gravity* gave us a cognitive category. 그의 '중력'이라는 단어의 사용은 우리에게 인식 범주를 제공해주었다.

0062 Jacob's partner looked at him and gave him the thumbs-down. Jacob의 동료는 그를 바라보며 거절을 했다.

0063 Being imaginative gives us feelings of happiness and adds excitement to our lives. 상상력이 풍부하다는 것은 우리에게 행복감을 주고 우리의 삶에 흥분을 더한다.

0064 In the process she became America's first self-made female millionaire and she gave Black women everywhere an opportunity for financial independence. 그 과정에서 그녀는 미국 최초의 자수성가한 여성 백만장자가 되었고 모든 곳의 흑인 여성들에게 재정적 독립의 기회를 주었다.

REVIEW mission

본문 27쪽

1 major **2** gave **3** exhausted **4** imaginative **5** security **6** the woman her picture
7 him some money **8** your brain the fuel it needs **9** you a new toaster **10** asked them the same question

CODE 05 S+V+O.+O.C.

BASIC mission

본문 29쪽

0065 Philosophers call it utilitarianism. 철학자들은 그것을 공리주의라고 부른다.

0066 Social psychologists call it social exchange theory. 사회 심리학자들은 그것을 사회적 교환 이론이라고 부른다.

0067 Because the land (made) travel so difficult, the guest-host relationship was valued. 그 땅이 이동을 매우 어렵게 만들었기 때문에, 손님과 주인의 관계는 소중하게 여겨졌다.

0068 (Make) understanding people a fun game, the solving of puzzles. 사람들을 이해하는 것을 재미있는 게임, 즉 퍼즐을 푸는 것으로 만들어라.

0069 Unfortunately, deforestation (left) the soil exposed to harsh weather. 유감스럽게도, 산림 벌채는 토양이 혹독한 날씨에 노출되게 했다.

0070 This so-called "negativity bias" can (keep) you focused on what's going wrong. 소위 이 '부적 편향'은 잘못되어 가는 것에 계속해서 여러분이 집중하게 만들 수 있다.

0071 Certain personality characteristics (make) some people more resistant to distress. 어떤 성격상의 특성은 일부 사람들을 (정신적) 고통에 대해 더 저항력이 있게 만든다.

0072 He (found) his friend gaining weight, with a dark complexion and a very bad attitude. 그는 자기 친구가 안색도 어둡고 태도도 매우 나쁘며 체중이 불어나고 있는 것을 알았다.

ADVANCED mission
본문 30쪽

0073 This ultimately (made) Conroy a noted figure in the literary world. 이것은 궁극적으로 Conroy를 문학계에서 유명한 인물로 만들었다.

0074 For this very reason, the repairman's presence may (make) the narcissist uncomfortable. 바로 이런 이유로 수리공의 존재는 자아도취자의 마음을 불편하게 할 수도 있다.

0075 But every company is also its own ecosystem, and internal conflict (makes) it vulnerable to outside threats. 그러나 모든 회사는 또한 그 자체의 생태계이며 내부의 갈등은 그 회사가 외부의 위협에 취약하도록 만든다.

0076 In this case the simulation (makes) the written material more understandable by presenting it in a visual way. 이 경우에 시뮬레이션은 기록된 자료를 시각적인 방식으로 제시해 줌으로써 그것을 더 잘 이해할 수 있게 만들어 준다.

0077 This update will surely (make) our management system more efficient as well as more cost-effective in the long run. 이번 업데이트는 분명 우리 관리 시스템이 결국에는 비용 효과가 더 높을 뿐만 아니라 더 효율적이도록 해 줄 것이다.

0078 Psychologists (call) this avoidance training because the person is learning to avoid the possibility of a punishing consequence. 당사자가 처벌 결과의 가능성을 피하는 법을 배우고 있으므로 심리학자들은 이것을 회피 훈련이라고 부른다.

0079 In contrast, the English (find) an English document of the year 1300 very difficult to understand unless they have special training. 대조적으로, 영국인들은 특별한 훈련을 받지 않고서는 1300년의 영어 문서를 이해하기 매우 어렵다고 생각한다.

0080 The unique appearance of the Joshua tree (makes) it a very desirable decoration. Joshua tree의 독특한 모양은 그 나무를 아주 바람직한 장식물로 만든다.

REVIEW mission
본문 31쪽

1 focused **2** desirable **3** resistant **4** gaining **5** presence **6** call it social exchange theory **7** the land made travel so difficult **8** understanding people a fun game **9** made Conroy a noted figure **10** left the soil exposed

CODE 06 사역동사 / 지각동사

BASIC mission

본문 33쪽

0081 I heard something moving slowly along the walls. 나는 무엇인가가 벽을 따라 천천히 움직이는 소리를 들었다.

0082 Please let me know if this extension can be made. 이러한 연장이 가능한지 저에게 알려주시기를 부탁드립니다.

0083 It can make us assume everything or everyone in one category is similar. 그것은 우리가 하나의 범주 안에 있는 모든 것이나 모든 사람이 비슷하다고 가정하게 만들 수 있다.

0084 You make them feel valued, acknowledged, and important. 여러분은 그들이 존중되고, 인정받으며, 중요하다고 느끼게 해 준다.

0085 Advertising also helps people find the best for themselves. 광고는 또한 사람들이 자신들에게 최적의 상품을 찾을 수 있게 해 준다.

0086 That ability let our ancestors outmaneuver and outrun prey. 그런 능력은 우리 조상들이 먹잇감을 책략으로 이기고 앞질러서 달리게 했다.

0087 However, you suddenly see a group of six people enter one of them. 하지만, 여러분은 갑자기 여섯 명의 무리가 그것들 중 하나로 들어가는 것을 보게 된다.

0088 Success happened because they'd made it happen through continuous effort. 성공은 계속적인 노력을 통해 그들이 그것이 일어나게 했기 때문에 발생했다.

ADVANCED mission

본문 34쪽

0089 Don't let distractions interrupt your attentive listening to the speaker. 집중을 방해하는 것들이 화자의 말을 여러분이 주의 깊게 듣는 것을 방해하게 두지 마라.

0090 Let them know you respect their thinking, and let them voice their opinions. 여러분이 그들의 생각을 존중한다는 것을 알게 하고, 그들이 자신의 의견을 말하게 하라.

0091 In one experiment, subjects observed a person solve 30 multiple-choice problems. 한 실험에서, 실험 대상자들은 한 사람이 30개의 선다형 문제를 푸는 것을 관찰했다.

0092 Let me give you a piece of advice that might change your mind about being courageous. 용기 있는 것에 대해 여러분의 마음을 바꿀 수도 있는 충고를 하나 하겠다.

0093 Re-visiting a place can also help people better understand both the place and themselves. 한 장소를 다시 방문하는 것은 또한 사람들이 그 장소와 자신을 더 잘 이해하도록 도와줄 수 있다.

0094 This approach can help you escape uncomfortable social situations and make friends with honest people. 이 접근법은 여러분이 불편한 사회적 상황에서 벗어나고 정직한 사람들과 친구가 될 수 있도록 도와줄 수 있다.

0095 It can make us mistakenly group together things, or people, or countries that are actually very different. 그것은 우리가 실제로는 아주 다른 사물들이나, 사람들, 혹은 나라들을 하나로 잘못 묶게 만들 수 있다.

0096 On the way home, Shirley noticed a truck parked in front of the house across the street. 집에 오는 길에, Shirley는 트럭 한 대가 길 건너편 집 앞에 주차된 것을 보게 되었다.

본문 35쪽

REVIEW mission

1 solve **2** change **3** help **4** uncomfortable **5** mistakenly **6** make them feel valued
7 people find the best for themselves **8** let our ancestors outmaneuver **9** see a group of six people enter **10** made it happen

07 to부정사 목적격보어

본문 37쪽

BASIC mission

0097 Conflict forces us to act. 갈등은 우리로 하여금 행동하도록 강요한다.

0098 Tolerance allows the world to flourish. 관용은 이 세상이 번창할 수 있게 한다.

0099 The rich man ordered guards to put him in the lion's cage. 부자는 경비병들에게 그를 사자 우리에 집어넣으라고 명령했다.

0100 You can also encourage employees to bring in food themselves. 여러분은 또한 직원들에게 그들 스스로 음식을 가지고 오도록 권유할 수도 있다.

0101 He asked the great pianist Ignacy Paderewski to come and play. 그는 위대한 피아니스트인 Ignacy Paderewski에게 와서 연주해 달라고 요청했다.

0102 The old man asked James to come closer since he wanted to say something to him. 그(노인)가 James에게 뭔가를 말하고 싶었기 때문에 노인은 James에게 더 가까이 와 줄 것을 요청했다.

0103 She told everyone to write down the Seven Wonders of the World. 그녀는 모두에게 세계 7대 불가사의를 쓰라고 말했다.

0104 Force your face to smile even when you are stressed or feel unhappy. 심지어 스트레스를 받거나 불행하다고 느낄 때조차 억지로 미소를 지으라.

본문 38쪽

ADVANCED mission

0105 Experts advise people to "take the stairs instead of the elevator" or "walk or bike to work." 전문가들은 사람들에게 '승강기 대신 계단을 이용하거나' 또는 '직장까지 걷거나 자전거를 타라'고 조언한다.

0106 He asked a group of volunteers to count the number of times a basketball team passed the ball. 그는 한 그룹의 자원자들에게 농구팀이 공을 패스한 횟수를 세어 달라고 부탁했다.

0107 Counselors often advise clients to get some emotional distance from whatever is bothering them. 상담자는 상담 의뢰인에게 그들을 괴롭히고 있는 그 어떤 것과도 약간의 감정적 거리를 두라고 자주 충고한다.

0108 A few years ago, I asked two groups of people to spend an afternoon picking up trash in a park. 몇 년 전에 나는 두 그룹의 사람들에게 어느 오후 시간을 공원에서 쓰레기를 주우며 보내 달라고 부탁했다.

0109 For example, a food labeled "free" of a food dye will compel some consumers to buy that product. 예를 들면, 식용염료가 '들어 있지 않다고' 표기된 식품은 일부 소비자들로 하여금 그 식품을 구매할 수밖에 없게 할 것이다.

0110 I urge you and other city council representatives to cancel the plan and to keep libraries open! 저는 귀하와 다른 시 의회 의원들에게 그 계획을 취소하고 도서관을 계속 열 것을 촉구합니다!

0111 During this time, long hours of backbreaking labor and a poor diet caused her hair to fall out. 이 시기 동안 장시간의 고된 노동과 열악한 식사가 그녀의 머리카락을 빠지게 했다.

0112 Time alone (allows) people to sort through their experiences, put them into perspective, and plan for the future. 혼자 있는 시간은 사람들이 자신의 경험을 정리하고, 그것들을 넓게 보며, 미래를 계획할 수 있게 해 준다.

REVIEW mission

본문 39쪽

1 advise   **2** count   **3** emotional   **4** asked   **5** compel   **6** allows the world to flourish
7 ordered guards to put him   **8** encourage employees to bring in   **9** to come and play
10 asked James to come closer

CHAPTER 02 동사의 다양한 형태

08 진행시제

BASIC mission
본문 43쪽

0113 My palms were sweating and slippery on the wheel. 내 손바닥은 운전대에서 땀이 나고 있었고 미끌거렸다.

0114 My hands were trembling due to the anxiety. 내 손은 불안감 때문에 떨리고 있었다.

0115 A slight smile was spreading over her face. 그녀의 얼굴에 엷은 미소가 번지고 있었다.

0116 Jessie was already running numbers in her head. Jessie는 벌써 머릿속으로 숫자를 계산하고 있었다.

0117 A college student was struggling to pay his school fees. 한 대학생이 자신의 학비를 내려고 애쓰고 있었다.

0118 One day after grocery shopping, I was sitting at the bus stop. 어느 날 식료품 쇼핑 후에 나는 버스 정류장에 앉아 있었다.

0119 One is happening in the foreground and the other in the background. 하나는 전경에서 일어나고 있고 나머지 하나는 배경에서 일어나고 있다.

0120 The audience at the contest were laughing out loud now, at him, at his inability. 대회에 모인 청중들은 이제 그와 그의 무능함을 큰 소리로 비웃고 있었다.

ADVANCED mission
본문 44쪽

0121 Infants were not simply copying the actions but rather repeating the intended goal. 아기들은 그저 행동을 모방하고 있는 것이 아니라 오히려 의도된 목적을 반복하고 있었다.

0122 Indeed you will still be seeing doctors, but the relationship will be radically altered. 사실 여러분은 여전히 의사의 진료를 받게 될 테지만, 그 관계가 근본적으로 바뀔 것이다.

0123 Internet entrepreneurs are creating job-search products and bringing them online regularly. 인터넷 사업가들은 구직 상품을 만들고 정기적으로 그것들을 온라인으로 가져오고 있다.

0124 The line of distant mountains and shapes of houses were gradually emerging through the mist. 멀리 일렬로 솟아 있는 산과 집처럼 보이는 것이 안개를 뚫고 점차 모습을 드러내고 있었다.

0125 When someone else's thoughts are in your head, you are observing the world from that person's vantage point. 다른 사람의 생각이 여러분의 머릿속에 있을 때, 여러분은 그 사람의 관점에서 세상을 보고 있는 것이다.

0126 One immediate reason was easy enough to spot: the local human population was cutting down the reed beds at a furious rate. 한 가지 직접적인 원인은 알아낼 정도로 쉬웠는데, 현지의 인간들이 맹렬한 속도로 갈대밭을 베어 넘어뜨리고 있었다는 것이었다.

0127 Nancy was struggling to see the positive when her teen daughter was experiencing a negative perspective on her life and abilities. Nancy는 그녀의 십 대 딸아이가 자신의 생활과 능력에 대한 부정적인 관점을 겪고 있을 때, 긍정적인 면을 찾아보려고 애쓰고 있었다.

0128 The interaction between nature and nurture is, however, highly complex, and developmental biologists are only just beginning to grasp just how complex it is. 하지만 천성과 양육 사이의 상호 작용은 매우 복잡하며, 발달 생물학자들은 그저 그것이 얼마나 복잡한지를 간신히 이해하기 시작하고 있을 뿐이다.

REVIEW mission

1 happening **2** inability **3** copying **4** radically **5** creating **6** were trembling due to the anxiety **7** was spreading over her face **8** running numbers in her head **9** was struggling to pay **10** was sitting at the bus stop

CODE 09 완료시제

BASIC mission

0129 She felt all her concerns had gone away. 그녀는 모든 걱정이 사라졌음을 느꼈다.

0130 Anxiety has been around for thousands of years. 불안은 수천 년 동안 존재해 왔다.

0131 He had also avoided a potential argument with his son. 그는 또한 자신의 아들과 있을 수 있는 논쟁을 피했다.

0132 I have enjoyed living here and hope to continue doing so. 나는 이곳에서 즐겁게 살아 왔으며 계속해서 그러기를 희망한다.

0133 Maybe you have watched the sun as it was setting in the sky. 아마도 여러분은 하늘에 태양이 지고 있을 때 태양을 본 적이 있을 것이다.

0134 The Internet has quickly become an invaluable tool as well. 인터넷은 또한 빠르게 매우 유용한 도구가 되었다.

0135 Since that time, I have never touched the walls or the ceiling. 그때 이후로 저는 단 한 번도 벽이나 천장에 손을 댄 적이 없습니다.

0136 Your mind has not yet adapted to this relatively new development. 여러분의 정신은 아직 이 비교적 새롭게 생겨난 것에 적응하지 못했다.

ADVANCED mission

0137 Food etiquette had become a sign of social barriers and of the impossibility of breaking them down. 음식 예절은 사회적 장벽, 그리고 그 장벽 타파의 불가능성에 대한 표시가 되어 버렸다.

0138 His architectural style has influenced the architecture of churches in England and the United States. 그의 건축 양식은 영국과 미국의 교회 건축 양식에 영향을 주었다.

0139 Indeed, this vast majority have lost control over their own production because of larger global causes. 사실, 이 대다수는 더 큰 세계적인 원인으로 인해 자신들의 생산에 대한 통제력을 잃어버렸다.

0140 Technological advances have led to a dramatic reduction in the cost of processing and transmitting information. 기술적인 발전은 정보의 처리와 전달 비용의 극적인 감소를 가져왔다.

0141 But their final disappointment didn't retroactively change the sincere thrill they'd felt throughout the series. 하지만 그들이 마지막에 느낀 실망이 시간을 거슬러 가서 그들이 그 시리즈 내내 느꼈던 진정한 흥분을 바꾸지는 않았다.

0142 Carbon sinks have been able to absorb about half of this excess CO_2, and the world's oceans have done the major part of that job. 카본 싱크는 이러한 초과 이산화탄소 중 절반 정도를 흡수할 수 있었고 지구의 바다가 그 일의 주된 역할을 해 왔다.

0143 She had recently moved to the U.S. and hadn't been able to bring her sewing machine with her and wasn't able to afford to buy one. 그녀는 최근에 미국으로 이주했고 자신의 재봉틀을 가져올 수 없었으며 재봉틀을 살 여유가 없었다.

0144 Individuals from extremely diverse backgrounds have learned to overlook their differences and live harmonious, loving lives together. 아주 다양한 배경을 가진 개인들이 그것들의 차이를 너그럽게 봐주고 조화롭고 다정한 삶을 함께 누리는 것을 배웠다.

REVIEW mission

본문 49쪽

1 impossibility **2** influenced **3** lost **4** reduction **5** change **6** has been around
7 avoided a potential argument **8** have enjoyed living here **9** have watched the sun **10** has quickly become an invaluable tool

CODE 10 완료진행시제

BASIC mission

본문 51쪽

0145 He had been watching the man and had a question for him. 그는 그 남자를 바라보고 있었으며 그에게 질문이 있었다.

0146 I have been using your coffee machines for several years. 저는 귀사의 커피 머신을 수년 동안 사용해 왔습니다.

0147 She had been practicing very hard the past week but she did not seem to improve. 지난주 그녀는 정말 열심히 연습해 왔지만, 향상된 것처럼 보이지 않았다.

0148 Our recycling program has been working well thanks to your participation. 우리의 재활용 프로그램은 여러분의 참여 덕분에 잘 운영되어 왔습니다.

0149 And in recent decades, the money in sports has been crowding out the community. 그리고 최근 몇십 년간 스포츠에 유입된 돈은 공동체를 몰아 내왔다.

0150 For example, Harvey Lester, a new employee, has been having trouble mastering his new job. 예를 들어, 신입 사원인 Harvey Lester는 자신의 새로운 업무를 숙련하는 데 어려움을 겪어 왔다.

0151 We at the Future Music School have been providing music education to talented children for 10 years. 저희 Future Music School에서는 십 년 동안 재능 있는 아이들에게 음악 교육을 제공해 오고 있습니다.

0152 Many students at the school have been working on a project about the youth unemployment problem in Lockwood. 그 학교의 많은 학생들은 Lockwood 지역의 청년 실업 문제에 관한 프로젝트를 수행해 왔습니다.

ADVANCED mission

본문 52쪽

0153 So, if you want to use your energy to work longer, just change your perception of how long you have been working. 그래서 만약 여러분이 더 오래 일하는 데 자신의 에너지를 사용하고 싶다면, 얼마나 오래 일했는지에 대한 인식을 바꾸기만 하면 된다.

0154 Although humans have been drinking coffee for centuries, it is not clear where coffee originated. 수세기 동안 사람들은 커피를 마셔왔지만, 어디서 커피가 유래했는지는 분명하지 않다.

0155 And when it comes to human societies, people have been standing on a ten-thousand-foot plateau. 그리고 인간 사회에 관한 한, 사람들은 만 피트의 고원에 서 있었다.

0156 For example, if you have been working on a project for eight hours, but it only feels like six, you will have more energy to keep going. 예를 들어, 만약 당신이 8시간 동안 프로젝트 작업을 해 왔지만 그것을 단지 6시간처럼 느낀다면, 당신은 일을 계속 할 수 있는 더 많은 에너지를 얻게 될 것이다.

0157 For decades, we have been measuring intelligence at the individual level, just as we have been measuring creativity, engagement, and grit. 창의력, 참여도, 근성을 측정해 온 것과 마찬가지로, 수십 년 동안 우리는 지능을 개인적 수준에서 측정해 왔다.

0158 Urbanization has been taking place since the Neolithic Revolution, when agriculture enabled food surpluses to create a division of labor in settlements. 도시화는 농업이 잉여 식량을 통해 정착지들에서 분업이 생겨나는 것을 가능하게 했던 신석기 혁명 이래로 발생해 왔다.

0159 Probably you have been reading for a long time, too, and starting to learn all over again would be humiliating. 아마 여러분도 역시 오랫동안 읽기를 해 왔으므로, 처음부터 다시 배우기를 시작하는 것은 창피할 것이다.

0160 We have all been solving problems of this kind since childhood, usually without awareness of what we are doing. 우리 모두는 우리가 무엇을 하고 있는지에 대한 인식 없이 어린 시절부터 이런 종류의 문제들을 해결해 왔다.

REVIEW mission

1 mastering **2** talented **3** unemployment **4** humiliating **5** solving **6** had been watching the man **7** have been using your coffee machines **8** She had been practicing very hard the past week **9** has been working well **10** has been crowding out

CODE 11 조동사

BASIC mission

0161 Currently, we cannot send humans to other planets. 현재, 우리는 인간을 다른 행성으로 보낼 수 없다.

0162 But criticism doesn't have to come from other people. 하지만 비판은 다른 사람들로부터 올 필요는 없다.

0163 Fundamental differences may exist between men and women. 남자와 여자 사이에 근본적인 차이점들이 존재할지도 모른다.

0164 Rather, we must each be our own chief executive officer. 오히려 우리는 각자가 우리 자신의 최고 경영자가 되어야 한다.

0165 Frogs must also lay their eggs in water, as their fishlike ancestors did. 개구리는 또한 자신들의 물고기 같은 조상이 그랬던 것처럼, 물속에 알을 낳아야 한다.

0166 Your total debt-to-income ratio should not exceed 36 percent. 여러분의 수입 대비 빚의 총 비율이 36%를 초과해서는 안 된다.

0167 The detective must also draw conclusions based on those clues. 탐정은 또한 그 단서를 바탕으로 결론을 도출해야 한다.

0168 One can observe this difference clearly in very young children. 우리는 아주 어린아이들에게서 이러한 차이점을 확실히 관찰할 수 있다.

ADVANCED mission

0169 Students may not spontaneously bring their prior knowledge to bear on new learning situations. 학생들은 그들의 사전 지식을 자발적으로 새로운 학습 상황에 관련 짓지 못할 수도 있다.

0170 People with excellent acting skills can better navigate our complex social environments and get ahead. 훌륭한 연기력을 가지고 있는 사람들은 우리의 복잡한 사회적 환경을 더 잘 헤쳐 나갈 수 있고 앞서갈 수 있다.

0171 The stage director must gain the audience's attention and direct their eyes to a particular spot or actor. 무대 감독은 관객의 관심을 얻어서 그들의 시선을 특정한 장소나 배우로 향하게 해야 한다.

0172 You don't have to be Shakespeare, but you do need to know how to express yourself properly in written form. 여러분은 셰익스피어가 될 필요는 없지만 글의 형태로 여러분 자신을 적절히 표현하는 법을 정말 알 필요가 있다.

0173 Otherwise, children may effectively split the parents and seek to test the limits with the more indulgent parent. 그렇지 않으면, 아이들은 효과적으로 부모들을 따로 떼어서 더 멋대로 하게 하는 부모에게 그 한계를 시험해 보려 할지도 모른다.

0174 Sometime later, David had to seek out expert help for a unique and complex heart surgery case reported at his hospital. 이후 언젠가 David는 그의 병원에서 보고된 독특하고 복잡한 심장 수술을 위한 전문가의 도움을 찾아야 했다.

0175 As we mature, we know that we must balance courage with caution. 성숙해 가면서, 우리는 용기와 신중함의 균형을 이루어야 한다는 것을 안다.

0176 You have to release your hold on the old and grab on to the new. 여러분은 여러분의 오래된 것을 손에서 놓고 새로운 것을 잡아야 한다.

REVIEW mission ──────────────────────

본문 57쪽

1 conclusions **2** observe **3** mature **4** release **5** prior **6** doesn't have to come **7** may exist between men and women **8** must each be our own **9** must also lay their eggs in water **10** should not exceed 36 percent

12 조동사 have p.p.

BASIC mission ──────────────────────

본문 59쪽

0177 Without such passion, they would have achieved nothing. 그러한 열정이 없었더라면, 그들은 아무것도 이루지 못했을 것이다.

0178 You might have heard of such stories of expert intuition. 여러분은 전문가의 직관에 대한 그런 이야기를 들어 본 적이 있을 것이다.

0179 It must have discouraged him and negatively affected his performance. 그 일은 그를 낙담시켜서 그의 업무 수행에 부정적인 영향을 미쳤음이 틀림없다.

0180 All these people would have carried a map of their land in their head. 이 모든 사람들은 머릿속에 그들의 땅에 대한 지도를 지녔을 것이다.

0181 I must have taken her smile as permission to take the unwatched stroller. 나는 그녀의 미소를 그 방치된 유모차를 가져가라는 허락으로 받아들였음이 틀림없다.

0182 In his lifetime, he must have painted hundreds of houses, inside and out. 평생 동안 그는 수백 채의 집의 안과 밖을 칠했음이 틀림없다.

0183 I think Hammer and Shaw would have agreed with me that nothing can replace hard work. 나는 Hammer와 Shaw가 인생에서 열심히 일하는 것을 대신할 수 있는 것은 아무것도 없다는 데에 내게 동의했을 것으로 생각한다.

0184 Instead, they would have used means to communicate that they believed others would understand. 대신, 그들은 남들이 이해할 것이라고 믿는 의사소통 수단을 사용했을 것이다.

0185 At the same time, these primitive hominins would not have simply made random sounds or gestures. 동시에, 이 원시 호미닌(인간의 조상으로 분류되는 종족)들은 단순히 무작위적인 소리를 내거나 몸짓을 하지는 않았을 것이다.

0186 Unfortunately, while he was gone, the arsonists entered the area he should have been guarding and started the fire. 불행하게도, 그가 떠났을 때, 방화범들이 그가 지켰어야 할 장소에 들어와 불을 질렀다.

0187 The vanguard of such a migration must have been small in number and must have traveled comparatively light. 그러한 이주의 선발대는 숫자가 적었음이 틀림없고 비교적 짐을 가볍게 해서 다녔음이 틀림없다.

0188 These nymphs should have taken a further two years to emerge as adults, but in fact they took just one year. 이 애벌레들은 성체로 나타나려면 2년이 더 필요했어야 했지만, 사실은 불과 1년만 걸렸다.

0189 They suggest that social scientists have failed to accomplish what might reasonably have been expected of them. 그들은 사회 과학자들이 그들에게 마땅히 기대되었을지도 모르는 것을 달성하는 데 실패했다고 의견을 제시한다.

0190 But in the early 1800s, it would have cost you four hundred times what you are paying now for the same amount of light. 하지만 1800년대 초반에는, 같은 양의 조명에 대해 오늘날 여러분이 지불하고 있는 것의 400배의 비용이 들었을 것이다.

0191 The cubit sticks must have been very accurate, because the lengths of the sides of the Great Pyramid at Giza vary by only a few centimeters. 그 큐빗 막대는 매우 정확했음이 틀림없는데, 이는 Giza 대피라미드의 측면 길이들이 불과 몇 센티미터만 다르기 때문이다.

0192 While we may have lost some of our ancient ancestors' survival skills, we have learned new skills as they have become necessary. 우리가 고대 조상들의 생존 기술 중 일부를 잃어버렸을지도 모르지만, 새로운 기술들이 필수적이 되면서 우리는 새로운 기술들을 배웠다.

1 must **2** would **3** would **4** would **5** must **6** would have achieved nothing
7 might have heard of **8** must have discouraged him **9** would have carried a map **10** must have taken her smile

13 수동태

0193 Many forms of communication are only really enjoyed one at a time. 우리는 많은 형태의 의사소통들을 한 번에 하나씩만 실제로 즐긴다.

0194 So he was eliminated from the competition after all. 그래서 그는 결국 대회에서 탈락했다.

0195 In one study, respondents were presented with a purchase situation. 한 연구에서, 응답자들은 어떤 구매 상황을 제시받았다.

0196 A newly retired executive was bothered when no one called him anymore. 막 은퇴한 임원은 더 이상 자신에게 아무도 전화하지 않자 괴로웠다.

0197 We are surrounded by opportunities, but often we do not even see them. 우리는 기회로 둘러싸여 있지만, 우리는 자주 그것들을 보지도 못한다.

0198 Her early life was strongly influenced by her father's historical knowledge. 그녀의 어린 시절은 그녀 아버지의 역사적 지식에 의해 크게 영향을 받았다.

0199 Judgements about flavor are often influenced by predictions based on the appearance of the food. 맛에 대한 판단은 흔히 음식의 겉모습에 기초한 예측에 의해 영향을 받는다.

0200 These systems are known to build a greater sense of connectedness among TV-using friends. 이런 시스템들은 TV를 이용하는 친구들 사이에 더 큰 유대감을 만드는 것으로 알려져 있다.

ADVANCED mission

본문 64쪽

0201 Their impacts on the marine environment and food webs are still poorly understood. 그것들이 해양 환경과 먹이 그물에 미치는 영향은 아직도 제대로 이해되지 않고 있다.

0202 In the case with things, people are more attracted to a desired object because it is out of their reach. 사물의 경우, 사람들은 원하는 물건이 그들이 얻을 수 없기 때문에 그것에 더 이끌린다.

0203 Natural boundaries between states or countries are found along rivers, lakes, deserts, and mountain ranges. 주나 국가 사이의 자연적 경계는 강, 호수, 사막 그리고 산맥을 따라 나타난다.

0204 For early societies, the answers to the most basic questions were found in religion. 초기 사회에 있어, 가장 기초적 의문에 대한 대답은 종교에서 발견되었다.

0205 Finally, when the bladder is fully expanded, the fish is at its maximum volume and is pushed to the surface. 마침내 부레가 완전히 팽창되었을 때, 물고기는 부피가 최대치가 되고 수면으로 떠오른다.

0206 But at the beginning of the twentieth century, a new technology was introduced: the airplane. 그러나 20세기 초기에 새로운 기술인 비행기가 도입되었다.

0207 An interesting study about facial expressions was recently published by the American Psychological Association. 표정에 관한 흥미로운 연구가 최근에 미국 심리학회에서 발표됐다.

0208 For instance, parents and children are linked by certain rights, privileges, and obligations. 예를 들어 부모와 자식은 특정한 권리, 특권, 의무에 의해 연결된다.

REVIEW mission

본문 65쪽

1 influenced   **2** known   **3** understood   **4** attracted   **5** found
6 was eliminated from the competition   **7** were presented with a purchase situation
8 was bothered when no one called   **9** are surrounded by opportunities
10 was strongly influenced by her father's historical knowledge

14 복잡한 수동태

BASIC mission

본문 67쪽

0209 Whole communities sometimes have to be moved to another place. 때때로 지역 사회 전체가 다른 곳으로 이주되어야 한다.

0210 This concept has been discussed at least as far back as Aristotle. 이 개념은 적어도 아리스토텔레스 시대만큼 오래전부터 논의되어 왔다.

0211 For example, strawberry-flavored foods would be expected to be red. 예를 들어, 딸기 맛이 나는 음식들은

빨간색일 것으로 기대될 것이다.

0212 One of her novels has been translated into more than eighty languages. 그녀의 소설 중 한 권은 80개가 넘는 언어로 번역되었다.

0213 To build a hydroelectric dam, a large area must be flooded behind the dam. 수력 발전 댐을 건설하기 위해서, 댐 뒤의 넓은 지역이 반드시 물에 잠기게 된다.

0214 However, bees can be kept with profit even under unfavorable circumstances. 그러나 불리한 환경에서도 벌을 키워 이익을 낼 수 있다.

0215 The same effect can be seen with familiar holiday destinations. 그와 동일한 효과를 익숙한 휴가지에서도 볼 수 있다.

0216 The second study has been promoted as actively as the first, and is equally convincing. 두 번째 연구는 첫 번째 연구만큼이나 적극적으로 홍보되었고, 똑같이 설득력이 있다.

ADVANCED mission
본문 68쪽

0217 More land is being diverted from local food production to "cash crops" for export and exchange. 더 많은 땅이 지역의 식량 생산으로부터 수출과 교환을 위한 '환금 작물'로 전환되고 있다.

0218 The worst effect of dams has been observed on salmon that have to travel upstream to lay their eggs. 댐의 가장 나쁜 영향은 자신의 알을 낳기 위해 상류로 올라가야 하는 연어에서 관찰되어 왔다.

0219 Children must be taught not to chase the family dog or cat, or the wild birds and rabbits at the park. 아이들은 애완견이나 애완 고양이, 혹은 공원에 있는 야생 새와 토끼를 쫓아다니지 않도록 배워야 한다.

0220 This same finding has since been observed in various domains including taste for jam and financial decisions. 이와 똑같은 연구 결과가 그 이후로 잼의 맛과 금전적 결정을 포함한 다양한 분야에서 관찰되어 왔다.

0221 A lot of customers buy products only after they are made aware that the products are available in the market. 많은 소비자들은 상품이 시장에서 구입 가능하다는 것을 알게 된 후에야 상품을 구매한다.

0222 Its survival was being threatened by the cane toad, an invasive species introduced to Australia in the 1930s. 그것의 생존이 1930년대에 호주로 유입된 급속히 퍼지는 수수두꺼비에 의해 위협받고 있었다.

0223 Research should be evaluated by other members of the scientific profession before it is applied or made public. 연구는 적용되거나 혹은 공표되기 전에 과학에 종사하는 사람들의 다른 구성원들에 의해 평가되어야 한다.

0224 Therefore, the immediate pleasure of eating must be exploited to the full, even though it does violence to the digestion. 따라서 즉각적인 먹는 즐거움은 소화에 무리가 되더라도 충분히 이용되어야 한다.

REVIEW mission
본문 69쪽

1 promoted　**2** being diverted　**3** been observed　**4** be taught　**5** been observed　**6** have to be moved to another place　**7** has been discussed　**8** would be expected to be red　**9** has been translated into　**10** must be flooded behind the dam

CHAPTER 03 준동사

15 to부정사의 명사적 용법

BASIC mission ──────────────────────────── 본문 73쪽

0225 Some people want to cut down the trees for lumber. 어떤 사람들은 목재용으로 그 나무들을 베고 싶어 한다.

0226 The penguins' solution is to play the waiting game. 펭귄의 해결책은 대기 전술을 펼치는 것이다.

0227 Volunteering helps to reduce loneliness in two ways. 자원봉사는 두 가지 방식으로 외로움을 감소시키는 데 도움이 된다.

0228 Their job was to look into the pipe and fix the leak. 그들의 임무는 파이프를 살펴보고 새는 곳을 고치는 것이었다.

0229 For instance, to produce two pounds of meat requires much water. 예를 들어 2파운드의 고기를 생산하는 것은 많은 물을 필요로 한다.

0230 Upon this discovery, societies began to travel across the planet. 이것이 발견된 후 곧, 여러 사회의 사람들은 지구 전역을 돌아다니기 시작했다.

0231 With the support of her father, she began to train as a doctor. 아버지의 지원으로, 그녀는 의사로서 훈련을 시작했다.

0232 The purpose of building systems is to continue playing the game. 시스템을 구축하는 목적은 게임을 계속하기 위한 것이다.

ADVANCED mission ──────────────────────────── 본문 74쪽

0233 She wanted to share her achievement with her mom and express her gratitude. 그녀는 자신의 성취를 엄마에게 말하기를 원했고, 자신의 감사함을 표현하고 싶었다.

0234 After much thought, they decided to adopt four special-needs international children. 심사숙고 끝에 그들은 특수 장애가 있는 네 명의 해외 아이를 입양하기로 했다.

0235 The goal of the next zone is to push out beyond that area and begin to learn new things. 그 다음 영역의 목적은 그 영역 너머로 밀고 나아가 새로운 것들을 배우기 시작하는 것이다.

0236 We hope to give some practical education to our students in regard to industrial procedures. 우리는 학생들에게 산업 절차와 관련해 몇 가지 실제적인 교육을 제공하기를 희망한다.

0237 The goal in anger management is to increase the options you have to express anger in a healthy way. 분노 조절의 목적은 건강한 방식으로 분노를 표출하기 위해 당신이 가지는 선택 사항을 늘리는 것이다.

0238 To heal often means we have to learn to reactivate the caring-healing part of ourselves that depression has knocked out. 치유하는 것은 자주 우리가 우울이 쓰러뜨린 우리 자신의 돌보고 치유하는 부분을 재활성하는 법을 배워야 한다는 것을 의미한다.

0239 As children grow, musical training continues to help them develop the discipline and self-confidence needed to achieve in school. 아이들이 자라면서 음악 훈련은 아이들이 학교에서 성과를 이루는 데 필요한 자제력과 자신감을 계발하도록 계속 도움을 준다.

0240 To be separated so long from his love was heartbreaking for him. 그의 연인으로부터 그렇게 오랫동안 떨어져 있는 것은 그에게는 가슴 아픈 일이었다.

REVIEW mission

1 began   **2** continue   **3** heartbreaking   **4** gratitude   **5** adopt   **6** is to play the waiting game   **7** helps to reduce loneliness   **8** was to look into the pipe   **9** began to travel across the planet   **10** to produce two pounds of meat requires

16 to부정사의 형용사적 용법

BASIC mission

0241 Then he had found a compelling reason to get out of bed in the morning. 그리고 그는 아침에 잠자리에서 빠져나올 설득력 있는 이유를 찾았다.

0242 A marriage without time to communicate is a marriage headed over a cliff. 의사소통할 시간이 없는 결혼 생활이란 벼랑 너머로 향해 가는 결혼 생활이다.

0243 James thought he had an excellent opportunity to help a man in distress. James는 곤경에 처한 사람을 도울 아주 좋은 기회를 얻었다고 생각했다.

0244 We have evolved the capacity to care for other people, animals and things. 우리는 다른 사람들, 동물들 그리고 사물들을 돌보는 능력을 발달시켜 왔다.

0245 Time pressures to make these last-minute changes can be a source of stress. 이렇게 마지막 순간의 변경을 해야 하는 시간적 압박은 스트레스의 원인이 될 수 있다.

0246 Food labels are a good way to find the information about the foods you eat. 식품 라벨은 여러분이 먹는 식품에 관한 정보를 알아내는 좋은 방법이다.

0247 Life really doesn't give many people a second chance to make a good first impression. 삶은 실제로 많은 사람들에게 좋은 첫인상을 만들 두 번째 기회를 주지 않는다.

0248 Our efforts to develop technologies that use fossil fuels have shown meaningful results. 화석 연료를 사용하는 기술을 개발하기 위한 우리의 노력은 의미 있는 결과를 보여 주었다.

ADVANCED mission

0249 Alas, the very distance of these "other people" works against any attempt to motivate us to help them. 아, 이러한 '다른 사람들'과의 바로 그 거리가 우리로 하여금 그들을 돕도록 동기를 부여하려는 어떤 시도도 방해한다.

0250 In philosophy, the best way to understand the concept of an argument is to contrast it with an opinion. 철학에서 논증이라는 개념을 이해하는 가장 좋은 방법은 그것을 의견과 대조하는 것이다.

0251 The point to remember is that sometimes in arguments the other person is trying to get you to be angry. 기억해야 할 점은 때로는 논쟁에서 상대방은 여러분을 화나게 하려고 한다는 것이다.

0252 Many people make the decision to become a teacher after having a deep personal experience with a teacher. 많은 사람들이 선생님과의 깊은 개인적 경험을 한 후에 교사가 되기로 결심한다.

0253 We have a tremendous ability to control our own health destinies simply by changing our internal dialogue. 우리는 단순히 우리의 내적 대화를 변화시킴으로써 우리 자신의 건강 운명을 제어할 수 있는 엄청난 능력을 가지고 있다.

0254 Human beings are driven by a natural desire to form and maintain interpersonal relationships. 인간은 대인 관계를 형성하고 유지하려는 타고난 욕구에 의해 움직인다.

0255 As adults, we have a responsibility to teach children to respect and interact with animals in a positive way. 어른으로서 우리는 아이들이 동물을 존중하고 긍정적인 방식으로 동물과 상호 작용을 할 수 있도록 가르칠 책임이 있다.

0256 This work is part of our continuous effort to maintain and improve the basic systems and services of our city. 이 작업은 우리 도시의 기본 시설과 서비스를 유지하고 향상시키기 위한 우리의 지속적인 노력의 일부입니다.

REVIEW mission

본문 79쪽

1 chance **2** develop **3** motivate **4** contrast **5** remember **6** A marriage without time to communicate **7** to help a man in distress **8** Time pressures to make these last-minute changes **9** to find the information about the foods

CODE 17 to부정사의 부사적 용법

BASIC mission

본문 81쪽

0257 To think more clearly and faster, eat a good breakfast. 더 명료하고 더 빠르게 생각하기 위해서 아침 식사를 잘 하라.

0258 You can use a mirror to send a coded message to a friend. 여러분은 거울을 사용하여 친구에게 암호로 된 메시지를 보낼 수 있다.

0259 They use a firm handshake to show other people "who is boss." 그들은 다른 사람들에게 '누가 윗사람인가'를 보여 주기 위해 세게 악수를 한다.

0260 Refugees from burning cities were desperate to find safe refuge. 불타는 도시들을 떠나는 피난민들은 안전한 피난처를 찾기 위해 필사적이었다.

0261 You worked hard to enter that college, and you deserve your success. 너는 그 대학에 들어가기 위해 열심히 공부했으니 너의 성공을 받을 만하다.

0262 Some species use alarm calls to share information about potential predators. 어떤 종들은 잠재적 포식자에 대한 정보를 공유하기 위해 경계 신호를 사용한다.

0263 She was happy to see her friend arrive and couldn't wait to get into her car. 그녀는 자신의 친구가 도착하는 것을 보고 기뻐하며 서둘러 자신의 차에 타고 싶었다.

0264 He decided to host a music concert on campus to raise money for his education. 그는 자신의 학비를 마련하기 위해 캠퍼스 음악 콘서트를 열기로 결심했다.

ADVANCED mission

본문 82쪽

0265 I was so delighted to receive your letter and to learn that you have been accepted to Royal Holloway. 너의 편지를 받고 네가 Royal Holloway에 합격한 걸 알고서 나는 무척 기뻤단다.

0266 You make split-second decisions about threats in order to have plenty of time to escape, if necessary. 여러분은 만약 필요하다면, 도망갈 많은 시간을 갖기 위하여 위협에 대해서 순간적인 결정을 내려야 한다.

0267 That phrase is often used to show the relationship between the foods you eat and your physical health. 그 구절은 여러분이 먹는 음식과 여러분의 신체 건강 사이의 관계를 보여 주기 위해 흔히 사용된다.

0268 To correct this problem, more advanced and thus more expensive green beam laser pointers came to be introduced. 이 문제를 바로잡기 위해 더 발전된, 따라서 더 비싼 초록빛 레이저 포인터가 도입되게 되었다.

0269 To avoid this problem, you should develop a problem-solving design plan before you start collecting information. 이러한 문제를 피하기 위해서, 여러분은 정보를 수집하기 전에 문제 해결 설계 계획을 세워야 한다.

0270 To try to solve this mystery, wildlife biologist Tim Caro spent more than a decade studying zebras in Tanzania. 이 신비를 풀려고 애쓰기 위해, 야생 생물학자 Tim Caro는 탄자니아에서 얼룩말을 연구하면서 10년 넘게 보냈다.

0271 So to improve your choices, leave good foods like apples and pistachios sitting out instead of crackers and candy. 따라서 당신의 선택을 개선하기 위해, 크래커와 사탕 대신 사과와 피스타치오 같은 좋은 음식이 나와 있도록 해라.

0272 In fact, several organizations use regular stand-up meetings to maintain strong bonds and reinforce a shared mindset. 사실, 몇몇 조직들은 강한 결속력을 유지하고 공유된 사고방식을 강화하기 위해 정기 스탠딩 회의를 이용한다.

REVIEW mission ——————————————— 본문 83쪽

1 happy **2** host **3** delighted **4** escape **5** physical **6** To think more clearly and faster
7 to send a coded message to a friend **8** to show other people **9** to find safe refuge **10** to enter that college

18 to부정사 의미상의 주어, 수동태, 완료형

BASIC mission ——————————————— 본문 85쪽

0273 To choose not to run is to lose. 뛰지 않기로 선택하는 것은 지는 것이다.

0274 Amy was too surprised to do anything but nod. Amy는 너무 놀라 아무것도 못하고 고개만 끄덕였다.

0275 These changes seemed not to interfere with recognition. 이런 변화는 인식을 저해하지 않는 것으로 보였다.

0276 Capitalism needs to be saved by elevating the quality of demand. 자본주의는 수요의 질을 높임으로써 구제될 필요가 있다.

0277 Try not to wait until you are really hungry to think about eating. 먹고 싶은 생각이 들 정도로 정말 배고파질 때까지 기다리려고 하지 마라.

0278 Obviously lethal genes will tend to be removed from the gene pool. 분명히 치사 유전자는 유전자 풀에서 제거되는 경향이 있을 것이다.

0279 There is an important distinction to be made between denial and restraint. 부인과 자제 사이에는 구분되어야 할 중요한 차이점이 있다.

0280 Because the suburbs are spread out, it's too far to walk to the office or run to the store. 교외 지역은 넓게 펼쳐져 있기 때문에, 사무실까지 걸어가거나 상점까지 뛰어가기에는 너무 멀다.

ADVANCED mission ——————————————— 본문 86쪽

0281 A similar process occurred for humans, who seem to have been domesticated by wolves. 유사한 과정이 인간에게 나타났는데, 그들은 늑대에 의해 길들여진 것으로 보인다.

0282 It was being taped, and everyone in the audience tried not to show they were laughing. 그것이 녹화되고 있었고, 모든 청중은 웃고 있는 모습을 보여 주지 않으려고 애썼다.

0283 But not for long, Toby vowed not to forget the boy he had refused to give his shirt to. 하지만 이내 Toby는 자신이 셔츠를 주기를 거부했던 그 소년에 대해 잊지 않겠다고 맹세했다.

0284 He was eager to go see her, but he was too poor to buy a ticket for a long-distance bus to his hometown. 그는 그녀를 간절히 보러 가고 싶었지만, 너무 가난해서 그의 고향으로 가는 장거리 버스표를 살 수가 없었다.

0285 This can be very confusing because there would be a need to stress when to touch and when not to touch. 이것은 매우 혼란스러울 수 있는데 그 이유는 언제 만지고 언제 만지지 않아야 하는지를 강조할 필요가 있을 것이기 때문이다.

0286 From my experience, there is a lot to be said for seizing opportunities instead of waiting for someone to hand them to you. 내 경험상, 누군가가 당신에게 기회를 건네주기를 기다리기보다는 기회를 잡으라는 말을 많이 들었다.

0287 At the same time, they need to be taught how to interact with animals and, most importantly, when to leave the animals alone. 동시에 그들은 어떻게 동물과 상호 작용하는지를 그리고 가장 중요한 것은 언제 그 동물을 그대로 내버려 두어야 하는지를 배울 필요가 있다.

0288 Napoleon is known to have lost the battle of Waterloo because of his painful disease. Napoleon은 그의 고통스런 질병 때문에 Waterloo 전투에서 패배했다고 알려져 있다.

REVIEW mission
본문 87쪽

1 important **2** far **3** lost **4** domesticated **5** show **6** too surprised to do **7** not to interfere with recognition **8** to be saved by elevating **9** Try not to wait **10** to be removed from

19 가주어, 가목적어 it

BASIC mission
본문 89쪽

0289 It is important to identify these issues. 이러한 이슈들을 알아보는 것은 중요하다.

0290 It will also be more difficult to manipulate you. (누군가가) 여러분을 조종하는 것도 더 어려울 것이다.

0291 But it makes sense to think about how often you do. 그러나 얼마나 자주 그러는지에 대해 생각하는 것은 이치에 맞다.

0292 It is not always easy to eat well when you have a newborn baby. 신생아가 있으면 잘 먹는 것이 항상 쉬운 것은 아니다.

0293 After a little practice, it will be easier to write "backwards." 조금 연습을 하고 나면, '거꾸로' 쓰는 것이 더 쉬울 것이다.

0294 It is easy to judge people based on their actions. 그들의 행동에 기초하여 사람들을 판단하는 것은 쉽다.

0295 In today's world, it is impossible to run away from distractions. 요즘 세상에 집중에 방해가 되는 것들로부터 벗어나는 것은 불가능하다.

0296 It is important to recognize your pet's particular needs and respect them. 여러분의 애완동물의 특별한 욕구를 인식하고 그것을 존중해 주는 것이 중요하다.

0297 This made it possible for higher organisms to develop. 이것은 더 상위 유기체가 발달하는 것을 가능하게 했다.

0298 Concentration makes it easier to provide the amenities they like. 집중이 그들이 좋아하는 생활 편의 시설을 제공하는 것을 더 쉽게 해준다.

0299 It is important to distinguish between being legally allowed to do something, and actually being able to go and do it. 어떤 일을 할 수 있도록 법적으로 허용되는 것과 실제로 가서 그것을 할 수 있는 것을 구별하는 것은 중요하다.

0300 Technology makes it much easier to worsen a situation with a quick response. 기술로 인하여 성급한 반응으로 상황을 악화시키는 것이 훨씬 더 쉽다.

0301 Assumptions can simplify the complex world and make it easier to understand. 가정은 복잡한 세상을 단순화하여 이해하기 더 쉽게 해 줄 수 있다.

0302 The slow pace of transformation also makes it difficult to break a bad habit. 변화의 느린 속도는 또한 나쁜 습관을 버리기 어렵게 만든다.

0303 Presumably chicks find it easier to avoid distasteful prey when it is conspicuous than when it is cryptic. 아마도 병아리들은 먹이가 눈에 안 띌 때보다는 눈에 잘 띌 때, 맛없는 먹이를 피하는 것이 더 쉽다고 생각할 것이다.

0304 These students were victims of distractions who found it very difficult to study anywhere except in their private bedrooms. 이 학생들은 개인 침실을 제외하고는 어디에서도 공부하는 것이 매우 어렵다는 것을 알게 된 집중에 방해가 되는 것들의 피해자였다.

1 manipulate **2** worsen **3** complex **4** difficult **5** easier **6** easy to eat well **7** be easier to write "backwards" **8** made it possible for higher organisms **9** to run away from distractions **10** to recognize your pet's particular needs

20 동명사 주어

0305 But buying and selling them diminishes their value. 그러나 그것들을 사고파는 것은 그것들의 가치를 떨어뜨린다.

0306 Building on positive accomplishments can reduce nervousness. 긍정적인 성과를 바탕으로 하면 긴장감을 줄일 수 있다.

0307 Having a full stomach makes people feel satisfied and happier. 배가 부르면 사람들은 만족스럽고 더 행복해진다.

0308 Finding the perfect shoe fit may be difficult for some people. 완전히 딱 맞는 신발을 찾는 것이 어떤 이들에게는 어려울 수도 있다.

0309 Knowing how to breathe when you were born is an implicit memory. 태어났을 때 호흡하는 법을 아는 것은 내재적 기억이다.

0310 Focusing on the differences among societies conceals a deeper reality. 사회들 사이의 차이점에 집중하는 것은 더 깊은 실체를 숨긴다.

0311 In fact, staring at the bare Sun is more harmful than when part of the Moon blocks it. 사실 완전히 노출된 태양을 바라보는 것은 달의 일부가 그것을 가렸을 때보다 더 해롭다.

0312 As you know, accepting this offer would require moving my family across several states. 아시는 바와 같이, 이 제안을 받아들이는 것은 제 가족으로 하여금 몇 개의 주를 건너 이주하게끔 하는 것을 필요로 할 것입니다.

ADVANCED mission
본문 94쪽

0313 Shopping for new gadgets, clothes, or just random junk can turn into a hobby in itself. 새로운 기기, 옷, 또는 무작위의 잡동사니를 사는 것은 그 자체로 취미가 될 수 있다.

0314 Having friends with other interests keeps life interesting — just think of what you can learn from each other. 관심이 다른 친구들을 갖는 것은 삶을 흥미롭게 하는데, 그냥 서로에게서 배울 수 있는 것에 대해 생각해 보라.

0315 Having the ability to take care of oneself without depending on others was considered a requirement for everyone. 타인에게 의존하지 않고 자신을 관리하는 능력을 가지는 것이 모든 사람에게 요구되는 것으로 간주되었다.

0316 Introducing a new product category is difficult, especially if the new category is not contrasted against the old one. 특히 이전 것과 대조되지 않는다면 새로운 제품 범주를 도입하는 것은 어렵다.

0317 In Franklin's opinion, asking someone for something was the most useful and immediate invitation to social interaction. Franklin의 의견으로는, 누군가에게 무언가를 요구하는 것은 사회적 상호 작용에 대한 가장 유용하고 즉각적인 초대였다.

0318 Storing medications correctly is very important because many drugs will become ineffective if they are not stored properly. 만약 적절하게 보관되지 않는다면 많은 약들이 쓸모없게 될 것이기 때문에 의약품을 올바르게 보관하는 것은 매우 중요하다.

0319 Having a comfortable work chair and desk is the least popular choice on the list of the top four amenities for business stays. 편안한 업무용 의자와 책상을 가지는 것이 출장 체류를 위한 상위 네 개의 편의 서비스 목록 중 가장 덜 인기 있는 선택이다.

0320 Some students say that getting a few extra minutes of sleep is more important than eating a bowl of oatmeal, but they're wrong. 어떤 학생들은 오트밀 죽 한 그릇을 먹는 것보다 추가로 몇 분 더 수면을 취하는 것이 더 중요하다고 말하지만, 그들은 잘못 알고 있는 것이다.

REVIEW mission
본문 95쪽

1 harmful   **2** accepting   **3** Shopping   **4** interesting   **5** depending   **6** But buying and selling them   **7** Building on positive accomplishments   **8** Having a full stomach   **9** Finding the perfect shoe   **10** Knowing how to breathe

CODE 21 동명사: 보어, 목적어 역할

BASIC mission
본문 97쪽

0321 He regretted fixing up the old man's bicycle. 그는 그 노인의 자전거를 수리한 것을 후회했다.

0322 So we keep searching for answers on the Internet. 그래서 우리는 계속 인터넷에서 답을 검색한다.

0323 Suddenly the man began sniffing around the room. 갑자기 그 남자는 코를 킁킁거리며 방 안을 돌아다니기 시작했다.

0324 We will put up lost dog signs and keep looking. 우리는 잃어버린 개를 찾는다는 게시물을 붙이고 계속 찾아볼 거야.

0325 The students started investigating the situation. 학생들은 그 상황을 조사하기 시작했다.

0326 And the sun will keep shining on our planet for billions of years. 그리고 태양은 수십억 년 동안, 계속하여 지구를 비출 것이다.

0327 We simply don't like being out of tune with our surroundings and ourselves. 우리는 단순히 우리의 환경과 우리 자신들 간의 조화가 깨지는 것을 좋아하지 않는다.

0328 Thus, a key factor in high achievement is bouncing back from the low points. 따라서 대성공에서 중요한 요인은 최악의 상태에서 회복하는 것이다.

ADVANCED mission
본문 98쪽

0329 The boy did not like being on the boat, and the smell of fish made him sick. 그 소년은 배 타는 것을 좋아하지 않았고, 생선 냄새는 그에게 구역질을 일으켰다.

0330 Consider adopting a pet with medical or behavioral needs, or even a senior one. 의료적 또는 행동적인 도움이 필요하거나 심지어 나이 든 반려동물도 입양하는 것을 고려해 주세요.

0331 Try running your laptop for twenty-four hours on a muffin and see how far you get. 머핀으로 24시간 동안 노트북을 작동시켜서 얼마나 가는지 보라.

0332 One of the most important aspects of providing good care is making sure that an animal's needs are being met consistently and predictably. 좋은 보살핌을 제공하는 것의 가장 중요한 측면 중에 한 가지는 반드시 동물의 욕구가 일관되게 그리고 예측 가능하게 충족되도록 하는 것이다.

0333 Some people support drilling for Alaska's oil and moving it over the land in pipes. 어떤 이들은 알래스카의 석유를 시추하여 그것을 지상 송유관으로 운반하는 것을 지지한다.

0334 The employees stopped complaining about the temperature and reported they were quite comfortable. 직원들은 온도에 관한 불평을 멈추었고 자신들이 아주 편안하다고 보고했다.

0335 My dad recalled looking up at the stars in the roofless house as a twelve-year-old kid before falling asleep. 아버지는 12살 아이였을 때 잠들기 전에 지붕이 없는 집에서 별을 올려다 봤던 것을 떠올렸다.

0336 Most people, however, would not particularly enjoy having a stranger grab their hand and drag them through a store. 그러나 대부분의 사람은 특히 낯선 사람이 그들의 손을 잡고 상점 여기저기로 끌고 다니도록 하는 것을 좋아하지 않을 것이다.

REVIEW mission
본문 99쪽

1 surroundings   **2** bouncing   **3** sick   **4** adopting   **5** Try   **6** keep searching for answers
7 began sniffing around the room   **8** and keep looking   **9** started investigating the situation
10 keep shining on our planet

CODE 22 동명사: 전치사의 목적어

BASIC mission
본문 101쪽

0337 Strong negative feelings are part of being human. 강한 부정적인 감정은 인간 삶의 일부이다.

0338 They had done it without a storm by letting him save face. 그들은 그의 체면을 세워줌으로써 파란 없이 그것을 했다.

0339 You would benefit more by giving your body a chance to recover. 여러분은 자신의 몸에 회복할 기회를 제공함으로써 더 많은 혜택을 얻을 것이다.

0340 Just the action of talking takes up much of our working memory. 말을 하는 바로 그 행위가 우리의 작업 기억의 많은 부분을 차지한다.

0341 We can know the ability only through studying the actual languages. 우리는 오직 실제 언어를 연구함으로써만 그 능력을 알 수 있다.

0342 You could make a new best friend simply by visiting a different park. 여러분은 그저 다른 공원을 방문함으로써 새로운 가장 친한 친구를 사귈 수 있다.

0343 It's like being in a crowded football stadium, watching the crucial play. 그것은 마치 사람들로 붐비는 축구 경기장에서 매우 중요한 경기를 관람하는 것과 같다.

0344 The availability of different types of food is one factor in gaining weight. 다양한 종류의 음식을 맛볼 수 있다는 것은 체중이 느는 한 가지 요인이다.

ADVANCED mission
본문 102쪽

0345 Remedies range from keeping active and reducing excess weight to steroid injections and even surgery. 치료법은 계속해서 활동하는 것과 체중을 줄이는 것부터 스테로이드 주사와 심지어 수술에 이르기까지 다양하다.

0346 Instead of making guesses, scientists follow a system designed to prove if their ideas are true or false. 추측하는 대신에 과학자들은 자신들의 생각이 사실인지 거짓인지 증명하도록 고안된 체계를 따른다.

0347 We often choose friends as a way of expanding our sense of identity beyond our families. 우리는 흔히 가족의 범위를 넘어서 우리의 정체성을 확장하는 방법으로 친구들을 선택한다.

0348 After engaging in several such cooperative activities, the boys started playing together without fighting. 그러한 협력적인 활동을 몇 차례 참여한 후에, 소년들은 싸우지 않고 함께 놀기 시작했다.

0349 Consumers can collect additional information by conducting online research, reading news articles, talking to friends or consulting an expert. 소비자들은 온라인 조사를 하거나, 뉴스 기사를 읽거나, 친구들에게 이야기하거나 혹은 전문가에게 자문을 구함으로써 추가 정보를 수집할 수 있다.

0350 Moreover, the most satisfied married couples tend to approach problems without immediately criticizing their partners. 게다가 가장 만족스러워하는 결혼한 커플들은 자신의 배우자를 즉각적으로 비난하지 않고 문제에 접근하는 경향이 있다.

0351 Generally, people planted a variety of crops in different areas, in the hope of obtaining a reasonably stable food supply. 일반적으로 사람들은 상당히 안정적인 식량 공급을 얻기를 기대하며 여러 지역에 다양한 작물을 심었다.

0352 Some people disagree with the idea of exposing three-year-olds to computers. 일부 사람들은 세 살 짜리 아이에게 컴퓨터를 접하게 해 준다는 생각에 대해 동의하지 않는다.

REVIEW mission
본문 103쪽

1 crucial   **2** gaining   **3** exposing   **4** active   **5** guesses   **6** by letting him save face   **7** by giving your body   **8** of talking takes up much of our working memory   **9** through studying the actual languages   **10** by visiting a different park

23 동명사의 다양한 형태

BASIC mission

0353 Richard couldn't help asking him why. Richard는 그에게 이유를 묻지 않을 수 없었다.

0354 I'm having trouble keeping up the airspeed. 나는 대기 속도를 내려가지 않게 하느라 애를 먹고 있다.

0355 We look forward to hearing how you wrote your story. 저희는 귀하가 귀하의 이야기를 어떻게 쓰게 되었는지 듣게 되기를 고대합니다.

0356 Interestingly, being observed has two quite distinct effects on performance. 흥미롭게도, 다른 누군가가 지켜보고 있다는 것은 수행에 두 가지 매우 상이한 영향을 미친다.

0357 However, the actual chance of being attacked by a shark is very small. 하지만 상어에 의해 공격을 받을 실질적인 가능성은 아주 낮다.

0358 Despite not receiving light cues due to their blindness, other phenomena act as their resetting triggers. 그들의 시력 상실 때문에 빛 신호를 받지 않음에도 불구하고, 다른 현상들이 재설정의 유인 역할을 한다.

0359 After having spent that night in airline seats, the company's leaders came up with some "radical innovations." 비행기 좌석에서 그날 밤을 보낸 후, 그 회사의 임원들은 '획기적인 혁신안'을 생각해 냈다.

0360 If this view is correct, we should have difficulty interpreting the emotions expressed in culturally unfamiliar music. 만약 이 관점이 옳다면, 우리는 문화적으로 친숙하지 않은 음악에 표현된 감정을 이해하는 데 어려움이 있을 것이다.

ADVANCED mission

0361 We are accustomed to thinking of light as always going in straight lines. 우리는 빛이 항상 일직선으로 나아가는 것으로 생각하는 데 익숙하다.

0362 They each provided help to an unfamiliar and unrelated individual, based on their own previous experience of having been helped by an unfamiliar rat. 그들 각각이 낯선 쥐에 의해 도움을 받았던 자신의 이전 경험에 근거하여 낯설고 친족이 아닌 개체에게 도움을 제공했다.

0363 This is very common when companies are busy listening to the 'voice of the customer.' 이러한 일은 회사가 '고객의 목소리'에 귀 기울이느라 바쁠 때 매우 흔한 일이다.

0364 After being denied several times, she was accepted into a training program in anesthesiology. 여러 번 거절당한 후에, 그녀는 마취학 훈련 과정에 입학을 허가받았다.

0365 After exploring many possibilities, Angela ended up becoming a drama teacher at a high school. 많은 가능성을 탐색해 본 후에, Angela는 결국 한 고등학교의 연극 교사가 되었다.

0366 Sure enough, the next image in your mind is you catching the ball and scoring a goal. 아니나 다를까, 여러분의 마음속에 떠오르는 그다음 이미지는 여러분이 공을 잡아 득점하는 것이다.

0367 Some faulty electrical wiring led to a fire breaking out and eventually destroying an entire block of homes in the suburbs. 어떤 결함 있는 전선으로 인해 불이 났고 결국에는 교외에 있는 한 블록 전체의 집을 파괴했다.

0368 When we spend too much time thinking in the supermarket, we can trick ourselves into choosing the wrong things for the wrong reasons. 우리가 슈퍼마켓에서 생각하느라 너무 많은 시간을 보낼 때, 우리는 스스로를 속여 잘못된 이유로 엉뚱한 상품을 사게 될 수 있다.

REVIEW mission

본문 107쪽

1 hearing **2** scoring **3** receiving **4** having spent **5** interpreting **6** being attacked by a shark **7** are accustomed to thinking **8** being observed has **9** are busy listening to **10** being denied several times

24 현재분사

BASIC mission

본문 109쪽

0369 He pointed at a girl walking up the street. 그는 길을 걸어가고 있는 한 소녀를 가리켰다.

0370 Consider a fascinating study involving carrot juice. 당근 주스와 관련된 매우 흥미로운 연구를 생각해 보라.

0371 He was a responsible man dealing with an irresponsible kid. 그는 무책임한 아이를 다루는 책임감 있는 사람이었다.

0372 A teenager riding his bike saw me kick a tire in frustration. 자전거를 탄 십 대 소년이 내가 좌절감에 타이어를 차는 것을 보았다.

0373 Images are simply mental pictures showing ideas and experiences. 이미지는 단지 생각과 경험을 보여 주는 심상일 뿐이다.

0374 Those people providing you goods and services are not acting out of generosity. 당신에게 제품과 서비스를 제공하는 사람들은 관대함 때문에 행동하는 것이 아니다.

0375 Things moving away from you get redder while things moving toward you get bluer. 당신에게 가까이 오는 것은 더 파랗게 되는 반면 당신으로부터 멀어지는 것은 더 빨갛게 된다.

0376 There were more than 1.5 million people starving in his country, and there was no money to feed them. 그의 나라에는 150만 명이 넘는 사람들이 굶주리고 있었고, 그들에게 식량을 공급할 돈이 없었다.

ADVANCED mission

본문 110쪽

0377 How about sending an email saying there is a document attached without actually attaching the document? 실제로 문서를 첨부하지 않고 첨부 문서가 있다는 이메일을 보내는 것은 어떤가?

0378 The average American adult has approximately 1,200 different species of bacteria residing in his or her gut. 일반 미국인 성인은 그들의 장 속에 살고 있는 대략 1,200개의 다른 종의 박테리아를 갖고 있다.

0379 In both years, the percentage of people selecting comedy as their favorite was the highest of all the genres. 두 해 모두, 그들의 가장 좋아하는 장르로 코미디를 선택한 사람들의 비율은 모든 장르 가운데 가장 높았다.

0380 In contrast, participants speaking to negative listeners focused solely on objective facts and concrete details. 대조적으로, 부정적인 청자들에게 말하는 참여자들은 오직 객관적인 사실과 구체적인 세부 사항에만 초점을 맞췄다.

0381 One example was uncovered by behavioral ecologists studying the behavior of a small Australian animal called the quoll. 한 예가 주머니고양이라고 불리는 작은 호주 동물의 행동을 연구하는 행동 생태학자들에 의해 발견되었다.

0382 Students can read a science fiction text and a non-fiction text covering similar ideas and compare and contrast the two. 학생들은 비슷한 개념을 다루는 공상 과학 소설의 글과 논픽션의 글을 읽고, 그 둘을 비교하고 대조할 수 있다.

0383 Scientists fed small groups of quolls toad sausages containing harmless but nausea-inducing chemicals, conditioning them to avoid the toads. 과학자들은 주머니고양이 소집단에게 무해하지만 메스꺼움을 유발하는 화학 물질을 함유한 두꺼비 소시지를 먹여 그들이 두꺼비를 피하는 조건 반사를 일으키도록 했다.

0384 Three rescue workers trying to dig the trapped miners out were also killed when a wall of the mine exploded, crushing them. 갇혀 있는 광부들을 구해 주려고 애쓰던 세 명의 구조 요원들도 갱도 벽이 폭발하면서 깔려서 또한 숨졌다.

REVIEW mission

1 residing   **2** selecting   **3** negative   **4** uncovered   **5** covering   **6** walking up the street
7 involving carrot juice   **8** dealing with an irresponsible kid   **9** riding his bike saw me
10 showing ideas and experiences

25 과거분사

BASIC mission
본문 113쪽

0385 Each one donated will be assigned to a student in need. 기부된 각각의 것은 어려움에 처한 학생에게 배정될 것입니다.

0386 So Egypt established a standard cubit, called the Royal Cubit. 그래서 이집트는 Royal Cubit이라고 불리는 표준 큐빗을 제정하였다.

0387 The addax is a kind of antelope found in some areas in the Sahara Desert. 나사뿔영양은 사하라 사막의 일부 지역에서 발견되는 영양의 일종이다.

0388 It is an endangered mammal and there are only about 500 left in the wild. 그것은 멸종 위기에 처한 포유동물이며 야생에 대략 500마리만 남아 있다.

0389 A fish fills its bladder with oxygen collected from the surrounding water. 물고기는 주변 물에서 모은 산소로 자신의 부레를 채운다.

0390 The first underwater photographs were taken by an Englishman named William Thompson. 최초의 수중 사진은 William Thompson이라는 영국인에 의해 촬영되었다.

0391 These are not service animals trained to help people with disabilities; most are the pets of volunteers. 이 동물들은 장애를 가진 사람들을 돕도록 훈련된 도우미 동물이 아니라 대부분이 자원봉사자들의 반려동물이다.

0392 So contrary to the impression left by some writers, we Fresnans are not all suffering in some hell hole. 그러므로 일부 필자들에 의해 남겨진 인상과는 반대로 우리 Fresno 주민들이 모두 어떤 지옥과 같은 곳에서 고통받고 있는 것은 아니다.

ADVANCED mission
본문 114쪽

0393 Frank Conroy was an American author born in New York, New York to an American father and a Danish mother. Frank Conroy는 미국인 아버지와 덴마크인 어머니 사이에서 New York 주 New York 시에서 태어난 미국 작가였다.

0394 A god called Moinee was defeated by a rival god called Dromerdeener in a terrible battle up in the stars. Moinee라는 신이 하늘 위 별에서 벌어진 끔찍한 전투에서 경쟁하는 신 Dromerdeener에게 패배했다.

0395 The water released from the dam can be colder than usual and this can affect the ecosystems in the rivers downstream. 댐에서 방류된 물은 평소보다 더 차서 이것이 하류의 강 생태계에 영향을 미칠 수 있다.

0396 In secret transactions, usually conducted at night, farmers would sell to city dwellers pigs concealed in large bags. 대개 밤에 행해졌던 비밀스런 거래에서 농부들은 도시 주민들에게 큰 자루에 숨겨진 돼지를 팔곤 했다.

0397 Manufacturers will use the information generated by these smart products to sell you other services or enhance your "ownership experience." 제조업자들은 당신에게 다른 서비스들을 팔기 위해, 혹은 '나만의 것이라는 경험'을 높이기 위해 이런 스마트 제품들에 의해 만들어지는 정보를 사용할 것이다.

0398 Over breakfast, you watch a news program broadcast from New York on your television made in Japan. 아침을 먹으면서, 여러분은 여러분의 TV로 뉴욕에서 방송되는 일본에서 제작된 뉴스 프로그램을 시청한다.

0399 Contrary to the common assumption about effective memory, describing an image seen earlier impairs recognition afterwards. 효율적 기억에 대한 일반적인 가정과는 반대로 이전에 보여졌던 이미지를 묘사하는 것이 이후의 인식을 손상시킨다.

0400 Not all organisms are able to find sufficient food to survive, so starvation is a kind of disvalue often found in nature. 모든 유기체가 생존에 충분한 먹이를 구할 수는 없으므로, 기아는 자연에서 흔히 발견되는 일종의 반가치이다.

REVIEW mission ──────────────────────────────── 본문 115쪽

1 named **2** trained **3** left **4** born **5** called **6** Each one donated(Each donated one)
7 called the Royal Cubit **8** found in some areas **9** left in the wild **10** collected from the surrounding water

26 분사구문 − 현재분사

BASIC mission ──────────────────────────────── 본문 117쪽

0401 Washing his greasy hands, he heard a knock at his door. 자신의 기름 묻은 손을 씻고 있을 때 그는 문을 두드리는 소리를 들었다.

0402 Plumb couldn't sleep that night thinking about the sailor. Plumb은 그 선원에 대한 생각을 하며 그날 밤 잠을 이룰 수 없었다.

0403 You take a greater risk while driving to and from the beach. 여러분은 해변을 오가는 운전을 하는 동안 더 큰 위험을 무릅쓰게 된다.

0404 One day, while traveling for a lecture, he was in a restaurant. 어느 날, 강의를 위해 여행하는 동안, 그는 한 식당에 있었다.

0405 The sound of the dogs seemed to be all around him, even getting louder. 개 짖는 소리가 온통 그를 둘러싼 것 같았고, 심지어 점점 커져만 갔다.

0406 Through gossip, we bond with our friends, sharing interesting details. 가십을 통해 우리는 친구들과 흥미로운 세부사항을 공유하면서 유대를 형성한다.

0407 Some people readjust their lives daily or weekly, constantly optimizing. 일부 사람들은 매일 혹은 매주 자신의 삶을 재조정하며 끊임없이 삶을 최적화한다.

0408 Many people are somewhere in the middle, wanting some use and some protection. 많은 사람들은 약간의 사용과 보호를 원하면서, 중간 어딘가에 있다.

0409 One day, he sat on a park bench, head in hands, wondering if anything could save his company from bankruptcy. 어느 날, 그는 자신의 회사가 파산하는 것을 막을 수 있는 무엇이라도 있을까 생각하며 머리를 감싸 쥔 채 공원 벤치에 앉아 있었다.

0410 Proceeding with his study, Turner earned a doctorate degree in zoology, the first African American to do so. 자신의 연구를 계속하여 Turner는 동물학에서 박사 학위를 받았는데, 그렇게 한 최초의 아프리카계 미국인이었다.

0411 Erda lay on her back in a clearing, watching drops of sunlight slide through the mosaic of leaves above her. Erda는 (숲속의) 빈터에 드러누워 자기 위쪽에 모자이크를 이룬 나뭇잎들 사이로 부서진 햇살이 스며드는 것을 지켜보았다.

0412 If you're an early human, perhaps Homo Erectus, walking around the jungles, you may see an animal approaching. 만약에 당신이, 가령 Homo Erectus처럼, 정글을 돌아다니는 초기 인간이라면, 당신은 동물이 다가오는 것을 볼지 모른다.

0413 The feathers on a snowy owl's face guide sounds to its ears, giving it the ability to hear things humans cannot. 흰올빼미의 얼굴 깃털은 소리를 그것의 귀로 인도하여, 그것에게 인간이 들을 수 없는 것을 듣는 능력을 부여한다.

0414 We must be careful when looking at proverbs as expressing aspects of a certain worldview or mentality of a people. 우리가 속담을 한 민족의 특정 세계관이나 심리를 표현하는 측면으로 바라보는 경우에는 주의를 기울여야 한다.

0415 Not knowing that the product exists, customers would probably not buy it even if the product may have worked for them. 그 상품이 존재한다는 것을 알지 못해서, 소비자들은 상품이 그들에게 유용하더라도 아마 사지 않을 것이다.

0416 An open ending is a powerful tool, providing food for thought that forces the audience to think about what might happen next. 열린 결말은 강력한 도구인데, 관객에게 다음에 무슨 일이 일어날 수도 있는지에 대해 생각하게 만드는 사고할 거리를 제공한다.

1 wondering   **2** Proceeding   **3** watching   **4** walking   **5** giving   **6** Washing his greasy hands   **7** thinking about the sailor   **8** while driving to and from the beach   **9** while traveling for a lecture   **10** even getting louder

27 분사구문 – 과거분사

0417 Disappointed, he went to Paderewski and explained his difficulty. 실망한 채, 그는 Paderewski에게 가서 자신의 어려움을 설명했다.

0418 Educated by private tutors at home, she enjoyed reading and writing early on. 가정에서 개인 교사들에 의해 교육을 받은 그녀는 일찍이 독서와 글쓰기를 즐겼다.

0419 When faced with a problem—a conflict—we instinctively seek to find a solution. 문제, 즉 갈등에 직면했을 때, 우리는 본능적으로 해결책을 찾으려고 한다.

0420 Amazed at all the attention being paid to her, I asked if she worked with the airline. 그녀에게 쏟아지고 있는 그 모든 관심에 놀라, 나는 그녀가 그 항공사에 근무하는지 물어보았다.

0421 The passenger is a true partner in the ride, expected to mirror the rider's every move. 동승자는 타고

있을 때는 진정한 동반자이며, 운전자의 모든 움직임을 따라하도록 기대된다.

0422 Even smokers of relatively few cigarettes had withdrawal symptoms when deprived of nicotine. 비교적 흡연량이 적은 사람들조차 니코틴이 주어지지 않았을 때 금단 증상이 나타났다.

0423 However, faced with a loss of customers, the competition responded by opening on Saturdays as well. 하지만 고객의 감소에 직면하자, 경쟁 상대 또한 토요일에 영업함으로써 대응했다.

0424 When done well, when done by an expert, both reading and skiing are graceful, harmonious activities. 잘되었을 때, 즉, 전문가에 의해서 행해졌을 때에는 읽는 것과 스키 타는 것 둘 다 모두 우아하고 조화로운 활동들이다.

ADVANCED mission

본문 122쪽

0425 Lying on the floor in the corner of the crowded shelter, surrounded by bad smells, I could not fall asleep. 불쾌한 냄새에 둘러싸인 채, 붐비는 대피소의 구석 바닥에 누워 나는 잠들 수 없었다.

0426 Built out of misfortune, Venice eventually turned into one of the richest and most beautiful cities in the world. 불행을 딛고 지어진 Venice는 결국 세계에서 가장 풍요롭고 아름다운 도시들 중의 하나로 바뀌었다.

0427 Compared to respondents in their 30s, respondents in their 60s are more than twice as likely to prefer audio tours. 30대 응답자들과 비교해 볼 때, 60대의 응답자들이 두 배 넘게 오디오 투어를 선호할 가능성이 크다.

0428 This process, called 'adaptation', is one of the organizing principles operating throughout the central nervous system. '순응'이라고 불리는 이 과정은 중추신경계 전반에 걸쳐 작용하는 구성 원리 중 하나이다.

0429 Seen from your perspective, one hill appears to be three hundred feet high, and the other appears to be nine hundred feet. 여러분의 관점에서 보면, 한 언덕이 300피트 높이인 것처럼 보이고 다른 언덕이 900피트 높이인 것처럼 보인다.

0430 Faced with the choice of walking down an empty or a lively street, most people would choose the street with life and activity. 텅 빈 거리 혹은 활기찬 거리를 걷기라는 선택에 직면하면, 대부분의 사람들은 생기와 활동으로 가득한 거리를 선택할 것이다.

0431 Born in Heidelberg, Germany, he was the son of a gardener who taught him much about art and nature. 독일의 Heidelberg에서 태어난 그는 미술과 자연에 대해 자신에게 많은 것을 가르쳐 준 정원사의 아들이었다.

0432 When given these instructions, people are quite good at repeating the words that were spoken to that ear. 이런 지시를 받을 때, 사람들은 그 귀로 듣는 단어들을 상당히 잘 반복한다.

REVIEW mission

본문 123쪽

1 deprived **2** faced **3** done **4** Born **5** given **6** surrounded by bad smells **7** Educated by private tutors at home **8** When faced with a problem **9** Amazed at all the attention

CHAPTER 04 길어지는 문장

28 주격 관계대명사

BASIC mission

0433 Foods that sit out on tables are even more critical. 식탁에 나와 있는 음식들은 훨씬 더 중요하다.

0434 Someone who is only clinically dead can often be brought back to life. 단지 임상적으로 사망한 사람은 종종 소생될 수 있다.

0435 A person who can never take a risk can't learn anything. 결코 위험을 무릅쓰지 못하는 사람은 아무것도 배울 수 없다.

0436 They prefer practices that make our resources sustainable. 그들은 우리의 자원을 지속 가능하게 만드는 관행을 선호한다.

0437 She tried everything that was available but had no success. 그녀는 이용 가능한 모든 것을 시도했지만 성공하지 못했다.

0438 First, someone who is lonely might benefit from helping others. 우선, 외로운 사람은 다른 사람을 도와주는 일로부터 혜택을 받을지도 모른다.

0439 I'm not one of those people who just "must" have the latest phone. 나는 최신 휴대 전화를 '반드시' 가져야 하는 그런 사람들 중 한 명은 아니다.

0440 We are social animals who need to discuss our problems with others. 우리는 우리의 문제를 다른 사람들과 의논할 필요가 있는 사회적 동물이다.

ADVANCED mission
본문 128쪽

0441 All of them agreed that success wasn't something that had just happened to them due to luck or special talents. 그들 모두는 성공이 운이나 특별한 재능 때문에 그들에게 그저 일어난 어떤 것이 아니라는 것에 동의했다.

0442 You cannot eliminate distractions, but you can learn to live with them in a way that ensures they do not limit you. 집중에 방해가 되는 것들을 제거할 수는 없지만, 그것들이 여러분을 제한하지 않도록 보장하는 방식으로 그것들과 함께 살아가는 것을 배울 수 있다.

0443 You might think that those who earned a lot of money would have been more positive than those who earned very little. 여러분은 많은 돈을 번 사람들이 매우 적은 돈을 번 사람들보다 더 긍정적이었을 것으로 생각할 수도 있다.

0444 This example shows that much of the information that is available to your ears does not make it too far into your head. 이 예는 당신의 귀로 얻을 수 있는 정보의 많은 부분이 당신의 머릿속까지 그렇게 멀리 도달하지 못한다는 것을 보여준다.

0445 Students who are made to feel happy before taking math achievement tests perform much better than their neutral peers. 수학 성취 평가를 보기 전 기분이 좋아진 학생들은 그들의 중립적인 (기분의) 또래들보다 훨씬 더 잘한다.

0446 New ideas, like mathematics, were shared between societies which allowed for all kinds of innovations and advancements. 수학과 같은 새로운 개념은 온갖 종류의 혁신과 진보를 허용했던 사회들 사이에서 공유되었다.

0447 In a lecture, Barrett shares the story of an airline that was dealing with many complaints about

their customer service. 한 강연에서, Barrett은 고객 서비스에 대한 많은 불만을 해결했던 항공사의 이야기를 들려준다.

0448 They wanted to do something that might revive their dying community. 그들은 죽어가는 지역 사회를 부흥시킬지도 모를 무엇인가를 하고 싶었다.

REVIEW mission

본문 129쪽

1 who **2** who **3** who **4** that **5** that **6** Foods that sit out on tables **7** who is only clinically dead **8** who can never take a risk **9** that make our resources sustainable **10** that was available

CODE 29 목적격 관계대명사

BASIC mission

본문 131쪽

0449 These early traumas made water the only thing that Princess truly feared. 이러한 어린 시절의 정신적 외상은 물을 Princess가 정말로 두려워하는 유일한 것으로 만들었다.

0450 Your political preference determines the arguments that you find compelling. 여러분의 정치적 선호는 여러분이 설득력이 있다고 생각하는 논거를 결정한다.

0451 The praise that he received from getting one story in print changed his whole life. 한 이야기를 출판함으로써 그가 얻게 된 칭찬은 그의 일생을 바꾸어 놓았다.

0452 There is not a single, ideal level of blood pressure that our body tries to maintain. 우리 몸이 유지하려고 하는 단 하나의 이상적인 혈압 수치란 없다.

0453 Even the carbon dioxide that the squirrel breathes out is what that tree may breathe in. 심지어 다람쥐가 내쉬는 이산화탄소조차 그 나무가 들이쉴 수도 있는 것이다.

0454 Our technological creations are great extrapolations of the bodies that our genes build. 우리의 기술적인 창조물들은 우리의 유전자가 형성하는 신체의 위대한 연장이다.

0455 In a classic study, people were asked to assess the value of coffee cups which had been gifted to them. 전형적인 연구에서 사람들은 그들에게 주어졌던 커피 잔의 가치를 평가하도록 요청 받았다.

0456 They experience moments that they have already seen at home in books, brochures and films. 그들은 집에서 책, 안내 책자 그리고 영화에서 이미 보았던 순간들을 경험한다.

ADVANCED mission

본문 132쪽

0457 An old man whom society would consider a beggar was coming toward him from across the parking lot. 사회가 걸인이라고 여길 만한 한 노인이 주차장 건너편에서 그를 향해 오고 있었다.

0458 The kind of intuition that we develop about marine life is, of course, influenced by the way we observe it. 물론, 우리가 해양 생물에 관해 발달시키는 직관력은 우리가 그것을 관찰하는 방식에 의해 영향을 받는다.

0459 Perhaps the biggest mistake that most investors make when they first begin investing is getting into a panic over losses. 아마도 대부분의 투자자들이 투자를 처음 시작할 때 저지르는 가장 큰 실수는 손실을 보고 공황 상태에 빠지는 것이다.

0460 Keeping a diary of things that they appreciate reminds them of the progress they made that day in any aspect of their lives. 감사하는 일들에 대해 일기를 쓰는 것은 삶의 어떠한 측면에서든 그들이 그날 이룬 발전을 떠올리게 한다.

34 수박구문

0461 This changed the evolutionary pressure that these food plants experienced, as they no longer had to survive in a natural environment. 이것은 이들 식용 식물이 더 이상 자연환경 속에서 살아남아야 할 필요성이 없어졌기 때문에 그것들이 경험하는 진화적 압박을 변화시켰다.

0462 Countries import commodities which they make at comparatively higher production cost, and export commodities with comparative cost advantage. 국가들은 자신들이 상대적으로 더 높은 생산 비용을 들여서 만드는 제품을 수입하고, 상대적 비용 우위를 가지는 제품을 수출한다.

0463 A Greek historian Herodotus wrote of cinnamon which he had learned about from the Phoenicians. 그리스의 역사가인 Herodotus는 페니키아인들로부터 알게 된 계피에 관해 기술했다.

0464 Positive rights reflect the vital interests that human beings have in receiving certain benefits. 적극적인 권리는 특정한 혜택을 받는 데 있어 인간이 갖는 매우 중요한 이익을 반영한다.

REVIEW mission

본문 133쪽

1 that   **2** which   **3** whom   **4** which   **5** that   **6** that Princess truly feared   **7** that you find compelling   **8** that he received from getting one story in print   **9** that our body tries to maintain
10 that the squirrel breathes out

CODE 30 목적격 관계대명사 생략

BASIC mission

본문 135쪽

0465 Attaining the life a person wants is simple. 사람이 원하는 삶을 얻는 것은 간단하다.

0466 There is little you can do to speed this process up. 이 과정을 빨라지게 하기 위해 여러분이 할 수 있는 것은 거의 없다.

0467 Creativity is a skill we usually consider uniquely human. 창의력은 우리가 일반적으로 인간만이 유일하게 가지고 있다고 간주하는 능력이다.

0468 Achievement is something you reach or attain, like a goal. 성취는 목표처럼 여러분이 도달하거나 달성하는 어떤 것이다.

0469 There was no way I could think of to get out of this risky situation. 이 위험한 상황으로부터 벗어날 수 있는 내가 생각할 수 있는 방법은 없었다.

0470 The images you see in your head are images of you dropping the ball! 당신이 머릿속에서 보게 되는 이미지는 당신이 공을 떨어뜨리는 이미지이다!

0471 The part he gives away might seem to diminish the size of his fortune. 그가 내어주는 그 일부 재산은 자기 재산의 규모를 감소시키는 것처럼 보일 수도 있다.

0472 Furniture selection is one of the most cognitively demanding choices any consumer makes. 가구 선택은 어떤 소비자라도 하는 가장 인지적으로 힘든 선택 중 하나이다.

ADVANCED mission

본문 136쪽

0473 This is the price we all must pay for achieving the greater rewards lying ahead of us. 이것은 우리 앞에 놓인 더 큰 보상을 성취하기 위해 우리 모두가 지불해야 하는 대가이다.

0474 The five of us sat around the cafeteria table and it was the best meal I'd had in a long time. 우리

다섯 명은 구내식당의 식탁에 둘러앉았고 그것은 한동안 내가 했던 식사 중 최고의 식사였다.

0475 Scenes a child acts out may give us clues about their past experiences, or their wishes for the future. 아동이 연기하는 장면들은 우리에게 그들의 과거 경험 또는 미래 소망에 대한 단서들을 제공할 수도 있다.

0476 Any goal you set is going to be difficult to achieve, and you will certainly be disappointed at some points along the way. 여러분이 세우는 어떤 목표든 달성하기 어려울 것이고, 여러분은 분명히 도중에 어느 시점에서 실망하게 될 것이다.

0477 Instead, people provide you and other consumers with the goods and services they produce because they get something in return. 대신, 사람들은 그들이 보답으로 무언가를 얻기 때문에 당신과 다른 소비자들에게 그들이 생산한 제품과 서비스를 제공한다.

0478 One component of marketing focuses on the "false expectation" the people's subconsciousness feels about love, the unchanging love. 마케팅의 한 요소는 사람들의 잠재의식이 사랑에 대해 느끼는 '잘못된 기대', 즉 변치 않는 사랑에 초점을 맞춘다.

0479 One of the most essential decisions any of us can make is how we invest our time. 우리들 어느 누구든 내릴 수 있는 가장 필수적인 결정 중 하나는 시간을 어떻게 투자하느냐이다.

0480 Explicit memories are the tasks you have written down on your calendar or planner. 명시적 기억들은 여러분이 여러분의 달력이나 일정표에 적어 놓은 과업들이다.

REVIEW mission
본문 137쪽

1 dropping **2** diminish **3** cognitively **4** invest **5** memories **6** the life a person wants
7 There is little you can do **8** we usually consider uniquely human **9** you reach or attain
10 I could think of

CODE 31 소유격 관계대명사

BASIC mission
본문 139쪽

0481 But it was a profound moment, whose impact will always be with her. 그러나 그때는 뜻깊은 순간이었고, 그 영향은 그녀와 늘 함께 할 것이다.

0482 So a patient whose heart has stopped can no longer be regarded as dead. 그래서 심장이 멎은 환자는 더 이상 사망한 것으로 간주될 수 없다.

0483 The koala is the only known animal whose brain only fills half of its skull. 코알라는 뇌가 겨우 두개골의 절반을 채운다고 알려진 유일한 동물이다.

0484 She was working for "The Hunger Project", whose goal was to bring an end to hunger around the world. 그녀는 전 세계의 기아를 끝내는 것을 목표로 하는 'The Hunger Project'를 위해 일하는 중이었다.

0485 Among the three platforms whose usage increased between the two years, cell phones showed the smallest increase. 그 두 해 사이에 사용이 증가한 세 가지의 플랫폼 중, 휴대전화가 가장 작은 증가를 보였다

0486 He was an economic historian whose work has centered on the study of business history and, in particular, administration. 그는 연구가 경영사 그리고 특히 경영관리 연구에 집중되어 온 경제 사학자였다.

0487 Kinzler and her team took a bunch of five-month-olds whose families only spoke English and showed the babies two videos. Kinzler와 그녀의 팀은 가족들이 영어만을 말하는 한 무리의 5개월 된 아이들을 골라 두 개의 동영상을 보여 주었다.

0488 That is, the reader is the writer's "customer" and one whose business or approval is one we need to seek. 즉, 독자는 필자의 '고객'이며 그 고객의 관심사나 인정은 우리가 추구할 필요가 있는 것이다.

ADVANCED mission

본문 140쪽

0489 Tea, therefore, supplements the basic needs of the nomadic tribes, whose diet lacks vegetables. 그러므로, 차는 유목민들에게 기본적인 요소들을 보충하는데, 그들의 식단은 채소가 부족하다.

0490 This data is forwarded online to the manufacturer, whose production technologies ensure an exact fit. 이 자료는 제조업자에게 온라인으로 전송되는데, 제조업자의 제조 기술이 몸에 꼭 들어맞게 보장해 준다.

0491 When I climb into my car, I enter my destination into the GPS, whose spatial memory supplants my own. 나는 차에 올라타면 목적지를 GPS 장치에 입력하는데, 그것의 공간 기억이 나의 것(공간 기억)을 대신한다.

0492 A child whose behavior is out of control improves when clear limits on their behavior are set and enforced. 행동이 통제되지 않는 아이는 행동에 대한 분명한 제한이 설정되고 시행될 때 개선된다.

0493 Obviously, self-esteem can be hurt when someone whose acceptance is important (like a parent or teacher) constantly puts you down. 분명히 자존감은 그 사람의 인정이 중요한 (부모나 교사와 같은) 누군가가 여러분을 계속해서 깎아내릴 때 손상될 수 있다.

0494 Likewise, the person will tend to hold in esteem those whose conduct shows an abundance of the motivation required by the principle. 마찬가지로, 그 사람은 그 원칙이 요구하는 동기가 풍부함을 보여주는 행동을 하는 사람을 존경하는 경향이 있을 것이다.

0495 An ambiguous term is one which has more than a single meaning and whose context does not clearly indicate which meaning is intended. 모호한 용어란 하나 이상의 의미를 가지고 있으면서 그것의 문맥이 어떤 의미가 의도되었는지를 명확하게 보여주지 못하는 용어이다.

0496 And people sometimes unintentionally model their inner voice after a critical parent or someone else whose opinion is important to them. 그리고 사람들은 때때로 의도치 않게 비판적인 부모나 그들에게 중요한 누군가의 의견에 따라 내면의 소리를 만든다.

REVIEW mission

본문 141쪽

1 whose   **2** whose   **3** whose   **4** whose   **5** whose   **6** whose impact will always be with her   **7** whose heart has stopped   **8** whose brain only fills half of its skull   **9** whose goal was to bring

32 관계대명사 what

BASIC mission

본문 143쪽

0497 What this tells us is that words matter. 이것이 우리에게 말해주는 것은 말이 중요하다는 것이다.

0498 What is needed is active engagement with children. 필요한 것은 자녀들에 대한 적극적인 관여이다.

0499 Curiosity is a way of adding value to what you see. 호기심은 우리가 바라보는 것에 가치를 더하는 한 방법이다.

0500 What you and your spouse need is quality time to talk. 당신과 당신의 배우자가 필요로 하는 것은 대화를 나눌 수 있는 양질의 시간이다.

0501 What happened next was something that chilled my blood. 다음에 일어난 일은 내 간담을 서늘하게 한 어떤 것

이었다.

0502 After more thought, he made what many considered an unbelievable decision. 더 많이 생각한 후에 그는 많은 사람이 믿을 수 없다고 여기는 결정을 내렸다.

0503 Give your whole focus to what you're doing at the moment no matter what it is. 그것이 무엇이든 당신이 지금 하고 있는 일에 온전히 집중하라.

0504 What is different today, though, is the speed and scope of these interactions. 하지만 오늘날 다른 것은 이러한 상호 작용의 속도와 범위이다.

ADVANCED mission ───────────────────────── 본문 144쪽

0505 What you have done there is to create a form of electricity called static electricity. 여러분이 거기서 한 것은 정전기라고 불리는 전기의 한 형태를 만든 것이다.

0506 Babies in the womb taste, remember, and form preferences for what Mom has been eating. 자궁 속에 있는 아기들은 엄마가 먹어왔던 것을 맛보고, 기억하고, 그에 대한 선호를 형성한다.

0507 What you inherited and live with will become the inheritance of future generations. 여러분이 물려받아서 지금 더불어 살아가고 있는 것이 미래 세대의 유산이 될 것이다.

0508 But what is unique is the quality of ideas that come out of the regular meetings. 그러나 정말로 독특한 것은 이 정기적인 회의들로부터 나오는 아이디어의 질이다.

0509 What happened was that the poster they were unable to keep was suddenly ranked as the most beautiful. 일어났던 것은 그들이 가질 수 없던 포스터가 갑자기 가장 아름다운 것으로 순위 매겨졌다.

0510 What kept all of these people going when things were going badly was their passion for their subject. 상황이 악화되고 있을 때 이 모든 사람들을 계속하게 했던 것은 자신들의 주제에 대한 열정이었다.

0511 They are truly interested in what you are trying to achieve and support you in all of your goals and efforts. 그들은 여러분이 성취하려고 노력하고 있는 것에 진심으로 관심을 가지며 여러분의 모든 목표와 노력을 지지한다.

0512 When children turn four, they start to consider what other people are thinking. 어린이가 네 살이 되면, 그들은 다른 사람들이 생각하고 있는 것을 고려하기 시작한다.

REVIEW mission ───────────────────────── 본문 145쪽

1 unbelievable   **2** focus   **3** scope   **4** consider   **5** create   **6** What this tells us   **7** What is needed   **8** adding value to what you see   **9** What you and your spouse need   **10** What happened next

33 전치사 + 관계대명사

BASIC mission ───────────────────────── 본문 147쪽

0513 All children need a safe space in which to grow and develop. 모든 아이들은 성장하고 발육할 안전한 공간을 필요로 한다.

0514 The emotion itself is tied to the situation in which it originates. 그 감정 자체는 그것이 일어나는 상황과 관련이 있다.

0515 I strongly believe that a home provides a canvas on which we can illustrate who we are. 나는 집이 우리가 어떤 사람인지 그 위에 분명히 보여줄 수 있는 캔버스를 제공해 준다고 굳게 믿는다.

0516 Just think for a moment of all the people upon whom your participation in your class depends. 여러분의 수업 참여를 좌우하는 모든 사람들을 잠시만 생각해 보라.

0517 The land through which the proposed Pine Hill walking trail would cut is home to a variety of species. 제안된 Pine Hill 산책로가 지나가게 될 그 땅은 다양한 종들의 서식지이다.

0518 This was to make library services available to people for whom evening was the only convenient time to visit. 이것은 방문하기에 저녁 시간이 유일하게 편리한 사람들에게 도서관 서비스가 가능하도록 하기 위한 것이었다.

0519 The teacher wrote back a long reply in which he dealt with thirteen of the questions. 교사는 그 질문들 중에서 13개를 다룬 긴 답장을 써서 보냈다.

0520 All social interactions require some common ground upon which the involved parties can coordinate their behavior. 모든 사회적 상호 작용은 관련된 당사자들이 그들의 행동을 조정할 수 있는 어떤 공통의 기반을 필요로 한다.

ADVANCED mission

0521 This effect has been demonstrated in politics, medicine, advertising, and all areas in which people make decisions. 이러한 효과는 정치, 의학, 광고 그리고 사람들이 결정을 내리는 모든 분야에서 입증되어 왔다.

0522 On the other hand, Japanese tend to do little disclosing about themselves to others except to the few people with whom they are very close. 반면에, 일본인들은 자신과 매우 친한 소수의 사람들을 제외하고는 타인에게 자신에 관한 정보를 거의 공개하지 않는 경향이 있다.

0523 From its earliest beginnings in infancy, play is a way in which children learn about the world and their place in it. 유아기의 가장 초기부터, 놀이는 아이들이 세상과 그 안에서의 그들의 위치에 대해 배우는 방식이다.

0524 These are just a few of the many ways in which insect bodies are structured and function completely differently from our own. 이것들은 곤충의 몸이 우리의 것과는 완전히 다르게 구조화되어 있고 기능하는 많은 방식들 중 몇 가지일 뿐이다.

0525 Most people would regard as unfair a market equilibrium in which some individuals are super-rich while others are dying of extreme poverty. 어떤 사람들이 극도의 빈곤으로 죽어 가는 반면에 다른 사람들이 엄청나게 부유한 시장의 균형 상태를 대부분의 사람들은 불공평한 것으로 간주할 것이다.

0526 However, there is some evidence that early diet can at least change the circumstances in which children will seek out sweet and salty flavors. 하지만, 어릴 때 먹는 것으로 아이가 단맛과 짠맛을 찾게 될 상황을 적어도 바꾸어줄 수 있다는 몇몇 증거가 있다.

0527 Select clothing appropriate for the temperature and environmental conditions in which you will be doing exercise. 여러분이 운동하게 될 기온과 환경 조건에 적절한 옷을 선택하라.

0528 In his town, there was a tradition in which the leader of the town chose a day when James demonstrated his skills. 그의 마을에는 James가 자신의 기술을 보여 주는 날을 마을의 지도자가 선정하는 전통이 있었다.

REVIEW mission

1 available **2** dealt with **3** interactions **4** appropriate **5** tradition **6** in which to grow and develop **7** in which it originates **8** on which we can illustrate who we are **9** upon whom your participation in your class depends

34 관계부사

BASIC mission

본문 151쪽

0529 Memories of how we interacted seem funny to me today. 우리가 소통했던 방식에 대한 기억들이 오늘 나에게는 우스워 보인다.

0530 The reason it looks that way is that the sun is on fire. 태양이 그렇게 보이는 이유는 그것이 불타고 있기 때문이다.

0531 This is why trying to stop an unwanted habit can be an extremely frustrating task. 이러한 이유로 원하지 않는 습관을 멈추려 노력하는 것은 매우 좌절감을 주는 일이 될 수 있다.

0532 One way that music could express emotion is simply through a learned association. 음악이 감정을 표현할 수 있는 한 방법은 단지 학습된 연관을 통해서이다.

0533 The way we communicate influences our ability to build strong and healthy communities. 우리가 의사소통하는 방식은 강하고 건강한 공동체를 만드는 우리의 능력에 영향을 미친다.

0534 But there are situations where that compassion—even for ourselves—might cause problems. 하지만 심지어 우리 자신에게조차도 그 동정이 문제를 야기할지도 모르는 상황이 있다.

0535 Events where we can watch people perform or play music attract many people to stay and watch. 사람들이 공연을 하거나 음악을 연주하는 것을 볼 수 있는 행사는 많은 사람들을 끌어들여 머무르면서 구경하게 한다.

0536 Or consider rival holiday parties where people compete to see who will attend *their* party. 또는 사람들은 누가 '자신들의' 파티에 참석할 것인지를 알아보기 위해 경쟁하는 라이벌 관계의 휴일 파티를 생각해 보라.

ADVANCED mission

본문 152쪽

0537 Here was a case where my client's language and most of his body revealed nothing but positive feelings. 내 의뢰인의 언어와 그의 몸의 대부분이 긍정적인 감정만을 드러내는 경우가 여기에 있었다.

0538 There are times when you feel generous but there are other times when you just don't want to be bothered. 여러분이 관대한 감정을 느낄 때도 있지만 그저 방해받고 싶지 않은 다른 때도 있다.

0539 The culture that we inhabit shapes how we think, feel, and act in the most pervasive ways. 우리가 살고 있는 문화는 가장 널리 퍼져 있는 방식으로 우리가 생각하고, 느끼고, 행동하는 방식을 형성한다.

0540 Responsibility is when one takes on a task or burden and accepts the associated consequences. 책임은 사람이 어떤 일이나 부담을 떠맡고 그와 관련된 결과를 받아들이는 때이다.

0541 However, we live in a society where gender roles and boundaries are not as strict as in prior generations. 그러나, 우리는 성 역할과 경계가 이전 세대만큼 엄격하지 않은 사회에 살고 있다.

0542 One of the reasons I've collected a large library of books over the years is because books are a great go-to resource. 내가 여러 해에 걸쳐 방대한 장서를 모아왔던 이유들 중의 하나는 책이 도움을 청할 수 있는 훌륭한 자료이기 때문이다.

0543 In other words, we are looking for a diversified team where members complement one another. 달리 말하자면, 우리는 구성원들이 서로를 보완해 주는 다양화된 팀을 찾고 있다.

0544 But there will be times in your life when there is no one around to stand up and cheer you on. 하지만 여러분의 인생에서 자리에서 일어나 여러분을 응원할 사람이 주변에 아무도 없는 때가 있을 것이다.

REVIEW mission

1 where **2** where **3** where **4** where **5** when **6** how we interacted seem funny
7 The reason it looks that way **8** This is why trying to stop **9** One way that music could express emotion

35 계속적 용법

BASIC mission

0545 Linda, who sat next to her, passed the sheet without signing it. 그녀 옆에 앉아 있었던 Linda는 그 서류에 서명을 하지 않고 그것을 넘겼다.

0546 Written language is more complex, which makes it more work to read. 문자 언어는 더 복잡한데, 그로 인해 읽는 것이 더 힘든 일이 된다.

0547 But we live in an in-between universe, where things change, but according to rules. 그러나 우리는 현상들이 변하지만, 법칙에 따라 변하는, 그 중간의 우주에 살고 있다.

0548 Germany, which spent 20 billion dollars less than the USA, took third place. 독일은 미국보다 200억 달러 더 적게 돈을 소비했는데, 3위를 차지했다.

0549 He projected the colors back into the prism, which resulted in pure white light. 그는 색깔들을 다시 프리즘으로 투사시켰고, 그 결과 순수한 백색광이 나왔다.

0550 We cannot predict the outcomes of sporting contests, which vary from week to week. 우리는 스포츠 경기의 결과를 예측할 수 없고, 이것은 매주 달라진다.

0551 A career as a historian is a rare job, which is probably why you have never met one. 역사가로서의 직업은 드문 직업이고, 이것이 아마 여러분이 그런 사람을 만나본 적이 없는 이유일 것이다.

0552 That same shelf is now filled with healthy snacks, which makes good decisions easy. 그 동일한 선반은 이제 건강에 좋은 간식으로 가득 차 있어, 좋은 결정을 내리기 쉽게 해준다.

ADVANCED mission

0553 But the use of renewable sources also comes with its own consequences, which require consideration. 그러나 재생 가능한 자원의 이용 또한 그 자체의 결과가 수반되는데, 이는 고려할 필요가 있다.

0554 Korowai families have their own gardens nearby, in which they cultivate sweet potatoes and vegetables. Korowai 족 가정은 가까이에 그들 자신의 뜰을 가지고 있는데, 그곳에 고구마와 채소를 재배한다.

0555 Knowledge relies on judgements, which you discover and polish in conversation with other people or with yourself. 지식은 판단에 의존하는데, 여러분은 다른 사람들 혹은 자신과의 대화 속에서 그 판단을 발견하고 다듬는다.

0556 You've written to our company complaining that your toaster, which you bought only three weeks earlier, doesn't work. 귀하는 불과 3주 전에 구입한 토스터가 작동하지 않는다고 저희 회사에 불평하는 편지를 쓰셨습니다.

0557 Globalization has resulted in a global brain drain, which refers to the situation in which countries lose their best educated workers. 세계화는 전 세계적인 두뇌 유출을 초래했는데, 그것은 국가가 최고로 잘 교육받은 일꾼들을 잃는 상황을 일컫는다.

0558 Artificial light, which typically contains only a few wavelengths of light, does not seem to have the same effect on mood that sunlight has. 인공 조명은 보통 단지 몇 개의 빛 파장만 있는데, 햇빛이 기분에 미치는 영향과 같은 영향을 미치지 않는 것 같다.

0559 These medicines are called "antibiotics," which means "against the life of bacteria." 이런 약들은 "항생 물질"이라고 불리는데, 이는 "박테리아의 생명에 대항하는"이라는 의미이다.

0560 Experiencing physical warmth promotes interpersonal warmth, which happens in an automatic way. 신체적 따뜻함을 경험하는 것은 대인간의 따뜻함을 증진시키며 이는 자동적인 방식으로 발생한다.

REVIEW mission
본문 157쪽

1 who **2** which **3** which **4** which **5** in which **6** which makes it more work to read **7** where things change, but according to rules **8** which spent 20 billion dollars **9** which resulted in pure white light

36 복합관계사

BASIC mission
본문 159쪽

0561 We can contact people instantly, wherever they are. 우리는 사람들이 어디에 있든지 그들과 즉각 연락할 수 있다.

0562 Whatever their rank, possessors control the food flow. 그들의 서열이 무엇이든 간에, 먹이 소유자가 먹이의 흐름을 제어한다.

0563 Whenever you say what you can't do, say what you can do. 여러분이 할 수 없는 것을 말할 때마다, 여러분이 할 수 있는 것을 말하라.

0564 Wherever you go on this globe, you can get along with English. 여러분은 이 지구상 어디를 가든지, 영어로 살아갈 수 있다.

0565 Openness is important no matter what your business or venture. 여러분의 사업 혹은 벤처 사업이 무엇이든지 간에 개방성이 중요하다.

0566 Whenever I use this machine, my coffee does not get hot enough. 내가 이 기계를 사용할 때마다 커피가 충분히 뜨거워지지 않는다.

0567 Whenever the monkey gave the coin back to Chen, he got the treat. Chen에게 동전을 돌려줄 때마다 원숭이는 특별한 맛있는 먹이를 얻었다.

0568 The monkey would exchange his coins for whichever food he preferred. 원숭이는 어떤 것이든 자신이 선호하는 먹이와 동전을 교환하곤 했다.

ADVANCED mission
본문 160쪽

0569 Whatever happens — good or bad — the proper attitude makes the difference. 좋든 나쁘든 무슨 일이 일어나더라도 적절한 태도는 차이를 가져온다.

0570 Whatever technique is used, the students must know that you care about them. 어떤 기법이 사용되든, 학생들은 여러분이 그들에 대해 신경 쓴다는 것을 알아야 한다.

0571 Whenever someone stops to listen to you, an element of unspoken trust exists. 누군가가 여러분의 말을 듣기 위해 멈출 때마다, 약간의 무언의 신뢰가 존재한다.

0572 Whenever she felt down, her mom encouraged her by saying that working hard and never giving up is more important. 그녀가 우울할 때마다, 그녀의 엄마는 열심히 노력하면서 절대 포기하지 않는 것이 더 중요하다고 말하며 그녀를 격려했다.

0573 No matter what anyone asks of you, no matter how much of an inconvenience it poses for you, you do what they request. 어떤 사람이 여러분에게 무엇을 요청하더라도, 그것이 여러분에게 아무리 많은 불편함을 주더라도 여러분은 그들이 요구하는 것을 한다.

0574 No matter how little you have, no matter how loaded you are with problems, even without money or a place to sleep, you can give help. 여러분이 아무리 가진 것이 적어도, 여러분이 아무리 골칫거리가 많다고 하더라도, 심지어 돈이나 잠잘 곳이 없더라도, 여러분은 도움을 줄 수 있다.

0575 No matter what you can afford, save great wine for special occasions. 여러분이 무엇을 살 여유가 있든 간에, 특별한 경우를 위해 훌륭한 와인을 남겨 두라.

0576 They live off whatever nature provides in their immediate surroundings. 그들은 바로 인접한 주변 환경에서 자연이 무엇을 제공하든 그것에 의존하여 살아간다.

REVIEW mission ————————————————————— 본문 161쪽

1 Whenever　　**2** Whenever　　**3** whichever　　**4** what　　**5** whatever　　**6** wherever they are
7 Whatever their rank　　**8** Whenever you say　　**9** Wherever you go on this globe　　**10** no matter what your business or venture

37 명사절 – that

BASIC mission ————————————————————— 본문 163쪽

0577 They might ensure the conclusion is positive and benefits the drug company. 그들은 그 결론이 긍정적이고 제약 회사에 이익을 주도록 보장할지도 모른다.

0578 We all know that tempers are one of the first things lost in many arguments. 많은 논쟁에서 가장 먼저 잃게 되는 것 중의 하나가 침착함이라는 것을 우리 모두 안다.

0579 Others see that one restaurant is empty and the other has eight people in it. 다른 사람들은 한 식당은 텅 비어 있고 다른 식당은 여덟 명이 있는 것을 보게 된다.

0580 They don't feel they have to support their opinions with any kind of evidence. 그들은 자신의 의견을 어떤 종류의 증거로도 뒷받침할 필요는 없다고 느낀다.

0581 It seems that you had better walk to the shop to improve your health. 당신은 건강을 향상시키기 위해 그 가게로 걸어가는 것이 더 좋을 것 같다.

0582 The reality is that most people will never have enough education in their lifetime. 실상은 대부분의 사람은 평생 아무리 많은 교육을 받아도 지나치지 않을 거라는 것이다.

0583 In a new study, researchers found that using smiley faces makes you look incompetent. 새로운 연구에서, 연구자들은 웃는 얼굴을 사용하는 것은 당신을 무능력하게 보이게 만든다는 것을 알아냈다.

0584 Some people believe that the social sciences are falling behind the natural sciences. 어떤 사람들은 사회 과학이 자연 과학에 뒤처지고 있다고 믿는다.

ADVANCED mission

본문 164쪽

0585 Experts suggest that young people stop wasting their money on unnecessary things and start saving it. 전문가들은 젊은 사람들이 불필요한 것에 돈을 낭비하는 것을 중단하고 저축을 시작해야 한다고 권한다.

0586 The problem with moving too quickly, however, is that it has a harmful impact on the creative process. 그러나 지나치게 급한 행동의 문제점은 그것이 창의적 과정에 해로운 영향을 미친다는 것이다.

0587 Even great scientists have reported that their creative breakthroughs came at a time of mental quietude. 심지어 위대한 과학자들조차도 그들의 창의적인 큰 발전은 마음의 정적의 시간에 생겨났다고 보고했다.

0588 Most adults think they know their exact foot size, so they don't measure their feet when buying new shoes. 대부분의 성인들은 자신의 정확한 발 크기를 알고 있다고 생각해서, 새 신발을 살 때 자신의 발 크기를 재지 않는다.

0589 These educators argue that children have become used to the sounds of the TV, video games, and loud music. 이 교육 전문가들은 아이들이 TV, 비디오 게임, 그리고 시끄러운 음악 소리에 익숙해졌다고 주장한다.

0590 A study found that in the course of a workday, stress levels decreased for workers who brought in their dogs. 한 연구 결과에 따르면 근무일 동안 자신들의 개를 데려온 직장인들에게 있어서 스트레스 수치가 감소했다.

0591 Recent research suggests that evolving humans' relationship with dogs changed the structure of both species' brains. 최근의 연구는 인간과 개의 진화하는 관계가 두 종 모두의 뇌 구조를 바꿨다는 것을 시사한다.

0592 These findings illustrate that mere contact experiences of physical warmth activate feelings of interpersonal warmth. 이러한 연구 결과들은 단지 신체적인 따뜻함의 접촉 경험이 대인간의 따뜻한 감정을 활성화한다는 것을 보여준다.

REVIEW mission

본문 165쪽

1 stop   **2** harmful   **3** reported   **4** exact   **5** argue   **6** the conclusion is positive and benefits the drug company   **7** tempers are one of the first things   **8** one restaurant is empty   **9** they have to support their opinions

38 명사절 – if/whether

BASIC mission

본문 167쪽

0593 Next, he asked if he could have Toby's shirt. 그다음에 그는 자신이 Toby의 셔츠를 가질 수 있는지 물었다.

0594 I was surprised and asked if she had ever done that. 나는 놀라면서 그녀가 그렇게 한 적이 있었는지 물었다.

0595 He didn't even have time to figure out if he was alive or dead. 그는 심지어 그가 살았는지 죽었는지 알아낼 시간조차 없었다.

0596 Today, I'm not sure if I know more than four phone numbers by heart. 오늘날 나는 내가 네 개가 넘는 전화번호들을 외우고 있는지 확신할 수 없다.

0597 Please reconsider whether the proposed trail is absolutely necessary. 제안된 오솔길이 절대적으로 필요한지 재고해 주시기 바랍니다.

0598 But Amy wondered if Mina chose her because she had felt sorry for the new kid. 그러나 Amy는 미나가 전학생을 안쓰럽게 여겨서 그녀를 선택한 것이 아닌지 궁금했다.

0599 For example, you may not care about whether you start your new job in June or July. 예를 들어, 여

러분은 새로운 직장 생활을 6월에 시작하든지 7월에 시작하든지 신경 쓰지 않을 수도 있다.

0600 The man even asked if he could do anything to make my son more relaxed during the test. 그 남자는 내 아들이 시험을 치르는 동안 더 편하게 해 주기 위해 자기가 해 줄 것이 있는지 묻기까지 했다.

ADVANCED mission

0601 Some people may feel uncomfortable and might silently wonder whether to get involved. 몇몇 사람들은 불편하게 느꼈을 것이고, 관여해야 할 것인지에 대해 조용히 궁금해 했을지도 모른다.

0602 Whether a woman was a slave or came from a wealthier class made a great deal of difference. 여성이 노예인지 더 부유한 계층 출신인지가 대단히 중요했다.

0603 Whether the money spent on safety is seen as a wise decision or not will depend on the context of comparison. 안전에 지출된 돈이 분별 있는 결정으로 보일지 여부는 비교의 상황에 달려있을 것이다.

0604 Audience feedback often indicates whether listeners understand, have interest in, and are ready to accept the speaker's ideas. 청중의 피드백은 흔히 청중들이 연사의 생각을 이해하는지, 관심을 갖고 있는지, 받아들일 준비가 되었는지를 보여 준다.

0605 There isn't a magic number for the amount of time you should stay in one role before evaluating whether it's right or not. 그것이 옳은지 아닌지를 평가하기 전에 여러분이 하나의 역할에 머물러야 하는 시간의 양에 관한 마법의 숫자는 없다.

0606 There is a critical factor that determines whether your choice will influence that of others: the visible consequences of the choice. 여러분의 선택이 다른 사람들의 선택에 영향을 미칠지를 결정하는 중요한 한 요인이 있는데, 바로 그 선택의 가시적 결과들이다.

0607 One might wonder whether there is any reason to be concerned about overconfidence in students. 어떤 사람은 학생들의 지나친 자신감에 대해 걱정할 이유라도 있는지 궁금해할지 모른다.

0608 We are asking if the route for bus 15 could be changed slightly to come up the hill to the complex. 우리는 15번 버스 노선이 언덕을 따라 단지까지 올라오도록 약간 변경될 수 있을지 문의합니다.

REVIEW mission

1 if   **2** whether   **3** if   **4** whether   **5** if   **6** if he could have Toby's shirt   **7** if she had ever done that   **8** if he was alive or dead   **9** if I know more than four phone numbers   **10** whether the proposed trail is absolutely necessary

39 명사절 – 의문사절

BASIC mission

0609 They recognize the need for giving serious thought to how they will deal with obstacles. 그들은 자신들이 어떻게 장애물을 다룰지에 대해 심각하게 고려할 필요가 있다는 것을 인식한다.

0610 We now ask both batters how much time has passed. 우리는 이제 두 명의 타자 모두에게 얼마나 많은 시간이 지났는지를 묻는다.

0611 But probably few of them had thoughts about how this custom might relate to other fields. 하지만 아마 그들 중 이 관습이 다른 분야와 어떻게 연관될 수 있는지에 대해 생각한 사람들은 거의 없었을 것이다.

0612 He didn't understand where the fiftieth coin had gone. 그는 그 50번째 동전이 어디 갔는지 이해할 수 없었다.

0613 But do you really know what you are eating when you buy processed foods, canned foods, and packaged goods? 하지만 여러분은 가공식품, 통조림 식품, 포장 판매 상품을 살 때 자신이 무엇을 먹고 있는 것인지 정말 아는가?

0614 But a majority of people could not tell where the static was! 하지만 대다수의 사람들은 잡음이 어디에서 들렸는지를 알 수 없었다!

0615 Of course, how we invest time is not our decision alone to make. 물론 시간을 어떻게 투자하는지는 우리가 단독으로 내릴 결정이 아니다.

0616 Ideas about how much disclosure is appropriate vary among cultures. 얼마나 많은 비밀을 털어놓는 것이 적절한지에 관한 생각은 문화마다 다르다.

ADVANCED mission
본문 172쪽

0617 How well an employee can focus might now be more important than how knowledgeable he is. 이제는 직원이 얼마나 잘 집중할 수 있는지가 그 사람이 얼마나 많이 아는지보다 더 중요할 수 있다.

0618 In other words, the destiny of a community depends on how well it nourishes its members. 다시 말하자면, 한 공동체의 운명은 그 공동체가 얼마나 잘 그 구성원들에게 영양분을 공급하는지에 달려 있다.

0619 Researchers measured how fast and how many times dogs would give their paw if they were not rewarded. 연구자들은 개들이 보상을 받지 않을 경우에 발을 얼마나 빠르게 그리고 얼마나 많이 내밀 지를 측정했다.

0620 But regardless of how badly their day went, successful people typically avoid that trap of negative self-talk. 그러나 그날 하루가 얼마나 힘들었는지 관계없이, 성공적인 사람들은 대개 부정적인 자기 대화라는 그 덫을 피한다.

0621 Beginners to any art don't know what is important and what is irrelevant, so they try to absorb every detail. 어떤 기예든지 그것에 대한 초보자들은 무엇이 중요하고 무엇이 관련이 없는지 알지 못해서 모든 세세한 부분을 받아들이려 애쓴다.

0622 These rings can tell us how old the tree is, and what the weather was like during each year of the tree's life. 이 나이테는 그 나무의 나이가 몇 살인지, 그 나무가 매해 살아오는 동안 날씨가 어떠했는지를 우리에게 말해 줄 수 있다.

0623 Denial of who animals are conveniently allows for maintaining false stereotypes about the cognitive and emotional capacities of animals. 동물들이 누구인가(어떤 존재인가)에 대한 부정은 동물들의 인지적, 감정적 능력에 대한 잘못된 고정 관념을 유지하는 것을 편리하게 허용한다.

0624 They also had to estimate how many other students would do the task. 그들은 또한 얼마나 많은 다른 학생들이 그 일을 할 것인가를 추정해야 했다.

REVIEW mission
본문 173쪽

1 tell   **2** invest   **3** disclosure   **4** estimate   **5** focus   **6** how they will deal with obstacles
7 how much time has passed   **8** how this custom might relate to other fields   **9** where the fiftieth coin had gone   **10** how well it nourishes its members

CODE 40 부사절 접속사

BASIC mission
본문 175쪽

0625 When the rich man saw the food, he became angry and punished the slave. 부자가 그 음식을 보았을 때

그는 화가 나서 그 노예에게 벌을 주었다.

0626 The emotion begins to disappear as soon as you move away from the situation. 여러분이 그 상황에서 벗어나자마자 그 감정은 사라지기 시작한다.

0627 Once chimpanzees enter reciprocity mode, their social rank no longer matters. 일단 침팬지들이 호혜주의 상태에 접어들게 되면, 그들의 사회적 서열은 더 이상 중요한 것이 아니다.

0628 As long as you remain in that emotional situation, you're likely to stay angry. 그 감정의 상황 속에 남아 있는 한 여러분은 화가 난 상태에 머물기 쉽다.

0629 Once I realized something strange was happening, my heart started beating fast. 일단 이상한 어떤 일이 일어나고 있다는 것을 깨닫자, 내 심장은 빠르게 뛰기 시작했다.

0630 Trade will not occur unless both parties want what the other party has to offer. 양 당사자가 상대방이 제공하게 되는 것을 원하지 않으면 거래는 발생하지 않을 것이다.

0631 When we compare human and animal desire we find many extraordinary differences. 인간과 동물의 욕망을 비교할 때 우리는 많은 놀라운 차이점을 발견한다.

0632 This effect is more noticeable when there is not much light in the environment. 이 효과는 주위에 빛이 많지 않을 때 더 두드러진다.

ADVANCED mission

본문 176쪽

0633 As adults, we can lose flexibility rather rapidly unless we make a conscious effort to maintain it. 어른이 되어, 만약 우리가 유연성을 유지하기 위한 의식적인 노력을 하지 않으면, 우리는 상당히 빠르게 유연성을 잃을 수 있다.

0634 However, when someone exhibits some difficult behavior, you might want to reserve judgement for later. 하지만, 누군가가 어떤 난해한 행동을 보일 때, 여러분은 판단을 나중으로 유보하기를 원할 수도 있다.

0635 As soon as the desk arrives, we will telephone you immediately and arrange a convenient delivery time. 우리는 그 책상이 도착하자마자 당신에게 바로 전화해서 편리한 배송 시간을 정할 것입니다.

0636 Stand a mirror upright on the table, so that a piece of paper on the table can be clearly seen in the mirror. 탁자 위에 놓인 한 장의 종이가 거울 속에 명확하게 보일 수 있도록 거울을 탁자 위에 수직으로 세워라.

0637 The reality is that although you are free to choose, you can't choose the consequences of your choices. 현실은, 여러분이 선택할 자유가 있지만, 여러분이 한 선택의 결과를 선택할 수는 없다는 것이다.

0638 When your friend receives such a message he will be able to read it by holding the paper up to a mirror. 여러분의 친구가 그런 메시지를 받으면, 그는 그 종이를 거울에 비춰 봄으로써 그것을 읽을 수 있을 것이다.

0639 Every time we learn, or remember, or make sense of something, we solve a problem. 우리가 무언가를 배우거나, 기억하거나, 이해할 때마다, 우리는 문제를 해결한다.

0640 If the sun sets in the west, it always rises again the next morning in the east. 해가 서쪽으로 지면 그것은 언제나 다음 날 아침 다시 동쪽에서 떠오른다.

REVIEW mission

본문 177쪽

1 unless **2** When **3** when **4** Every time **5** If **6** When the rich man saw the food
7 as soon as you move away from the situation **8** Once chimpanzees enter reciprocity mode
9 As long as you remain in that emotional situation **10** Once I realized something strange was happening

CHAPTER 05 문법 마무리

41 상관접속사

BASIC mission
본문 181쪽

0641 Animals as well as humans engage in play activities. 인간뿐만 아니라 동물도 놀이 활동을 한다.

0642 Antibiotics either kill bacteria or stop them from growing. 항생 물질은 박테리아를 죽이거나 또는 그것이 증식하는 것을 막는다.

0643 People in today's fast-paced society engage in this either for necessity or for entertainment. 오늘날의 빠르게 진행되는 사회의 사람들은 필요에 의해서든 즐거움에 의해서든 이것을 한다.

0644 These bosses influence the behavior of their team not by telling them what to do differently, but by caring. 이런 상사들은 팀원들에게 무엇을 다르게 해야 할지를 말함으로써가 아니라, 배려함으로써 자신들의 팀원 행동에 영향을 미친다.

0645 Either most people speak it anyhow, or there is at least somebody around who can communicate in this language. 대부분의 사람들이 어떤 식으로든지 그 언어를 사용하거나, 또는 적어도 주변에 이 언어로 의사소통할 수 있는 사람이 있다.

0646 He felt sorry because he neither recognized him nor remembered his name. 그는 그를 알아보지도, 이름을 기억해 내지도 못했기 때문에 미안함을 느꼈다.

0647 Something similar happens with light waves as well as other electromagnetic radiation such as X-rays and microwaves. X-ray와 극초단파와 같은 다른 전자기 방사선뿐만 아니라 광파에서도 유사한 것이 발생한다.

0648 This simple realization is relevant not only to friends in real life, but also to followers on social media websites. 이런 단순한 깨달음은 실제 생활에서의 친구들뿐만 아니라, 소셜 미디어 웹사이트의 팔로어와도 관련이 있다.

ADVANCED mission
본문 182쪽

0649 Material prosperity can help individuals, as well as society, attain higher levels of happiness. 물질적 번영은 사회뿐만 아니라 개인이 더 높은 수준의 행복을 얻을 수 있도록 도와줄 수 있다.

0650 Food is neither good nor bad in the absolute, though we have been taught to recognize it as such. 음식은 비록 우리가 그렇게 그것을 인식하도록 교육을 받아왔지만 절대적으로 좋거나 나쁘지 않다.

0651 There is significant variability in assertiveness and cooperation among women, as well as among men. 남성들 사이에서 뿐만 아니라 여성들 사이에서도 단호함과 협조에는 상당한 정도의 차이가 있다.

0652 Neither prosecutor nor defender is obliged to consider anything that weakens their respective cases. 검사도 피고측 변호사도 자신들 각자의 입장을 약화시키는 것을 고려해야 할 의무는 없다.

0653 Repeated measurements with the same apparatus neither reveal nor do they eliminate a systematic error. 동일한 도구를 가지고 반복적으로 측정해도 계통 오차가 드러나거나 혹은 제거되지도 않는다.

0654 Both humans and rats have evolved taste preferences for *sweet* foods, which provide rich sources of calories. 사람과 쥐 모두 '단' 음식에 대한 맛의 선호를 진화시켜 왔는데, 이것(단 음식)은 풍부한 열량의 원천을 제공한다.

0655 As it turns out, conflict is not only unavoidable but actually crucial for the long-term success of the relationship. 밝혀진 바와 같이, 갈등은 피할 수 없을 뿐만 아니라, 또한 실제로 관계의 장기적인 성공에 중요하다.

0656 The houses protect families not only against a mass of mosquitoes below but also against annoying neighbors and evil spirits. 그 집들은 가족들을 그 아래의 수많은 모기들로부터 뿐만 아니라, 성가신 이웃들과 악령으로부터도 보호해 준다.

REVIEW mission ─────────────────────────────────────본문 183쪽

1 recognized **2** happens **3** relevant **4** unavoidable **5** annoying **6** Animals as well as humans **7** either kill bacteria or stop **8** either for necessity or for entertainment **9** not by telling them what to do differently

42 비교구문

BASIC mission ─────────────────────────────────────본문 185쪽

0657 Males are slightly taller than females. 수컷은 암컷보다 키가 약간 더 크다.

0658 And they need me a lot more than baseball does. 그리고 그들은 야구가 나를 필요로 하는 것보다 나를 훨씬 더 필요로 한다.

0659 The uniforms were a lot fancier than in middle school. 교복은 중학교 때보다 훨씬 더 멋졌다.

0660 No other country exported more rice than India in 2012. 2012년에는 어떤 다른 나라도 인도보다 더 많은 쌀을 수출하지 않았다.

0661 He ran as fast as he could and launched himself into the air. 그는 가능한 한 빨리 달렸고 공중으로 몸을 날렸다.

0662 The bigger the team, the more possibilities exist for diversity. 팀이 크면 클수록 다양해질 가능성이 더욱 더 많이 존재한다.

0663 Nothing is more important to us than the satisfaction of our customers. 저희에게 고객의 만족보다 더 중요한 것은 없습니다.

0664 The influence of peers, she argues, is much stronger than that of parents. 또래들의 영향은 부모의 영향보다 훨씬 더 강하다고 그녀는 주장한다.

ADVANCED mission ─────────────────────────────────────본문 186쪽

0665 On stage, focus is much more difficult because the audience is free to look wherever they like. 관객이 자신이 원하는 어느 곳이든 자유롭게 볼 수 있기 때문에 무대 위에서는 집중이 훨씬 더 어려운 일이다.

0666 These early instruments were not much more than toys because their lenses were not very strong. 그 렌즈들은 도수가 그다지 강한 것이 아니었기 때문에 이런 초기 도구들은 장난감에 지나지 않았다.

0667 The percentage gap between Monday and Tuesday was less than the one between Saturday and Sunday. 월요일과 화요일 사이의 비율 격차는 토요일과 일요일 사이의 비율 격차보다 더 적었다.

0668 What's more, they are far less likely to seek or accept critical feedback from their employees. 게다가 그들이 직원으로부터 비판적인 피드백을 구하거나 받아들일 가능성은 훨씬 더 적다.

0669 Accessibility to mass transportation is not as popular as free breakfast for business travelers. 출장 여행자들에게 대중교통 이용 가능성은 무료 조식만큼 인기 있지 않다.

0670 The day when the percentage of the population was the least, however, was Monday with 5.6 percent. 그러나 인구 비율이 가장 낮은 날은 5.6 퍼센트를 보인 월요일이었다.

0671 The number of cruise ship visitors in May of 2013 was lower than the same month the previous year. 2013년 5월에 유람선 방문객 수는 전년도 같은 달보다 더 낮았다.

0672 The more people you know of different backgrounds, the more colorful your life becomes. 여러분이 다른 배경의 사람들을 더 많이 알수록, 여러분의 삶은 더 다채로워진다.

REVIEW mission ─────────────────────── 본문 187쪽

1 look **2** instruments **3** less **4** less **5** popular **6** taller than females **7** a lot more than baseball does **8** a lot fancier than in middle school **9** more rice than India **10** as fast as he could

CODE 43 도치

BASIC mission ─────────────────────── 본문 189쪽

0673 Rarely are phone calls urgent. 긴급한 전화는 거의 없다.

0674 Next door to the shoemaker lived a rich man. 구두 만드는 사람 옆집에는 부자가 살았다.

0675 Beyond the learning zone lies the courage zone. 학습 영역 너머에 용기 영역이 놓여 있다.

0676 Nor, for that matter, could she wait to try it on. 그 문제라면 그녀는 그것을 입어보는 것 또한 기다릴 수도 없었다.

0677 Only then did she turn and retrace her steps to the shore. 그제야 그녀는 뒤돌아서 자신의 발돌국을 따라가 해변으로 갔다.

0678 Nor is some government agency directing them to satisfy your desires. 또한 어떤 정부 기관이 그들에게 당신의 욕구를 충족시키도록 지시하고 있는 것도 아니다.

0679 Never before had these subjects been considered appropriate for artists. 이전에는 이 주제들이 결코 화가들에게 적절하다고 여겨지지 않았다.

0680 No longer were there any controlled communications or even business systems. 통제된 의사소통이나 사업 체계조차 더는 존재하지 않았다.

ADVANCED mission ─────────────────────── 본문 190쪽

0681 Only in terms of the physics of image formation do the eye and camera have anything in common. 단지 상 형성에 대한 물리학의 관점에서만 눈과 카메라는 공통점이 있다.

0682 Right in front of his eyes were rows of delicious-looking chocolate bars waiting to be touched. 바로 그의 눈앞에 맛있게 보이는 여러 줄의 초콜릿 바가 손을 대 주기를 기다리고 있었다.

0683 However, with tolerance comes intolerance, which means that tolerance must imply some sort of ultimate good. 그러나 관용에는 불관용이 따르며, 이것은 관용이 어떤 종류의 궁극적인 선을 내포하고 있음에 틀림없다는 것을 의미한다.

0684 Totally opposed to this view is the position that the link between music and emotion is one of resemblance. 이 관점과 완전히 반대되는 입장은 음악과 감정 사이의 연결 고리는 유사함이라는 연결 고리라는 것이다.

0685 Not only did she sell, she also recruited and trained lots of women as sales agents for a share of the profits. 그녀는 판매를 했을 뿐만 아니라, 수익금의 할당을 위해 많은 여성을 판매 대리인으로 모집하여 교육하기도 했다.

0686 Not only can some types of plants reduce air pollutants, but they can also convert carbon dioxide back into oxygen. 어떤 종류의 식물은 공기 오염 물질을 줄일 수 있을 뿐만 아니라, 이산화탄소를 다시 산소로 전환할 수도 있다.

0687 On the table in the rooms were two bowls, one was of fresh chocolate chip cookies and the other contained radishes. 방 안 테이블 위에는 그릇이 두 개 있었는데, 하나는 갓 구운 초콜릿칩 쿠키 그릇이었고, 다른 그릇에는 무가 담겨 있었다.

0688 Not until I got home and reached for the house key did I realize that I had left my purse on the bench at the bus stop. 집에 도착해서 집 열쇠를 잡으려고 손을 뻗쳤을 때에야 비로소 나는 내 지갑을 버스 정류장의 벤치에 두고 왔다는 것을 깨달았다.

REVIEW mission

1 is **2** sell **3** reduce **4** were **5** realize **6** Rarely are phone calls **7** lived a rich man
8 lies the courage zone **9** could she wait to try it on **10** did she turn and retrace

44 동사 패턴 1

BASIC mission
본문 193쪽

0689 For reasons unknown, most people feel compelled to answer a ringing phone. 무슨 영문인지, 대부분의 사람들은 울리는 전화를 받아야 한다고 느낀다.

0690 Instead, we behave like this because the culture we belong to compels us to. 대신에, 우리는 우리가 속해 있는 문화가 우리에게 그렇게 하도록 강요하기 때문에 이와 같이 행동한다.

0691 She was also actively engaged in politics and worked for women's voting rights. 또한 그녀는 정치에 적극적으로 참여했고 여성의 투표권을 위해 일했다.

0692 Today's music business has allowed musicians to take matters into their own hands. 오늘날의 음악 사업은 뮤지션들이 일을 직접 할 수 있게 해 주었다.

0693 Those who were willing to wear the sign assumed that the majority would also agree to it. 기꺼이 그 광고판을 걸치고 다니겠다는 사람들은 대다수의 사람들도 또한 그것에 동의할 거라고 가정했다.

0694 How can an injured fish benefit from helping others of its species to escape from a predator? 어떻게 부상당한 물고기가 같은 종의 다른 물고기들이 포식자로부터 도망가도록 돕는 것에서 이익을 얻을 수 있는가?

0695 In everyday life we often blame people for "creating" their own problems. 매일의 삶에서 우리는 사람들이 그들 자신의 문제를 "만들어 낸 것"에 대해 비난한다.

0696 He then went on to list his experiences of road rage and advised me to drive very cautiously. 그러고 나서 이어서 그는 운전자의 난폭 행동에 대한 그의 경험을 열거했고, 나에게 매우 조심스럽게 운전하라고 조언했다.

ADVANCED mission
본문 194쪽

0697 You must never assume that what people say or do in a particular moment is a statement of their permanent desires. 여러분은 사람들이 특정한 순간에 말하거나 행동하는 것이 그들의 영구적인 바람에 대한 진술이라고 가정해서는 안 된다.

0698 That would not, however, increase their *effective* freedom, because, although allowed to do so,

they are physically incapable of it. 그러나 그렇게 하는 것이 허용되더라도, 그들은 물리적으로 그렇게 할 수 없기 때문에, 그것이 그들의 '실질적' 자유를 증가시키지는 않을 것이다.

0699 We attribute causes to events, and as long as these cause-and-effect pairings make sense, we use them for understanding future events. 우리는 사건에 원인을 귀착시키고 이러한 원인과 결과 쌍이 이치에 맞는 한, 그것을 미래의 사건을 이해하는 데 사용한다.

0700 We set resolutions based on what we're supposed to do, or what others think we're supposed to do, rather than what really matters to us. 우리는 우리에게 실제로 중요한 것보다 우리가 해야만 하는 것, 또는 다른 사람들이 생각하기에 우리가 해야만 하는 것에 기초하여 결심을 하게 된다.

0701 We associate the educated life, the life of the mind, too narrowly with subjects and texts that we consider inherently weighty and academic. 우리는 교육 받은 삶, 지성인의 삶을 우리가 본질적으로 중요하며 학문적이라고 여기는 과목과 교과서에 지나치게 편협하게 연관시킨다.

0702 Most young people like to combine a bit of homework with quite a lot of instant messaging, chatting on the phone, updating profiles on social networking sites, and checking emails. 대부분의 젊은이들이 숙제를 약간 하는 것과 즉각적으로 메시지 주고받기, 전화로 잡담하기, SNS에 신상 정보 업데이트하기, 그리고 이메일 확인하기를 잔뜩 하는 것을 결합하고 싶어 한다.

0703 Late in the night, Garnet had a feeling that something she had been waiting for was about to happen. 그날 밤늦게, Garnet은 그녀가 기다려 온 무언가가 곧 일어날 것 같은 기분이 들었다.

0704 Take out a piece of paper and record everything you'd love to do someday — aim to hit one hundred dreams. 종이 한 장을 꺼내 언젠가 하고 싶은 모든 것을 기록하되, 꿈이 100개에 이르는 것을 목표로 해라.

REVIEW mission

본문 195쪽

1 benefit   **2** blame   **3** advised   **4** happen   **5** record   **6** feel compelled to answer a ringing phone   **7** we belong to compels us to   **8** engaged in politics and worked   **9** to take matters into their own hands

45 동사 패턴 2

BASIC mission

본문 197쪽

0705 Unfortunately, a car accident injury forced her to end her career after only eighteen months. 불행하게도, 자동차 사고로 인한 부상은 그녀가 겨우 18개월 후에 직장 생활을 그만두게 만들었다.

0706 To deal with this inconsistency, cultural relativism creates "tolerance." 이 불일치를 처리하기 위해 문화 상대주의는 '톨레랑스(용인)'을 만들어 낸다.

0707 There would be nothing to figure out and there would be no reason for science. 이해해야 할 것도 없을 것이고 과학을 해야 할 이유도 없을 것이다.

0708 The way to modify people's behavior depends on their perception. 사람들의 행동을 수정하는 방식은 그들의 인식에 달려 있다.

0709 As a result, they are usually motivated to use a lot of strategies to reduce risk. 그 결과, 그들은 대개 위험을 줄이기 위해 많은 전략을 사용하도록 동기 부여를 받는다.

0710 Above all, get rid of distractions: the TV, the Internet, and e-mail. 무엇보다도 우선, 텔레비전, 인터넷, 그리고 이메일과 같은 방해 요소들을 제거하라.

0711 Maybe you'll run into people there that you've never met before. 아마도 여러분은 거기서 전에 만난 적이 없는 사람들을 만날 것이다.

0712 They make such purchases because the salesperson takes advantage of a human tendency to be consistent in their words and actions. 그 판매원이 자기 말과 행동이 일관되고자 하는 인간의 경향을 이용하기 때문에 그들은 그러한 구매를 한다.

ADVANCED mission ──────────────────────────────── 본문 198쪽

0713 Every aspect of human language has evolved, as have components of the human brain and body, to engage in conversation and social life. 인간의 뇌와 신체의 구성 요소들이 그래 왔듯이, 인간 언어의 모든 측면은 대화와 사회 생활에 참여하도록 진화해 왔다.

0714 The quolls were saved via minimal human interference because ecologists were able to take advantage of quolls' natural imitative instincts. 주머니고양이는 최소한의 인간 개입에 의해 구해졌는데, 왜냐하면 생태학자들이 주머니고양이의 타고난 모방 본능을 이용할 수 있었기 때문이었다.

0715 Many teachers and learning experts are convinced by their own experiences that students who study in a noisy environment often learn inefficiently. 많은 교사와 학습 전문가는 시끄러운 환경에서 공부하는 학생들이 흔히 비효율적으로 학습한다는 것을 그들 자신의 경험에 의해 확신한다.

0716 Without the formation and maintenance of social bonds, early human beings probably would not have been able to cope with or adapt to their physical environments. 사회적 유대의 형성과 유지가 없었다면, 초기 인간들은 아마도 그들의 물리적 환경에 대처하거나 적응하지 못했을 것이다.

0717 The day after Daylight Saving Time begins, thousands of drivers suffer from a regional case of jet lag, and accident rates rise by 7% on that day. 일광 절약 시간제가 시작되는 다음날, 수천 명의 운전자들이 지역적인 시차로 인한 피로 증상으로 고생하며, 당일 사고율이 7% 증가한다.

0718 The study indicates that the material presented by the storytellers has much more interest and personal impact than that gained via the traditional method. 이 연구는 스토리텔러들에 의해서 제시된 자료가 전통적인 방법을 통해서 얻은 자료보다 훨씬 더 많은 흥미와 개인적인 영향을 지닌다는 것을 보여 준다.

0719 You are responsible for the success or failure of the conference, but you may not be morally responsible for its failure. 여러분은 회의의 성공 또는 실패에 대한 책임이 있지만, 그것의 실패에 대해 도덕적으로는 책임이 없을 수도 있다.

0720 Since you can't use gestures, make faces, or present an object to readers in writing, you must rely on words to do both the telling and the showing. 글을 쓸 때에는 몸짓을 사용하거나, 표정을 짓거나, 독자들에게 물건을 제시할 수 없으므로 말하고 보여 주는 일을 하는 것을 모두 어휘에 의존해야 한다.

REVIEW mission ──────────────────────────────── 본문 199쪽

1 engage in   **2** get rid of   **3** run into   **4** cope with   **5** take advantage of   **6** forced her to end her career   **7** To deal with this inconsistency   **8** nothing to figure out   **9** depends on their perception

46 강조

BASIC mission ──────────────── 본문 201쪽

0721 And it's not just our efficiency that is reduced. 그리고 줄어드는 것은 비단 우리의 효율성만이 아니다.

0722 It's what's *invisible* that creates what's *visible*. '보이는' 것을 만드는 것은 바로 '보이지 않는' 것이다.

0723 It was his newfound self-confidence that enabled him to achieve anything he went after. 그가 추구하는 것이 무엇이든 그것을 성취할 수 있게 해 준 것은 바로 새로 발견한 그의 자신감이었다.

0724 It's not companies that primarily degrade the world. 주로 이 세상을 타락시키는 것은 기업이 아니다.

0725 But it is not the cosmetics that make these women model-like. 그러나 이 여성들을 모델처럼 만들어주는 것은 화장품이 아니다.

0726 It is the second train that is moving in the opposite direction. 반대 방향으로 움직이고 있는 것은 바로 그 두 번째 기차이다.

0727 It is in this sense that we should draw attention to fig trees. 바로 이런 관점에서 우리는 무화과나무에 주의를 기울여야 한다.

0728 It is not only beliefs, attitudes, and values that are subjective. 주관적인 것은 신념, 태도, 가치관만이 아니다.

ADVANCED mission ──────────────── 본문 202쪽

0729 The few times that they do occur, it is the possessor who tries to make someone leave the circle. 간혹 그러한 일이 정말로 일어날 때, 누군가를 무리에서 떠나게 하려는 것은 바로 그 소유자다.

0730 It is through selective inclusion *and exclusion* that they produce loyalty and lasting social bonds. 그들이 충성과 지속적인 사회적 유대를 형성하는 것은 바로 선택적인 포함과 '배제'를 통해서이다.

0731 It's an affliction of abundance that drives you to keep all of your options open and to avoid risks. 여러분이 모든 선택지를 열어 두고 위험을 피하도록 만드는 것은 바로 풍요병이다.

0732 It was only when Newton placed a second prism in the path of the spectrum that he found something new. Newton은 스펙트럼의 경로에 두 번째 프리즘을 놓고 나서야 새로운 것을 발견하였다.

0733 It is the intuitive force that sparks our imaginations and opens pathways to life-changing opportunities. 상상력을 자극하고 삶을 변화시킬 기회로 가는 길을 열어주는 것은 바로 직관의 힘이다.

0734 It is these differences from place to place that generate the demand for transportation. 수송에 대한 필요성을 발생시키는 것은 바로 지역에 따른 이런 차이이다.

0735 It's what's *under the ground* that creates what's above the ground. 땅 위에 있는 것을 만드는 것은 바로 '땅 아래에' 있는 것이다.

0736 But they did uncover one thing that was very much in their control. 하지만 그들은 자신들이 매우 잘 통제할 수 있는 한 가지는 진정 발견했다.

REVIEW mission ──────────────── 본문 203쪽

1 opposite   **2** draw   **3** subjective   **4** creates   **5** uncover   **6** our efficiency that is reduced
7 It was his newfound self-confidence that   **8** It is through selective inclusion *and exclusion* that
9 that primarily degrade the world   **10** that make these women model-like

 **가정법**

BASIC mission

0737 That day was unusually foggy as if something mysterious were ahead. 그날은 마치 불가사의한 뭔가가 앞에 있는 것처럼 평소와 달리 안개가 자욱했다.

0738 If I hadn't come along, he would have eventually died of starvation. 내가 나타나지 않았다면 그는 결국 굶주려 죽었을 것이다.

0739 If the check had been enclosed, would they have responded so quickly? 그 수표가 동봉되었다면, 그들은 그렇게 빨리 답장을 보냈을까?

0740 Everything would be fine if it were not fishing, he thought to himself. '고기잡이만 아니라면 무엇이든 좋겠어.' 하고 그는 혼자 생각했다.

0741 If I asked you to tell me where the eggs were, would you be able to do so? 내가 여러분에게 달걀이 어디 있는지 말해 달라고 한다면, 여러분은 그렇게 할 수 있겠는가?

0742 Moreover, the experience would be ruined if people were to behave in such a way. 게다가 사람들이 그런 식으로 행동한다면 그 경험은 망쳐질 것이다.

0743 If that were the case, there would be no cultural differences in the world today. 만약 그것이 사실이라면 오늘날 세계에는 문화적 차이가 없을 것이다.

0744 If we didn't doubt our ability to perform the task at hand, we wouldn't need to try. 당면한 일을 수행할 수 있는 자신의 능력을 의심하지 않는다면, 우리는 애쓸 필요가 없을 것이다.

ADVANCED mission

0745 If Dante and Shakespeare had died before they wrote those works, nobody ever would have written them. 단테와 셰익스피어가 그 작품들을 쓰기 전에 사망했더라면 결코 아무도 그것들을 쓰지 않았을 것이다.

0746 Students who remembered their own unethical behavior were more likely to act as if they felt unclean. 자신의 비윤리적인 행동을 기억했던 학생들은 마치 자신들이 깨끗하지 않다고 느낀 듯 행동할 가능성이 더 있었다.

0747 If the people knew they were being tested, every one would instantly come to the aid of the stranger. 만약 그 사람들이 자신이 실험 대상이라는 것을 안다면 모두 즉시 그 낯선 사람을 도우러 올 것이다.

0748 Had the woman lawyer insisted on participating, she would have spoiled the deal and destroyed her credibility. 그 여성 변호사가 (협상에) 참석하겠다고 우겼다면 그녀는 그 거래를 망치고 자신의 신뢰도를 해쳤을 것이다.

0749 We are asked to watch the actions as if they were taking place at a distance, and we are not asked to participate. 우리는 그것들이 멀리서 일어나고 있는 것처럼 그것들을 바라보도록 요청받고, 참여하도록 요청받지 않는다.

0750 When I was young, my parents worshipped medical doctors as if they were exceptional beings possessing godlike qualities. 내가 어릴 때 부모님은 의사들이 마치 신과 같은 재능을 지닌 뛰어난 존재인 것처럼 그들을 우러러보았다.

0751 But the real map of any given industry looks nothing like that; it looks more as if someone had thrown all the darts in the same place. 하지만 어떤 특정 산업의 실제 지도는 전혀 그렇게 보이지 않는다. 그것은 마치 어떤 사람이 모든 다트를 같은 지점에 던진 것처럼 보인다.

0752 Too many companies advertise their new products as if their competitors did not exist. 너무도 많은 회사들이 마치 경쟁자들이 존재하지 않는 것처럼 신제품들을 광고한다.

REVIEW mission

본문 207쪽

1 ruined **2** cultural **3** doubt **4** written **5** unethical **6** as if something mysterious were ahead **7** If I hadn't come along **8** If the check had been enclosed **9** Everything would be fine **10** If I asked you to tell me

CHAPTER 06 실전 연습

CODE 48 실전연습1 – 명사절

BASIC mission

본문 211쪽

0753 The question of how its design *affects* human beings is rarely asked. 어떻게 그것의 디자인이 인간에게 '영향을 미치는지'에 대한 질문은 거의 하지 않는다.

0754 She wondered how the candies and cookies had become toys overnight. 그녀는 사탕과 쿠키가 하룻밤 사이에 어떻게 장난감으로 바뀌게 되었는지 궁금했다.

0755 It is not a new idea that cooking is an activity that defines humans. 요리가 인간을 규정하는 활동이라는 것은 새로운 생각이 아니다.

0756 So, as soon as harmony is disrupted, we do whatever we can to restore it. 그래서 조화가 방해받자마자 우리는 그것을 복구하기 위해 할 수 있는 무엇이든지 한다.

0757 Some philosophers argue that the ship must be the sum of all its parts. 일부 철학자들은 그 배가 모든 부분의 총합이어야 한다고 주장한다.

0758 A new study suggests that utensils influence our experience of the food. 새로운 한 연구는 식기가 우리의 음식에 대한 경험에 영향을 미친다는 것을 보여준다.

0759 There has been a general belief that sport is a way of reducing violence. 스포츠가 폭력을 감소시키는 방법이라는 일반적인 믿음이 있어왔다.

0760 As a result, the predator never receives the normal message that it is full. 그 결과 포식자는 배가 부르다는 일반적인 메시지를 결코 받지 못한다.

ADVANCED mission

본문 212쪽

0761 That led scientists to question whether the spotted horses were real or fantasy. 그것이 과학자들로 하여금 그 점박이 말들이 실제 있는 것인지 아니면 가상의 존재인지 의문을 갖도록 만들었다.

0762 There is always a possibility that in the future archaeologists will find even older pots somewhere else. 미래에 고고학자들이 어떤 다른 곳에서 훨씬 더 오래된 도자기를 발견할 가능성은 언제나 존재한다.

0763 In a serious tone, she answered that she'd been extremely nervous when I appointed her at the beginning of class. 그녀는 진지한 어조로, 수업이 시작될 때 내가 그녀를 지명했을 때 매우 긴장했다고 대답했다.

0764 If so, the real lesson of the study is that we should all relax a little and not let our work take over our lives. 만약 그렇다면, 그 연구의 진정한 교훈은 우리 모두가 약간의 휴식을 취해야 하고 우리의 일이 우리의 삶을 장악하게 해서는 안 된다는 것이다.

0765 One of the characteristics of the United States is that it tends to be oversensitive to domestic political concerns. 미국의 특징 중 하나는 미국이 국내 정치적 관심사에 지나치게 민감한 경향이 있다는 것이다.

0766 Scientists finally concluded that, for the seeds of the Calvaria Tree to sprout, they needed to first be digested by the Dodo bird. Calvaria 나무의 씨앗이 싹트기 위해서는 우선 그 씨앗을 도도새가 먹어서 소화시켜야만 한다고 과학자들은 최종적으로 결론을 내렸다.

0767 We believe that allowing people to live with their pets enriches their lives. 우리는 사람들이 반려동물과 함께 살게 해 주는 것은 그들의 삶을 풍요롭게 한다고 생각한다.

0768 A recent study shows that dogs appear to form mental images of people's faces. 최근의 한 연구는 개들이 사람들의 얼굴에 대한 심상(心象)을 형성하는 것처럼 보인다는 것을 보여준다.

REVIEW mission

본문 213쪽

1 influence　　**2** general　　**3** full　　**4** allowing　　**5** recent　　**6** whether the spotted horses were real or fantasy　　**7** how the candies and cookies had become　　**8** It is not a new idea　　**9** whatever we can to restore it　　**10** that the ship must be the sum of all its parts

CODE 49 실전연습2 – 형용사절

BASIC mission

본문 215쪽

0769 Although the British had only 60,000 men, the Prussian army, which came to their aid, also had 70,000 men. 영국군은 겨우 6만 명이었지만, 그들을 돕기 위해 온 프러시아 군대가 또한 7만 명이었다.

0770 Tarsiers can rotate their heads at least 180 degrees, which gives them a wide field of vision for spotting prey. 안경원숭이는 자신들의 머리를 최소 180도 돌릴 수 있는데, 이는 먹이를 찾기 위한 넓은 시야를 확보해 준다.

0771 There is an interesting phenomenon where people are perceived as possessing a trait that they describe in others. 사람들은 다른 사람들에게 있다고 설명하는 어떤 특성을 자신들이 가지고 있는 것으로 인식된다는 흥미로운 현상이 있다.

0772 It takes practice to develop these mental skills, which is no different from the development of physical skills. 이런 정신적 기술을 개발하는 데 연습이 필요한데, 그것은 신체적 기술 개발과 다를 바 없다.

0773 Adequate hydration may improve cognitive function among children and adolescents, which is important for learning. 충분한 수분 공급은 아이들과 청소년들의 인지 기능을 향상시켜 수도 있으며, 이것은 학습에 중요하다.

0774 When I wake up, the first thing I do is check my day planner, which remembers my schedule so that I don't have to. 내가 일어나서 맨 먼저 하는 일은 나의 일일 계획표를 확인하는 것인데, 내가 나의 일정을 기억할 필요가 없도록 이것이 그 일을 해 준다.

0775 Eventually, the purified water from the artificial wetlands flows into Humboldt Bay, where marine life flourishes. 결국 인공 습지에서 나온 정화된 물은 Humboldt 만으로 흘러가, 그곳에서 해양 생물들이 번창하게 된다.

0776 Similarly, those who said they would prefer a less-expensive apartment selected the apartment close to the station. 비슷하게, 덜 비싼 아파트를 선호할 거라고 했던 사람들은 역에서 가까운 아파트를 골랐다.

ADVANCED mission

본문 216쪽

0777 The most important lesson I learned as a sports agent is that it isn't just about signing a million-dollar contract. 스포츠 에이전트로서 내가 배운 가장 중요한 교훈은 그것이 그저 백만 달러의 계약서에 서명하는 것에 관한 것만은 아니라는 것이다.

0778 Their resemblance to the rat is exaggerated by their thin tail, which is much longer than their overall body length. 그것들의 쥐와의 유사성이 그것들의 가는 꼬리 때문에 과장되는데, 그것은 전체 몸 길이보다 훨씬 더 길다.

0779 The noise comes from the wind blowing through holes in swellings at the base of the thorns, which act like tiny flutes. 그 소리는 바람이 가시 아래 부분의 부푼 곳에 있는 구멍을 통과할 때 나는데, 이것은 마치 아주 작은 플루트와 같은 역할을 한다.

0780 One of her relatives ran a private painting school, which allowed Lotte to learn painting and drawing at a young age. 그녀의 친척 중 한 명은 사립 미술 학교를 운영했는데, 이것은 Lotte가 어린 나이에 회화와 소묘를 배우도록 해주었다.

0781 However, professors know that they cannot 'negotiate' a social order in which students pay money to receive a desired grade. 그러나, 학생들이 원하는 점수를 받기 위해서 돈을 지불하는 사회 체제와는 '협상할' 수 없다는 것을 교수들은 알고 있다.

0782 If we are psychologists who want to understand a person's behavior, we must know something about that person's origins and development over time. 우리가 한 사람의 행동 방식을 이해하기를 원하는 심리학자라면 우리는 그 사람의 태생과 시간에 따른 발달에 대해 알아야 한다.

0783 In both education and job placement, individuals who are forced to work in a style that does not fit them may perform below their actual capabilities. 교육과 일자리 배치 둘 다에서, 그들에게 맞지 않는 스타일로 일하도록 강요받는 개인들은 그들의 실제 능력보다 수행력이 떨어질지도 모른다.

0784 Trying to produce everything yourself would mean you are using your time and resources to produce many things for which you are a high-cost provider. 모든 것을 여러분 스스로 생산하려고 노력하는 것은 여러분이 고비용 공급자가 되는 많은 것들을 생산하기 위해 여러분의 시간과 자원을 사용하고 있다는 것을 의미한다.

REVIEW mission

본문 217쪽

1 exaggerated **2** tiny **3** so that **4** artificial **5** prefer **6** which came to their aid
7 which gives them a wide field of vision **8** where people are perceived as

CODE 50 실전연습3 – 부사절

BASIC mission

본문 219쪽

0785 If they can afford it, they can hire a professional nanny for a while. 여유가 된다면 그들은 한동안 전문 보모를 고용할 수 있다.

0786 You've probably experienced this although you may not have understood it. 이해하지는 못했을지라도 여러분은 아마 이것을 경험해 보았을 것이다.

0787 When an important change takes place in your life, observe your response. 여러분의 삶에 중요한 변화가 일어났을 때, 여러분의 반응을 관찰하라.

0788 Employers will be able to exploit workers if they are not legally controlled. 만약 고용주들이 법적으로 제약을 받지 않는다면 노동자들을 착취할 수 있을 것이다.

0789 Although some of the problems were solved, others remain unsolved to this day. 그 문제들 중 일부는 풀렸으나, 다른 것들은 오늘날에도 풀리지 않고 채 남아 있다.

0790 Although such a lifestyle may, at times, be boring, it keeps me out of trouble. 때때로 그런 생활 방식은 지루할 수 있지만, 나를 어려움에 처하지 않도록 해 준다.

0791 As soon as they are weaned, they dig burrows of their own and begin life alone. 그것들은 젖을 떼자마자 자신의 굴을 파고 혼자 살기 시작한다.

0792 The executives rejected Ethnic Music because it sounded too academic and boring. 간부들은 'Ethnic Music'은 너무 학문적이고 지루하게 들린다고 거부했다.

ADVANCED mission

본문 220쪽

0793 In some cases two species are so dependent upon each other that if one becomes extinct, the other will as well. 어떤 경우에는 두 개의 종이 매우 상호의존적인 관계라서 한 종이 멸종하면 다른 한 종도 역시 멸종하게 된다.

0794 When blood passes through cold muscles, oxygen in the blood can't detach itself from its hemoglobin very easily. 혈액이 차가운 근육을 통과할 때, 혈액 내의 산소는 헤모글로빈과 원활하게 분리될 수 없다.

0795 Initially, the chicks ate more of the breadcrumb prey when they were easily detected rather than hard to detect. 처음에, 병아리들은 빵부스러기 먹이를 찾기 어려웠을 때보다, 쉽게 발견될 때 빵부스러기를 더 많이 먹었다.

0796 Although the Sun has much more mass than the Earth, we are much closer to the Earth, so we feel its gravity more. 태양이 지구보다 훨씬 더 큰 질량을 가지고 있지만 우리는 지구에 훨씬 더 가까이 있으므로 지구의 중력을 더 많이 느낀다.

0797 As soon as someone figures out that you are on a mission to change their mind, the metaphorical shutters go down. 누군가가 여러분이 그 사람의 마음을 바꾸려는 임무를 띠고 있다는 것을 알아내자마자 은유적인 (마음의) 셔터는 내려간다.

0798 Once you take this online course 30 minutes per day for one week, reading the financial pages will be much easier. 일단 일주일간 하루 30분씩 이 온라인 강좌를 들으면, 경제면 읽기가 훨씬 더 쉬워질 것이다.

0799 As long as children are developing socially with other children, then imaginary friends are beneficial. 어린이가 다른 어린이들과 함께 사회적으로 성장하는 한, 가상의 친구는 유익하다.

0800 Though our parents might seem out of step with the times, they have a great deal more wisdom and experience. 우리의 부모님이 시대와 다른 것처럼 보일 수 있지만 그들은 우리보다 훨씬 더 많은 지혜와 경험을 가지고 있다.

REVIEW mission

본문 221쪽

1 Although　**2** As soon as　**3** because　**4** As long as　**5** Though　**6** If they can afford it
7 although you may not have understood it　**8** When an important change takes place　**9** if they are not legally controlled

memo

memo

memo

memo

고1~2 내신 중점 로드맵

과목	고교 입문	기초	기본	특화	+	단기
국어	고등 예비 과정	내 등급은?	윤혜정의 개념의 나비효과 입문편/워크북 어휘가 독해다! 정승익의 수능 개념 잡는 대박구문 주혜연의 해석공식 논리 구조편 **기초** 50일 수학 매쓰 디렉터의 고1 수학 개념 끝장내기	**기본서** 올림포스 올림포스 전국연합 학력평가 기출문제집 **유형서** 올림포스 유형편	**국어 특화** 국어 독해의 원리 · 국어 문법의 원리 **영어 특화** Grammar POWER · Reading POWER Listening POWER · Voca POWER **고급** 올림포스 고난도 **수학 특화** 수학의 왕도		단기 특강
영어						
수학						
한국사 사회		**인공지능** 수학과 함께하는 고교 AI 입문 수학과 함께하는 AI 기초	**기본서** 개념완성 개념완성 문항편	고등학생을 위한 **多**담은 한국사 연표		
과학						

과목	시리즈명	특징	수준	권장 학년
전과목	고등예비과정	예비 고등학생을 위한 과목별 단기 완성	●	예비 고1
	내 등급은?	고1 첫 학력평가 + 반 배치고사 대비 모의고사	●	예비 고1
국/수/영	올림포스	내신과 수능 대비 EBS 대표 국어·수학·영어 기본서	●	고1~2
	올림포스 전국연합학력평가 기출문제집	전국연합학력평가 문제 + 개념 기본서	●	고1~2
	단기 특강	단기간에 끝내는 유형별 문항 연습	●	고1~2
한/사/과	개념완성 & 개념완성 문항편	개념 한 권+문항 한 권으로 끝내는 한국사·탐구 기본서	●	고1~2
국어	윤혜정의 개념의 나비효과 입문편/워크북	윤혜정 선생님과 함께 시작하는 국어 공부의 첫걸음	◐	예비 고1~고2
	어휘가 독해다!	학평·모평·수능 출제 필수 어휘 학습	◐	예비 고1~고2
	국어 독해의 원리	내신과 수능 대비 문학·독서(비문학) 특화서	◐	고1~2
	국어 문법의 원리	필수 개념과 필수 문항의 언어(문법) 특화서	◐	고1~2
영어	정승익의 수능 개념 잡는 대박구문	정승익 선생님과 CODE로 이해하는 영어 구문	●	예비 고1~고2
	주혜연의 해석공식 논리 구조편	주혜연 선생님과 함께하는 유형별 지문 독해	●	예비 고1~고2
	Grammar POWER	구문 분석 트리로 이해하는 영어 문법 특화서	●	고1~2
	Reading POWER	수준과 학습 목적에 따라 선택하는 영어 독해 특화서	●	고1~2
	Listening POWER	수준별 수능형 영어듣기 모의고사	●	고1~2
	Voca POWER	영어 교육과정 필수 어휘와 어원별 어휘 학습	●	고1~2
수학	50일 수학	50일 만에 완성하는 중학~고교 수학의 맥	●	예비 고1~고2
	매쓰 디렉터의 고1 수학 개념 끝장내기	스타강사 강의, 손글씨 풀이와 함께 고1 수학 개념 정복	●	예비 고1~고1
	올림포스 유형편	유형별 반복 학습을 통해 실력 잡는 수학 유형서	●	고1~2
	올림포스 고난도	1등급을 위한 고난도 유형 집중 연습	●	고1~2
	수학의 왕도	직관적 개념 설명과 세분화된 문항 수록 수학 특화서	●	고1~2
한국사	고등학생을 위한 多담은 한국사 연표	연표로 흐름을 잡는 한국사 학습	●	예비 고1~고2
기타	수학과 함께하는 고교 AI 입문/AI 기초	파이선 프로그래밍, AI 알고리즘에 필요한 수학 개념 학습	●	예비 고1~고2